SCHÄFFER
POESCHEL

Prof. Dr. Ulrike Schuldenzucker

Prüfungstraining
Induktive Statistik

Klausur- und Prüfungsvorbereitung
Wirtschaftsmathematik

2014
Schäffer-Poeschel Verlag Stuttgart

Prof. Dr. Ulrike Schuldenzucker ist Professorin für Mathematik und Statistik an der Hochschule Fresenius in Köln.

Gedruckt auf chlorfrei gebleichtem, säurefreiem und alterungsbeständigem Papier

Bibliografische Information der Deutschen Nationalbibliothek
Die Deutsche Nationalbibliothek verzeichnet diese Publikation in der
Deutschen Nationalbibliografie; detaillierte bibliografische Daten sind
im Internet über http://dnb.d-nb.de abrufbar.

ISBN 978-3-7910-3394-5

Dieses Werk einschließlich aller seiner Teile ist urheberrechtlich geschützt. Jede Verwertung außerhalb der engen Grenzen des Urheberrechtsgesetzes ist ohne Zustimmung des Verlages unzulässig und strafbar. Das gilt insbesondere für Vervielfältigungen, Übersetzungen, Mikroverfilmungen und die Einspeicherung und Verarbeitung in elektronischen Systemen.

© 2014 Schäffer-Poeschel Verlag für Wirtschaft · Steuern · Recht GmbH
www.schaeffer-poeschel.de
info@schaeffer-poeschel.de

Einbandgestaltung: Melanie Frasch (Foto: Shutterstock.com)
Satz: le-tex publishing services GmbH, Leipzig
Druck und Bindung: CPI books GmbH, Leck

Printed in Germany
September 2014

Schäffer-Poeschel Verlag Stuttgart
Ein Tochterunternehmen der Haufe Gruppe

Vorwort

Die induktive Statistik zieht Schlussfolgerungen aus gegebenen Daten. Etwa kann die Wahrscheinlichkeit eines Ereignisses durch seinen Anteil an Daten abgeschätzt werden. Oder der zu erwartende Mittelwert einer großen Grundgesamtheit, die man nicht vollständig untersuchen kann, kann durch das arithmetische Mittel einer Stichprobe abgeschätzt werden. Diese Vorgehensweise des Abschätzens von Größen, die man nicht exakt berechnen kann, mittels Daten bildet das Grundkonzept der induktiven Statistik.

Das vorliegende Buch zur induktiven Statistik ist aus einer gleichnamigen Vorlesung entstanden, die seit einigen Semestern gehalten wird. Es ist dazu gedacht, Studierenden das Nachbereiten und Wiederholen zu erleichtern und eine gezielte Prüfungsvorbereitung zu unterstützen. Die Lehrinhalte sind im Kontext wirtschaftswissenschaftlicher Studiengänge dargestellt.

Die Methoden der Statistik werden durch zahlreiche Beispiele ergänzt oder anhand von Beispielen eingeführt. Die Vorgehensweisen sind am Ende jedes Kapitels rezeptartig zusammengestellt und es werden Bezüge zu weiterführenden Anwendungen geschaffen. An jedes Kapitel schließt sich eine Sammlung von Aufgaben an, sodass die Lösungsmethoden gut geübt werden können. Zum Schluss kann das Erlernte an Musterklausuren überprüft werden, die eine konkrete Prüfungssituation nachstellen.

Dieses Buch ist als Ergänzung zu Lehrveranstaltungen in induktiver Statistik gedacht und kann diese keinesfalls ersetzen. Es wendet sich an Studierende, die sich auf eine Prüfung zu einer Grundvorlesung in induktiver Statistik vorbereiten möchten.

Mein herzlicher Dank gilt den Kollegen Daniel Sonnet und Verena Stumm, die die Bezüge zu weiterführenden Anwendungen beigesteuert haben.

Köln, im Juni 2014

Ulrike Schuldenzucker

Inhaltsverzeichnis

Vorwort V
Benutzungshinweise XI
Das griechische Alphabet XIII
Einführung 1

1 Wahrscheinlichkeitsrechnung 3
   1.1 Zufallsexperiment und Ereignis 3
   1.2 Wahrscheinlichkeit 7
       1.2.1 Einführung 7
       1.2.2 Definition von Wahrscheinlichkeit 7
   1.3 Kontingenztafel 10
   1.4 Bedingte Wahrscheinlichkeit 10
   1.5 Gesetze zur Wahrscheinlichkeit 11
       1.5.1 Additionsgesetze 11
       1.5.2 Satz von der totalen Wahrscheinlichkeit 11
       1.5.3 Formel von Bayes 13
   1.6 Unabhängigkeit 14
   1.7 Rezeptartige Lösungswege 16
   1.8 Übungsaufgaben 20
   1.9 Lösungen 22
   1.10 Bezug zu weiterführenden Anwendungen 26

2 Wahrscheinlichkeitsverteilungen 29
   2.1 Diskrete Zufallsvariablen 29
       2.1.1 Wahrscheinlichkeitsverteilung, Verteilungsfunktion ... 31
       2.1.2 Lageparameter 35
       2.1.3 Streuungsmaße 40
       2.1.4 Zweidimensionale diskrete Zufallsvariablen 44
   2.2 Spezielle diskrete Verteilungen 51
       2.2.1 Die gleichmäßige diskrete Verteilung 51
       2.2.2 Die Binomialverteilung 52
       2.2.3 Die geometrische Verteilung 55
       2.2.4 Die hypergeometrische Verteilung 56
       2.2.5 Die Poisson-Verteilung 59
   2.3 Stetige Zufallsvariablen 62
       2.3.1 Wahrscheinlichkeitsdichte, Verteilungsfunktion ... 63
       2.3.2 Lageparameter 65
       2.3.3 Streuungsmaße 67
   2.4 Zweidimensionale stetige Zufallsvariablen 68

2.5 Spezielle stetige Verteilungen ... 69
2.5.1 Die Gleichverteilung ... 69
2.5.2 Die Exponentialverteilung ... 70
2.5.3 Die Normalverteilung ... 72
2.6 Rezeptartige Lösungswege ... 78
2.7 Übungsaufgaben ... 90
2.8 Lösungen ... 101
2.9 Bezug zu weiterführenden Anwendungen ... 120

3 Einfache statistische Schätz- und Testverfahren ... 121
3.1 Einführung in die schließende Statistik ... 121
3.2 Erwartungswert bei bekannter und unbekannter Varianz ... 125
3.2.1 Schätzung des Erwartungswerts ... 125
3.2.2 Vertrauensintervall und Test bei bekannter Varianz ... 126
3.2.3 Vertrauensintervall und Test bei unbekannter Varianz ... 130
3.2.4 Vergleich zweier Erwartungswerte ... 134
3.2.5 Ausflug: Vergleich mehrerer Erwartungswerte ... 136
3.3 Wahrscheinlichkeit binomial verteilter Zufallsvariablen ... 140
3.4 Parameter λ einer Poissonverteilung ... 143
3.5 Parameter λ einer Exponentialverteilung ... 144
3.6 Test von mehreren Wahrscheinlichkeiten ... 144
3.7 Unabhängigkeitstest ... 146
3.8 Ausflug: Ergänzende Tests, die in der Praxis von großer Bedeutung sind ... 149
3.8.1 Test des Korrelationskoeffizienten ... 149
3.8.2 Test einer Varianz bei Normalverteilung ... 151
3.8.3 Test für Parameter einer Regressionsgeraden ... 152
3.9 Rezeptartige Lösungswege ... 155
3.10 Übungsaufgaben ... 166
3.11 Lösungen ... 171
3.12 Bezug zu weiterführenden Anwendungen ... 184

4 Musterklausuren ... 185
4.1 Klausuren ... 185
4.1.1 Klausur 1 ... 185
4.1.2 Klausur 2 ... 187
4.1.3 Klausur 3 ... 189
4.2 Lösungen ... 192
4.2.1 Klausur 1 ... 192
4.2.2 Klausur 2 ... 197
4.2.3 Klausur 3 ... 202

5 **Anhang: Sammmlung wichtiger Formeln** 209

6 **Anhang: Tabellen** 224
   6.1 Tabelle ausgewählter Binomialkoeffizienten 224
   6.2 Tabelle der Verteilungsfunktion der Standardnormalverteilung .. 226
   6.3 Tabelle der Quantile der Standardnormalverteilung 228
   6.4 Tabelle von Quantilen der t-Verteilung 230
   6.5 Tabelle ausgewählter Quantile der χ^2-Verteilung 232

Benutzungshinweise

Dieser Prüfungstrainer soll Ihnen eine erfolgreiche Vorbereitung auf Prüfungen und Klausuren in induktiver Statistik ermöglichen. Sie können ihn unabhängig von einem bestimmten Lehrbuch verwenden und sowohl parallel zur Vorlesung als auch in der Lernphase vor der Prüfung nutzen. Durch den modularen Aufbau trägt er den Bedürfnissen und zeitlichen Möglichkeiten in unterschiedlichen Lernsituationen Rechnung. Für Ihre eigene Prüfungsvorbereitung können Sie daher aus verschiedenen Bausteinen die für Sie passenden Lernpakete auswählen.

(1) **Wiederholung des Stoffs**
Alle Prüfungsthemen werden in kompakter Form wiederholt. Die Erläuterung erfolgt durchgängig anhand typischer Beispiele, die ausführlich mit allen Rechenschritten vorgerechnet werden. Auf diese Weise können Sie den Lernstoff mit direktem Aufgabenbezug wiederholen.
Der Prüfungstrainer deckt die induktive Statistik für das Bachelorstudium möglichst umfassend ab. Sollten bestimmte Teile für Sie nicht relevant sein, so überspringen Sie diese einfach. Die Kapitel und Unterkapitel des Prüfungstrainers sind weitgehend unabhängig voneinander nachvollziehbar. Das Gleiche gilt entsprechend für die Aufgabenteile im Buch.

(2) **Rezeptartige Lösungswege**
In der Klausur ist es wichtig, die Lösungswege für die Standardaufgaben zu beherrschen, um diese sicher und schnell lösen zu können. Die rezeptartigen Zusammenstellungen der Lösungsschritte helfen Ihnen, die einzelnen Schritte richtig nachzuvollziehen und im entscheidenden Moment präsent zu haben.
Zu jedem »Lösungsrezept« wird eine passende Aufgabe genannt, an der der Lösungsweg durchprobiert werden kann.

(3) **Übungsaufgaben**
Eine Sammlung von Aufgaben zu jedem Thema erlaubt Ihnen die praktische Anwendung und Einübung des Gelernten. Die Aufgaben besitzen unterschiedliche Schwierigkeitsgrade und sind so ausgewählt, dass sie die verbreiteten Aufgabentypen aus Klausuren abdecken.
Der Lösungsteil zu den Übungsaufgaben ist sehr ausführlich gehalten. Alle Aufgaben werden Schritt für Schritt gelöst, sodass der Lösungsweg jederzeit nachvollziehbar bleibt.

(4) **Musterklausuren**
Im hinteren Teil des Prüfungstrainers stehen mehrere Musterklausuren zur Verfügung, mit denen Sie den »Ernstfall« proben können. Inhaltlich decken die Klausuren das ganze Themenspektrum des Bands ab. Die Aufgaben reichen von Standard- bis zu Transferaufgaben und enthalten auch mehrteili-

ge, aufeinander aufbauende Aufgabenstellungen, wie sie in echten Klausuren vorkommen.

Die Musterklausuren sind mit einer Zeitvorgabe und einem Punkteraster versehen. Beides erlaubt Ihnen eine Einschätzung, wie gut Sie die Klausur zeitlich und inhaltlich bewältigt haben. Bitte beachten Sie jedoch, dass die Anforderungen an Ihrer Hochschule davon abweichen können und informieren sich rechtzeitig, mit welchen Prüfungsthemen und Aufgabentypen sowie mit welchem Umfang und Niveau Sie in Ihrer eigenen Prüfung rechnen müssen.

(5) **Sammlung wichtiger Formeln**

Am Ende des Prüfungstrainers finden Sie eine Sammlung der Formeln, die von zentraler Bedeutung für die einzelnen Prüfungsthemen sind. Markieren Sie diejenigen Formeln, die Sie für Ihre eigene Prüfung auf jeden Fall wissen müssen.

Die Formeln sind nummeriert. In den rezeptartigen Lösungswegen und an anderen Stellen wird darauf Bezug genommen, sodass die Formelsammlung mit den übrigen Lerninhalten verknüpft wird.

Viel Erfolg für Ihre Prüfung!

Hinweis:

Dezimalzahlen wurden aus Gewohnheitsgründen mit einem Dezimalpunkt statt eines Dezimalkommas notiert.

Das griechische Alphabet:

Kleinbuchstaben:

α alpha	β beta	γ gamma	δ delta
ϵ epsilon	ζ zeta	η eta	θ theta
ι iota	κ kappa	λ lambda	μ my
ν ny	ξ xi	o omikron	π pi
ρ rho	σ sigma	τ tau	υ ypsilon
φ phi	χ chi	ψ psi	ω omega

Großbuchstaben:

A Alpha	B Beta	Γ Gamma	Δ Delta
E Epsilon	Z Zeta	H Eta	Θ Theta
I Iota	K Kappa	Λ Lambda	M My
N Ny	Ξ Xi	O Omikron	Π Pi
P Rho	Σ Sigma	T tau	Υ Ypsilon
Φ Phi	X Chi	Ψ Psi	Ω Omega

Einführung

Methoden der induktiven Statistik sind häufig eine wesentliche Voraussetzung, um Entscheidungen fundiert treffen zu können: Nicht aufgrund eines Bauchgefühls, sondern aufgrund von Wissen über bestimmte Werte. Da man relativ häufig über interessierende Größen ein zu geringes Wissen hat, versucht man dieses Defizit aufgrund erhobener Daten zu beheben. Induktive Statistik hilft, hinreichend vertrauenswürdige Daten zu erheben und ihre Aussagekraft zu beurteilen.

Induktive Statistik befasst sich mit der Aufgabe, prinzipielle Aussagen über Grundgesamtheiten von Größen zu treffen: So kann etwa die Wahrscheinlichkeit, mit der ein Ereignis eintrifft, berechnet oder geschätzt werden; man möchte für jeden möglichen Wert oder jeden Zahlenbereich, in dem die Größe Werte annehmen kann, ermitteln können, mit welcher Wahrscheinlichkeit diese Größe dort bestimmte Werte annimmt.

Solche Wahrscheinlichkeiten können auf zwei Arten bestimmt werden: Entweder hat man verlässliche Vorkenntnisse, aus denen Wahrscheinlichkeiten exakt berechnet werden können, oder man muss Daten erheben, um die gesuchten Wahrscheinlichkeiten abschätzen zu können. In diesem zweiten Fall wird man Aussagen aufgrund der Datenlage mit einer gewissen Sicherheit treffen können, muss aber eine Restunsicherheit hinnehmen.

Sind Wahrscheinlichkeiten über eine interessierende Größe ermittelt, so können sie zur Berechnung oder Eingrenzung weiterer Maßzahlen benutzt werden, die im Kontext mit dieser Grundgesamtheit zu erwarten sind. Zum Beispiel kann die Frage, welches Ergebnis bei häufigem Wiederholen desselben Versuchs im Mittel zu erwarten ist, beantwortet oder näherungsweise geklärt werden. Der Anteil, zu dem man bei der Durchführung vieler identischer Versuche vermutlich Erfolg haben wird, kann ermittelt werden. Die Frage, ob zwei Größen sich prinzipiell miteinander oder gegeneinander entwickeln – oder ob kein solcher Zusammenhang feststellbar ist – kann mit einer vorgegebenen Sicherheit beantwortet werden.

Beispiele für die Anwendung von Methoden der induktiven Statistik finden sich in allen Alltagsbereichen: Wenn aufgrund erhobener Daten Schlussfolgerungen über eine größere Grundgesamtheit gezogen werden, ist induktive Statistik beteiligt. Dies können etwa Fragestellungen aus der Psychologie zu Vorlieben oder Verhaltensweisen sein, zu erwartende Kosten, Gewinne oder Kursentwicklungen, zu erwartende Marktanteile oder auch die Häufigkeit, mit der eine Straßenbahn zu spät kommt und vieles mehr.

1 Wahrscheinlichkeitsrechnung

Die Wahrscheinlichkeit, mit der ein Ereignis A eintritt, spiegelt den erwarteten Anteil der Ergebnisse eines häufig wiederholten Zufallsexperiments wider, bei denen A eintritt. Damit ist die Wahrscheinlichkeit eines Ereignisses ein Maß dafür, dass dieses Ereignis beim Durchführen eines Versuchs eintritt. Man erwartet, dass Ereignisse mit hoher Wahrscheinlichkeit relativ häufig eintreten, Ereignisse mit niedriger Wahrscheinlichkeit eher selten.

Im einfachsten Fall ist nur eine begrenzte Anzahl von Ergebnissen des Zufallsexperiments möglich, die alle gleich wahrscheinlich sind. Dann spricht man von einer Laplace-Wahrscheinlichkeit und die Wahrscheinlichkeit eines Ereignisses ist gleich dem Anteil der Ergebnisse, die zu diesem Ereignis gehören, an der gesamten Ergebnismenge (Formel 1.2 in der Formelsammlung).
Für das prinzipielle Errechnen von Wahrscheinlichkeiten steht eine Anzahl von Regeln zur Verfügung, die sich aus logischen Überlegungen ergeben (Formeln 1.2 bis 1.6).

1.1 Zufallsexperiment und Ereignis

Unter einem *Zufallsexperiment* versteht man ein Experiment mit mehreren möglichen Ergebnissen, bei dem vor Durchführung nicht feststeht, welches Ergebnis eintreten wird.
Ein Ereignis zu einem Zufallsexperiment kann als eine Teilmenge der Ergebnismenge aufgefasst werden. Dadurch ist es möglich, das Ermitteln von Wahrscheinlichkeiten auf einfache Mengenlehre zurückzuführen.

Beispiele:
von Zufallsexperimenten:

(1) Werfen einer Münze
(2) Werfen eines Würfels
(3) Werfen von zwei Würfeln
(4) Lotto spielen
(5) medizinische Messungen

Definitionen:

Die *Ergebnismenge* eines Zufallsexperiments ist die Menge aller möglichen Ergebnisse.

Sie wird üblicherweise mit dem großen grichischen Omega Ω bezeichnet.

Im Fall endlich oder abzählbar vieler möglicher Ergebnisse kann Ω durch Aufzählen angegeben werden in der Form

$\Omega = \{a, b, \ldots\}$

Häufig werden die einzelnen möglichen Ergebnisse, also die Elemente von Ω, mit dem kleinen griechischen Omega bezeichnet: $\omega \in \Omega$.

Im Folgenden werden wir als häufige Beispiele das Werfen eines oder zweier Würfel nutzen. Damit sie einfach wiedererkannt werden können, wird das Werfen eines Würfels mit **Beispiel (1)**, das zweier Würfel mit **Beispiel (2)** bezeichnet.

Beispiel (1):
Ein Würfel: $\Omega = \{1, 2, 3, 4, 5, 6\}$
$\omega = 3 \in \Omega$

Beispiel (2):
Zwei Würfel:
$\Omega = \{(1, 1), (1, 2), \ldots, (1, 6), (2, 1), \ldots, (2, 6), \ldots, (6, 1), \ldots, (6, 6)\}$
Der Sechserpasch $\omega = (6, 6)$ ist ein mögliches Ergebnis: $(6, 6) \in \Omega$

Ein *Zufallsereignis* kann als Teilmenge der Ergebnismenge aufgefasst werden. Zufallsereignisse werden häufig mit lateinischen Großbuchstaben bezeichnet: $A \subset \Omega$ ist ein Ereignis.

Beispiel (1):
Ein Würfel: $A = \{6\}$ ist das Ereignis, dass eine 6 geworfen wird.
$B = \{2, 4, 6\}$ ist das Ereignis, dass eine gerade Zahl geworfen wird.

Beispiel (2):
Zwei Würfel: $A = \{(1, 1), (2, 2), (3, 3), (4, 4), (5, 5), (6, 6)\}$ ist das Ereignis, dass zwei gleiche Zahlen geworfen werden.

Unter einem *Elementarereignis* versteht man ein Ereignis, das nur aus einem Element besteht.

Beispiel (1):
Ein Würfel: Die Elementarereignisse sind die Mengen $\{1\}, \{2\}, \{3\}, \{4\}, \{5\}, \{6\}$

Beispiel (2):
Zwei Würfel: Jedes mögliche Wertepaar definiert ein Elementarereignis. Z. B. ist $\{(1, 1)\}$ eins der insgesamt 36 Elementarereignisse.

Beziehungen zwischen Mengen:

Seien M und N zwei Mengen.

(a) $M \subset N$ bedeutet: M ist *Teilmenge* von N.

Das heißt, dass alle Elemente von M auch in N liegen.
Beispiel:
$M = \{\text{Hunde}\}$, $N = \{\text{Tiere}\}$
Jeder Hund ist ein Tier: $M \subset N$

Gleichbedeutend ist:

$N \supset M$ N *umfasst* M

(b) $M = N$ bedeutet: M umfasst N und N umfasst M.
Beispiel:
$M = \{\text{Segelflugzeuge}\}$
$N = \{\text{gliders}\}$

(c) $M \cap N$ $= \{x \mid x \in M \text{ und } x \in N\}$

$= \boxed{Durchschnitt}$ von M und N,
$= $ Schnittmenge von M und N
Beispiel:
$N = \{\text{Brötchen mit Butter}\}$
$M = \{\text{Brötchen mit Käse}\}$
$M \cap N = \{\text{Brötchen mit Butter } \boxed{und} \text{ Käse}\}$
Der Durchschnitt zweier Mengen M und N besteht aus den Elementen, die in M *und* in N liegen.

(d) $M \cup N$ $= \{x \mid x \in M \text{ oder } x \in N\}$

$= \boxed{Vereinigung}$ von M und N
Beispiel:
$N = \{\text{Brötchen mit Butter}\}$
$M = \{\text{Brötchen mit Käse}\}$
$M \cup N = $
$\{\text{Brötchen mit Butter } \boxed{oder} \text{ Käse}\}$
Die Vereinigung zweier Mengen M und N besteht aus den Elementen, die in M *oder* in N (oder in beiden) liegen.

(e) $N \setminus M$ $= \{x \in N \mid x \notin M\}$
= Differenzmenge von N und M
= N außer M

Beispiel:
$N = \{\text{Brötchen mit Butter}\}$
$M = \{\text{Brötchen mit Käse}\}$
$N \setminus M = \{\text{Brötchen mit Butter ohne Käse}\}$

(f) $\overline{M}$ in N ist das *Komplement* von M in N.
Es besteht aus allen Elementen von N, die nicht in M liegen.

Beispiel:
$M = \{\text{Brötchen mit Käse}\}$
In N: $\overline{M} = N \setminus M$

(g) $\emptyset$ ist das Symbol für die *leere Menge*:
Sie enthält kein Element.

Beispiel:
$N = \{\text{Studierende in Köln}\}$
$M = \{\text{Menschen}\}$
$N \setminus M = \emptyset$

(h) $|N|$ ist die *Kardinalzahl* oder *Mächtigkeit* von N.
Dies ist die Anzahl der Elemente von N.

(i) Es sei $N =$ $M_1 \cup \cdots \cup M_n = \bigcup_{i=1}^{n} M_i$,
wobei $M_i \cap M_j = \emptyset$ für alle $i \neq j \in \{1, \ldots, n\}$

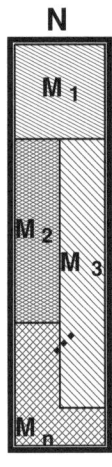

Eine *vollständige Disjunktion der Menge N* ist eine *Zerlegung* von N in Teilmengen, die einander *nicht schneiden*:

$N = M_1 \cup \cdots \cup M_n = \bigcup_{i=1}^{n} M_i$, wobei $M_i \cap M_j = \emptyset$
für alle $i \neq j \in \{1, \ldots, n\}$

Beispiel:
$\{1, 2, \ldots, 10\} = \{1, 2, 3, 4, 5\} \cup \{6, 7, 8, 9, 10\}$
$= \{1, 2\} \cup \{3, 4, 5\} \cup$
$\{6, 7\} \cup \{8, 9, 10\}$

sind zwei vollständige Disjunktionen der Menge $\{1, 2, \ldots, 10\}$.

1.2 Wahrscheinlichkeit

1.2.1 Einführung

Die Wahrscheinlichkeit eines Ereignisses ist der bei häufiger Wiederholung eines Zufallsexperiments erwartete Anteil der Ergebnisse, bei denen das Ereignis eintritt. Damit ist die Wahrscheinlichkeit die erwartete relative Häufigkeit bei vielen Versuchen.

Wahrscheinlichkeitsbegriff nach *Laplace*:
Die Ergebnismenge Ω besitze m Elemente.
Alle Elementarereignisse mögen dieselbe Wahrscheinlichkeit p haben. Dann ist die Wahrscheinlichkeit jedes Elementarereignisses $p = \frac{1}{m}$.

Beispiel (1):
Ein Würfel: $p = \frac{1}{6}$
$p(1) + \cdots + p(6) = 6 \cdot \frac{1}{6} = 1$

Die Wahrscheinlichkeit eines beliebigen Ereignisses $A \subset \Omega$ ist damit

$$P(A) = \frac{|A|}{|\Omega|} = \frac{\text{Anzahl der möglichen Ergebnisse in } A}{\text{Anzahl aller möglichen Ergebnisse}}$$

Beispiel (1):
Ein Würfel: $A = \{2, 4, 6\}$, $P(A) = P(\text{gerade Zahl}) = \frac{3}{6}$

1.2.2 Definition von Wahrscheinlichkeit

Sei Ω die Ergebnismenge eines Zufallsexperiments.

Eine *Wahrscheinlichkeit* ordnet jedem möglichen Ereignis eine Zahl zu. Sie muss dabei bestimmten Regeln genügen:

(a) Nichtnegativität:
Wahrscheinlichkeiten liegen immer zwischen 0 und 1.
$0 \leq P(A) \leq 1$ für jedes Ereignis A
(b) Normierung:
Die Wahrscheinlichkeit der ganzen Ergebnismenge liegt bei 1. $P(\Omega) = 1$
(c) Additivität:
Falls A und B unvereinbare Ereignisse sind, d. h. $A \cap B = \emptyset$, ist die Wahrscheinlichkeit, dass Ereignis A oder B stattfindet, gleich der Summe der Einzelwahrscheinlichkeiten.
$P(A \cup B) = P(A) + P(B)$, *falls* $A \cap B = \emptyset$

8 Wahrscheinlichkeitsrechnung

»σ-Additivität«:
Diese Additivität gilt sogar für abzählbar unendlich viele Ereignisse.
$P(\bigcup_{i=1}^{\infty} A_i) = \sum_{i=1}^{\infty} P(A_i)$ für paarweise unvereinbare Ereignisse, also $A_i \cap A_k = \emptyset$ für alle Indizes $i \neq k$

Folgerungen aus den Regeln:

Wahrscheinlichkeit, dass kein Ergebnis erzielt wird:
$P(\emptyset) = 0$

Wahrscheinlichkeit, dass das Gegenteil von A geschieht.
$P(\overline{A}) = 1 - P(A)$

Beispiel (1):
Ein Würfel: A = Menge der geraden Würfelergebnisse:
$P(\text{ungerades Würfelergebnis}) = 1 - P(\text{gerades Würfelergebnis})$

Wahrscheinlichkeit, dass »höchstens A« geschieht:
$P(A) \leq P(B)$ wenn $A \subset B$

Beispiel (1):
Ein Würfel: A = Menge der Würfelergebnisse ≤ 2, B = Menge der Würfelergebnisse ≤ 4:
$P(\text{Würfelergebnis} \leq 2) \leq P(\text{Würfelergebnis} \leq 4)$

Wahrscheinlichkeit, dass A oder B geschieht:
$P(A \cup B) = P(A) + P(B) - P(A \cap B)$

Beispiel (1):
Ein Würfel: A = Menge der geraden Würfelergebnisse, B = Menge der Würfelergebnisse ≤ 4:
$P(\text{gerade Zahl oder} \leq 4) = P(\text{gerade Zahl}) +$
$P(\text{Zahl} \leq 4) - P(\text{gerade Zahl} \leq 4)$

Wahrscheinlichkeit, dass A und nicht B stattfindet:
$P(A - B) = P(A) - P(A \cap B)$

Beispiel (1):
Ein Würfel: A = Menge der geraden Würfelergebnisse, B = Menge der Würfelergebnisse ≤ 4:
$P(\text{gerades Würfelergebnis, das nicht} \leq 4 \text{ ist}) =$
$P(\text{gerades Würfelergebnis}) - P(\text{gerades Würfelergebnis, das} \leq 4 \text{ ist})$

$P(A - B) = P(A) - P(B)$ wenn $B \subset A$

Beispiel (1):
Ein Würfel: A = Menge der Würfelergebnisse ≤ 5, B = Menge der Würfelergebnisse ≤ 3:

$P(\text{Zahl} \leq 5 \text{ und nicht} \leq 3) \quad = \quad P(\text{Zahl} \leq 5) - P(\text{Zahl} \leq 3)$

Übergang zur Wahrscheinlichkeitsdichte:
Für ein stetiges Merkmal füllt die Ergebnismenge Ω ein ganzes Intervall aus.

Beispiel:
Körpergröße Erwachsener: $\Omega = [0.50 - 2.50]$ m

Dann ist die Wahrscheinlichkeit eines Elementarereignisses $= 0$:
$P(\{\omega\}) = 0$ für $\omega \in \Omega$

Beispiel:
Die Wahrscheinlichkeit, dass jemand genau 1.70 m groß ist, ist $= 0$.

Von Interesse sind stattdessen Wahrscheinlichkeiten von Intervallen.

Beispiel:
Die Wahrscheinlichkeit, dass eine zufällig ausgewählte Person zwischen 1.695 m und 1.705 m groß ist.

An die Stelle von Summen von Wahrscheinlichkeiten treten Integrale über eine *Wahrscheinlichkeitsdichte*-Funktion:

Das Konzept von Histogrammen aus der deskriptiven Statistik wird so stark verfeinert, dass die oberen Begrenzungslinien der Histogramme in eine stetige Kurve übergehen. Da bei Histogrammen relative Häufigkeiten Rechteckflächen sind, ergeben sich nun Wahrscheinlichkeiten als Flächen unter der Wahrscheinlichkeitsdichte.

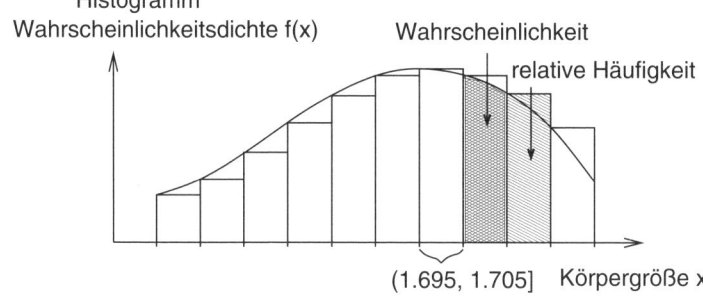

10 Wahrscheinlichkeitsrechnung

1.3 Kontingenztafel

Sollen bei einem Zufallsexperiment zwei Merkmale gemeinsam untersucht werden, so stellt man die zugehörige zweidimensionale Wahrscheinlichkeitsverteilung in einer *Kontingenztafel* zusammen:

Mögliche Werte des Merkmals X seien $a_1, \ldots, a_m$, mögliche Werte des Merkmals Y seien $b_1, \ldots, b_l$.

Merkmal Y / Merkmal X	b_1	$\ldots$	b_l	Summe
a_1	p_{11}	$\ldots$	p_{1l}	$p_{1\bullet}$
$\vdots$	$\vdots$		$\vdots$	$\vdots$
a_m	p_{m1}	$\ldots$	p_{ml}	$p_{m\bullet}$
Summe	$p_{\bullet 1}$	$\ldots$	$p_{\bullet l}$	1

mit
p_{ij} = Wahrscheinlichkeit der Kombination der Werte a_i und b_j
$p_{i\bullet}$ = Wahrscheinlichkeit des Werts a_i
$p_{\bullet j}$ = Wahrscheinlichkeit des Werts b_j

Insbesondere bei der *Vierfeldertafel* hat jedes Merkmal zwei mögliche Werte.

1.4 Bedingte Wahrscheinlichkeit

Unterliegt ein Zufallsexperiment bestimmten Einschränkungen oder sind schon Teilinformationen über den Ausgang bekannt, so müssen diese in die Berechnung von Wahrscheinlichkeiten eingehen.

Beispiel:
Grippeimpfung

Der Zusammenhang einer bestimmten Grippeimpfung und der Erkrankung an dieser Grippe kann der folgenden Kontingenztafel entnommen werden:

	Erkrankung (E)	Keine Erkrankung ($\bar{E}$)	Summe
Geimpft (G)	0.016	0.174	$p_{1\bullet} = 0.190$
Nicht geimpft ($\bar{G}$)	0.121	0.689	$p_{2\bullet} = 0.810$
Summe	$p_{\bullet 1} = 0.137$	$p_{\bullet 2} = 0.863$	1.0

So ist etwa eine zufällig ausgewählte Person mit einer Wahrscheinlichkeit von 17.4 % geimpft und erkrankt nicht.

Wenn diese Zusammenstellung zur Beurteilung eines Impfstoffs genutzt werden soll, stellt sich etwa die Frage, wie wahrscheinlich es ist, dass jemand, der geimpft wurde, erkrankt. Diese bedingte Wahrscheinlichkeit berechnet sich aus der Größe der Teilgruppen der Geimpften und der Erkrankten unter den Geimpften:
Die Wahrscheinlichkeit, dass jemand erkrankt unter der Bedingung, dass er geimpft ist, ist

$$\begin{aligned}P(\text{Erkrankt}|\text{Geimpft}) &= \frac{\text{Anzahl aller Personen, die geimpft sind und erkranken}}{\text{Anzahl Geimpfter}} \\ &= \frac{\text{Anteil aller Personen, die geimpft sind und erkranken}}{\text{Anteil Geimpfter}} \\ &= \frac{P(E \cap G)}{P(G)} \\ &= \frac{0.016}{0.190} = 0.084\end{aligned}$$

Allgemein ergibt sich für Ereignisse A und B einer Ergebnismenge Ω:
Die *bedingte Wahrscheinlichkeit* des Ereignisses A unter der Bedingung B ist

$$P(A \mid B) = \frac{P(A \cap B)}{P(B)} \quad \text{für } P(B) > 0.$$

1.5 Gesetze zur Wahrscheinlichkeit

1.5.1 Additionsgesetze

(s. S. 7 und 8)

$$\begin{aligned}P(A \cup B) &= P(A) + P(B) && \text{falls } A \text{ und } B \text{ unvereinbar sind} \\ P(A \cup B) &= P(A) + P(B) - P(A \cap B) && \text{allgemein}\end{aligned}$$

1.5.2 Satz von der totalen Wahrscheinlichkeit

Aus der Formel für die bedingte Wahrscheinlichkeit

$$P(A|B) = \frac{P(A \cap B)}{P(B)} \quad \text{für } P(B) > 0 \quad \text{(s. S. 11)}$$

ergibt sich zunächst der

> (I) **Multiplikationssatz**
> $$P(A \cap B) = P(A|B) \cdot P(B) \quad \text{für } P(B) > 0$$
>
> **Beispiel (1):**
> $P(\{2,4\}) = P(\text{gerade Zahl}|\text{Zahl} \leq 4) \cdot P(\text{Zahl} \leq 4)$
> $\frac{1}{3} = \quad\quad \frac{1}{2} \cdot \frac{2}{3}$

12 Wahrscheinlichkeitsrechnung

Ist nun eine vollständige Ereignisdisjunktion gegeben, d. h. Ereignisse $A_1, \ldots, A_n$, die miteinander unvereinbar sind ($A_i \cap A_j = \emptyset$ für $i \neq j$) und die gesamte Ergebnismenge abdecken ($\Omega = A_1 \cup A_2 \cup \cdots \cup A_n$), so kann die Wahrscheinlichkeit eines Ereignisses B aus den bedingten Wahrscheinlichkeiten $P(B|A_i)$ und den Wahrscheinlichkeiten $P(A_i)$ zusammengesetzt werden:

(II) **Satz von der totalen Wahrscheinlichkeit**
$P(B) \quad = \sum_{i=1}^{n} P(B|A_i) \cdot P(A_i)$

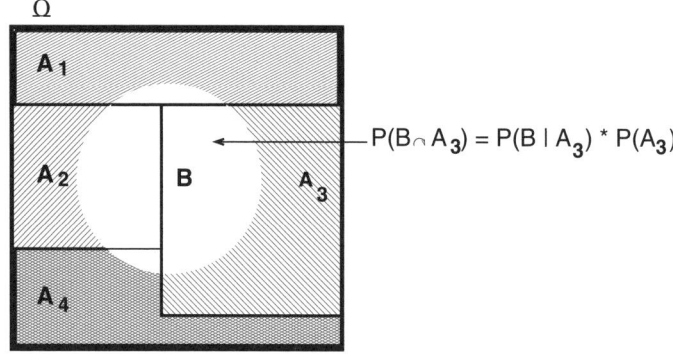

Beispiel:
Es werden Mobiltelefone verlost.

Der Anteil der türkisfarbenen liegt bei 20 %, derjenige der magentafarbenen bei 30 %, 15 % sind grün und 35 % rot. Unter den türkisfarbenen haben 50 % eine Kamera, unter den magentafarbenen sind es zwei Drittel, unter den grünen nur ein Drittel und unter den roten vier Siebtel.

Mit welcher Wahrscheinlichkeit erhält ein Gewinner ein Telefon mit Kamera?

Lösung:

$P(\text{türkis})$	$= 0.2$
$P(\text{magentafarben})$	$= 0.3$
$P(\text{grün})$	$= 0.15$
$P(\text{rot})$	$= 0.35$
$P(\text{Kamera}\,|\,\text{türkis})$	$= 0.5$
$P(\text{Kamera}\,|\,\text{magentafarben})$	$= 0.\overline{6}$
$P(\text{Kamera}\,|\,\text{grün})$	$= 0.\overline{3}$
$P(\text{Kamera}\,|\,\text{rot})$	$= 0.57$

$$
\begin{aligned}
P(\text{Kamera}) &= P(\text{Kamera} \cap \text{türkis}) + P(\text{Kamera} \cap \text{magentafarben}) \\
&\quad + P(\text{Kamera} \cap \text{grün}) + P(\text{Kamera} \cap \text{rot}) \\
&= P(\text{Kamera}|\text{türkis}) \cdot P(\text{türkis}) \\
&\quad + P(\text{Kamera}|\text{magentafarben}) \cdot P(\text{magentafarben}) \\
&\quad + P(\text{Kamera}|\text{grün}) \cdot P(\text{grün}) + P(\text{Kamera}|\text{rot}) \cdot P(\text{rot}) \\
&= 0.5 \cdot 0.2 + 0.\bar{6} \cdot 0.3 + 0.\bar{3} \cdot 0.15 + 0.57 \cdot 0.35 \\
&= 0.55
\end{aligned}
$$

Die Wahrscheinlichkeit, dass ein Gewinner ein Telefon mit Kamera erhält, liegt bei 55 %.

1.5.3 Formel von Bayes

Häufig sucht man eine bedingte Wahrscheinlichkeit $P(A|B)$, kennt aber statt dessen die umgekehrt bedingte Wahrscheinlichkeit $P(B|A)$. Die Formel von Bayes schafft eine Verbindung zwischen diesen beiden Wahrscheinlichkeiten:
Setzt man in die Formel für die bedingte Wahrscheinlichkeit

$$P(A|B) = \frac{P(A \cap B)}{P(B)}$$

für die Wahrscheinlichkeit im Zähler, dass beide Ereignisse A und B eintreten, die Darstellung des Multiplikationssatzes mit vertauschten Rollen ein:

$$P(A \cap B) = P(B|A) \cdot P(A),$$

so ergibt sich die

Formel von Bayes

Für B mit $P(B) > 0$ gilt:

$$P(A|B) = \frac{P(B|A) \cdot P(A)}{P(B)}$$

Steht eine vollständige Ereignisdisjunktion $A_1, \ldots, A_n$ zur Verfügung, so lässt sich die Wahrscheinlichkeit $P(B)$ im Nenner weiter zerlegen:

$$
\begin{aligned}
P(A_k|B) &= \frac{P(B|A_k) \cdot P(A_k)}{P(B)} \\
&= \frac{P(B|A_k) \cdot P(A_k)}{\sum_{i=1}^{n} P(B|A_i) \cdot P(A_i)}
\end{aligned}
$$

Beispiel:
Mobiltelefone:
$$P(\text{rot}|\text{Kamera}) = \frac{P(\text{Kamera}|\text{rot}) \cdot P(\text{rot})}{P(\text{Kamera})}$$
$$= \frac{0.57 \cdot 0.35}{0.55}$$
$$= 0.36\overline{27}$$
wobei $P(\text{Kamera})$ berechnet wurde nach S. 12.

1.6 Unabhängigkeit

Zwei Ereigisse A und B mit $0 < P(A), P(B) < 1$ heißen *unabhängig*, wenn das Eintreten des einen Ereignisses die Wahrscheinlichkeit des anderen nicht beeinflußt.

Das heißt: A und B sind unabhängig genau, wenn gilt:
$P(A|B) = P(A)$

Beispiel (1):
Ein Würfel: $P(\text{gerade}| \leq 4) = P(\text{gerade}) = P(\text{gerade}| > 4)$
$\frac{2}{4} = \frac{3}{6} = \frac{1}{2}$

Aus dem Multiplikationssatz

$$P(A \cap B) = P(A|B) \cdot P(B) = P(B|A) \cdot P(A)$$

folgt, dass das gleichbedeutend damit ist, dass gilt:

$$P(A \cap B) = P(A) \cdot P(B)$$

Die Wahrscheinlichkeit, dass beide Ereignisse eintreten, ist gleich dem Produkt der Einzelwahrscheinlichkeiten.

Beispiel (1):
Ein Würfel: $P(\text{gerade und} \leq 4) = P(\text{gerade}) \cdot P(\leq 4)$
$\frac{1}{3} = \frac{1}{2} \cdot \frac{2}{3}$

Beispiel:
Aus einem Kartenspiel mit 32 Karten wird zufällig eine Karte gezogen, das Ergebnis wird nicht bekanntgegeben.

Das Ereignis »die Karte ist ein König« hat die Wahrscheinlichkeit

$P(\textit{König}) = 1/8$.

Nach Bekanntgabe, dass die Karte keine Dame ist, erhält man

$P(\text{König}|\text{nicht Dame}) = \frac{4}{28} = \frac{1}{7}$:

Ereignis *König* ist nicht unabhängig von Ereignis *nicht Dame*.

Wird stattdessen bekanntgegeben, dass die Karte die Farbe *Pik* hat, so ergibt sich die Wahrscheinlichkeit

$P(\text{König}|\text{Pik}) = \frac{1}{8}$:

Das Ereignis *König* ist unabhängig vom Ereignis *Pik*.

16 Wahrscheinlichkeitsrechnung

1.7 Rezeptartige Lösungswege

Aufgabe: Begriffe der Wahrscheinlichkeitsrechnung verwenden
Die Ergebnismenge eines Zufallsexperiments ist die Menge aller möglichen Ergebnisse.
Sie wird häufig mit Ω abgekürzt, ihre Elemente heißen ω.
Ereignisse können mit Teilmengen der Ergebnismenge identifiziert werden.
Elementarereignisse sind Ereignisse, die nur aus einem Element bestehen.

Unter der Wahrscheinlichkeit eines Ereignisses A versteht man den im Mittel bei Durchführung vieler gleicher Versuche erwarteten Anteil des Ereignisses.

Von einer Laplace-Wahrscheinlichkeit spricht man, wenn es bei einem Versuch nur endlich viele Ergebnisse gibt, die alle gleich wahrscheinlich sind.
Dann ist die Wahrscheinlichkeit eines Ereignisses gerade der Quotient aus der Anzahl der Ergebnisse, die zu diesem Ereignis gehören und der Anzahl aller möglichen Ergebnisse.

Falls zwei Ereignisse A und B unvereinbar sind, ist die Wahrscheinlichkeit eines Ergebnisses in der Vereinigung der zugehörigen Mengen gleich der Summe der Einzelwahrscheinlichkeiten von A und B.

Sind A und B vereinbar, so muss man zur Ermittlung der Wahrscheinlichkeit, dass man ein Ergebnis in der Vereinigung der zugehörigen Mengen erhält, noch die Wahrscheinlichkeit eines Ergebnisses, das in A und B liegt, abziehen.

Ist ein Merkmal stetig, so ist die Wahrscheinlichkeit eines konkreten Ergebnisses gleich Null.
Die Wahrscheinlichkeit für Werte in einem Intervall wird ermittelt als Integral der zugehörigen Wahrscheinlichkeitsdichte-Funktion.

Aufgabe: Aus gegebenen Wahrscheinlichkeiten weitere ermitteln
Gegeben: Zwei Ereignisse A und B und Wahrscheinlichkeitsangaben, etwa $P(A)$, $P(B|A)$, $P(B|\text{nicht }A)$
Gesucht:
(a) Wahrscheinlichkeit, dass Ereignis B eintrifft
(b) Wahrscheinlichkeit, dass Ereignisse A *und* B eintreffen
(c) Wahrscheinlichkeit, dass Ereignis A *oder* B eintrifft
(d) Wahrscheinlichkeit, dass Ereignis A eintritt unter der Bedingung von B
(e) Entscheidung, ob die Ereignisse A und B unabhängig sind

Lösungsweg:
Formeln 1.4, 1.5, 1.6 in Formelsammlung
(a) Formel 1.5.3 (Satz von der totalen Wahrscheinlichkeit)
    Wahrscheinlichkeit, dass B eintritt =
    (Wahrscheinlichkeit von B unter Bedingung A)·(Wahrscheinlichkeit von A) +
    (Wahrscheinlichkeit von B unter Bedingung (nicht A))·(Wahrscheinlichkeit von (nicht A))

(b) Formel 1.5.2 (Multiplikationssatz)
Wahrscheinlichkeit, dass A und B eintreffen =
(Wahrscheinlichkeit von B unter Bedingung A)·(Wanrscheinlichkeit von A)

(c) Formel 1.4.1 (Additionsgesetz)
Wahrscheinlichkeit, dass A oder B eintrifft=
(Wahrscheinlichkeit von A) + (Wahrscheinlichkeit von B) - (Wahrscheinlichkeit von (A und B))

(d) Formeln 1.5.1, 1.5.4 (bedingte Wahrscheinlichkeit, Satz von Bayes)
Wahrscheinlichkeit, dass A eintritt unter der Bedingung von B =
$$\frac{\text{Wahrscheinlichkeit von } A \text{ und } B}{\text{Wahrscheinlichkeit von } B} =$$
$$\frac{(\text{Wahrscheinlichkeit von } B \text{ unter Bedingung } A)\cdot(\text{Wahrscheinlichkeit von } A)}{\text{Wahrscheinlichkeit von } B}$$

(e) Formel 1.6 (Unabhängigkeit)
Entscheidung, ob die Ereignisse A und B unabhängig sind:
Ja, falls eine der folgenden Bedingungen gilt:
– Die Wahrscheinlichkeit jedes der beiden Ereignisse ist gleich der Wahrscheinlichkeit, dass dieses Ereignis eintritt, unter der Bedingung, dass das andere eintritt
– das Produkt der Einzelwahrscheinlichkeiten ist gleich der Wahrscheinlichkeit, dass beides eintritt

s. Aufgabe 1.1, S. 20

Aufgabe: Aus einer Kontingenztafel absoluter Häufigkeiten (bedingte) Wahrscheinlichkeiten berechnen

Gegeben:
Kontingenztafel absoluter Häufigkeiten n_{jk} zweier Merkmale A und B

	a_1	...	a_n	Summe
b_1	n_{11}	...	n_{1n}	$n_{1\bullet}$
⋮				
b_m	n_{m1}	...	n_{mn}	$n_{m\bullet}$
Summe	$n_{\bullet 1}$	...	$n_{\bullet n}$	n

Gesucht:
(a) Wahrscheinlichkeit einer Ausprägung a_j eines Merkmals
(b) Bedingte Wahrscheinlichkeit $P(a_j|b_k)$
(c) Wahrscheinlichkeit der Kombination zweier Ausprägungen (sprachlich durch »und« ausgedrückt) $P(a_j \cap b_k)$
(d) Wahrscheinlichkeit, dass mindestens eine Ausprägung realisiert wird (sprachlich durch »oder« ausgedrückt) $P(a_j \cup b_k)$
(e) Entscheidung, ob die Merkmale unabhängig sind

18 Wahrscheinlichkeitsrechnung

Lösungsweg:
(a) Wahrscheinlichkeit einer Ausprägung a_j eines Merkmals =
$$\frac{\text{Summe der Einträge der entsprechenden Zeile bzw. Spalte}}{\text{Anzahl aller Messungen}}$$
(b) Bedingte Wahrscheinlichkeit von Ausprägung a_j unter Bedingung b_k
$$P(a_j|b_k) = \frac{\text{Eintrag } n_{jk} \text{ innnerhalb der Kontingenztafel}}{\text{Zeilen- bzw. Spaltensumme}}$$
(c) Wahrscheinlichkeit, dass a_j und b_k eintreffen =
$$\frac{\text{Eintrag innerhalb der Kontingenztafel}}{\text{Anzahl aller Messungen}}$$
(d) Wahrscheinlichkeit, dass a_j oder b_k eintrifft, =
$$\frac{1}{\text{Anzahl aller Messungen}} \cdot (\text{Zeilensumme zu } a_j + \text{Spaltensumme zu } b_k\text{-Eintrag } n_{jk}$$
innerhalb der Kontingenztafel)
(e) Die Merkmale sind unabhängig, wenn für jeden Eintrag n_{jk} der Kontingenztafel gilt:
$$\frac{n_{jk}}{n} = \frac{(\text{Zeilensumme zu } a_j)\cdot(\text{Spaltensumme zu } b_k)}{n^2}$$

s. Aufgabe 1.5, S. 20

Aufgabe: Aus einer Kontingenztafel von Wahrscheinlichkeiten (bedingte) Wahrscheinlichkeiten berechnen

Gegeben:
Kontingenztafel von Wahrscheinlichkeiten p_{jk} zweier Zufallsvariablen X und Y

	x_1	...	x_n	Summe
y_1	p_{11}	...	p_{1n}	$p_{1\bullet}$
$\vdots$				
y_m	p_{m1}	...	p_{mn}	$p_{m\bullet}$
Summe	$p_{\bullet 1}$	...	$p_{\bullet n}$	1

Gesucht:
(a) Wahrscheinlichkeit einer Ausprägung x_j eines Merkmals
(b) Bedingte Wahrscheinlichkeit $P(x_j|y_k)$
(c) Wahrscheinlichkeit der Kombination zweier Ausprägungen (sprachlich durch »und« ausgedrückt) $P(x_j \cap y_k)$
(d) Wahrscheinlichkeit, dass mindestens eine Ausprägung realisiert wird (sprachlich durch »oder« ausgedrückt) $P(x_j \cup y_k)$
(e) Entscheidung, ob die Merkmale unabhängig sind

Lösungsweg:

(a) Wahrscheinlichkeit einer Ausprägung x_j eines Merkmals =
Summe der Einträge der entsprechenden Zeile bzw. Spalte
(b) Formel 1.5.1
Bedingte Wahrscheinlichkeit $P(x_j|y_k) = \frac{\text{Eintrag } p_{jk} \text{ innerhalb der Kontingenztafel}}{\text{Zeilen- bzw. Spaltensumme}}$
(c) Wahrscheinlichkeit, dass x_j und y_k eintreffen =
Eintrag p_{jk} innerhalb der Kontingenztafel
(d) Formeln 1.4.1
Wahrscheinlichkeit, dass x_j oder y_k eintrifft, =
Zeilensumme$_j$ + Spaltensumme$_k$-Eintrag p_{jk} innerhalb der Kontingenztafel
(e) Die Merkmale sind unabhängig, wenn für jeden Eintrag p_{jk} der Kontingenztafel gilt:
p_{jk} = Produkt aus j. Zeilen − und k. Spaltensumme

| s. Aufgabe 1.6, S. 21 | s. Aufgabe 1.7, S. 21 |

1.8 Übungsaufgaben

Wahrscheinlichkeiten

Aufgabe 1.1
60 % der Hosen von Xanthippe sind Jeans, die anderen sind Wollhosen.
Von den Jeans sind 50 % blau, von den Wollhosen sind 25 % blau.
(a) Berechnen Sie die Wahrscheinlichkeit, dass Xanthippe durch Zufall eine blaue Hose aus ihrem Schrank holt.
(b) Bestimmen Sie die Wahrscheinlichkeit, dass sie durch Zufall eine blaue Wollhose herausgreift.
(c) Ermitteln Sie die Wahrscheinlichkeit, dass sie eine Hose nimmt, die blau oder Wollhose ist.
(d) Berechnen Sie die Wahrscheinlichkeit, dass es sich um eine Jeans handelt, wenn die Hose blau ist.
(e) Sind die Ereignisse »blau« und »Wollhose« unabhängig?

Kombinatorik (vgl. Formelsammlung 1.3)

Aufgabe 1.2
7 Katzen tummeln sich auf 7 Plätzen auf Sofa und Sesseln.
Welches ist die Anzahl der Möglichkeiten, wie sich die Katzen auf Sofa und Sesseln verteilen können?

Aufgabe 1.3
500 Personen nehmen an einer Verlosung teil, bei der es 3 Gewinne gibt.
Jede Person kann beliebig oft gewinnen.
Welches ist die Anzahl der möglichen Gruppen von Gewinnern?

Aufgabe 1.4
500 Personen nehmen an einer Verlosung teil, bei der es 3 Gewinne gibt.
Jede Person kann maximal einmal gewinnen.
Welches ist die Anzahl der möglichen Gruppen von Gewinnern?

Bedingte Wahrscheinlichkeiten

Aufgabe 1.5
Gegeben ist die Schuhverteilung von Mechtild nach Absatzhöhe und Farbe:

Absatz\Farbe	rot	weiß	blau	schwarz	Summe
sehr hoher Absatz	4	2	5	5	16
nicht sehr hoher Absatz	4	10	10	20	44
Summe	8	12	15	25	60

(a) Die Wahrscheinlichkeit, dass ein Paar Schuhe von Mechtild sehr hohe Absätze hat.
(b) Die Wahrscheinlichkeiten für »sehr hohe Absätze unter der Bedingung rot« und »rot unter der Bedingung sehr hohe Absätze«.
(c) Die Wahrscheinlichkeit für rote Schuhe mit sehr hohen Absätzen.
(d) Die Wahrscheinlichkeit, durch Zufall ein Paar Schuhe herauszugreifen, das rot ist oder sehr hohe Absätze hat.
(e) Sind die Merkmale »Farbe« und »Absatzhöhe« unabhängig?

Aufgabe 1.6
Gegeben ist die Schuhverteilung von Mechtild nach Absatzhöhe und Farbe:

Absatz\Farbe	rot	weiß	blau	schwarz	Summe
sehr hoher Absatz	$0.0\bar{6}$	$0.0\bar{3}$	$0.08\bar{3}$	$0.08\bar{3}$	$0.2\bar{6}$
nicht sehr hoher Absatz	$0.0\bar{6}$	$0.1\bar{6}$	$0.1\bar{6}$	$0.\bar{3}$	$0.7\bar{3}$
Summe	$0.1\bar{3}$	0.2	0.25	$0.41\bar{6}$	1.0

(a) Die Wahrscheinlichkeit, dass ein Paar Schuhe von Mechtild sehr hohe Absätze hat.
(b) Die Wahrscheinlichkeiten für »sehr hohe Absätze unter der Bedingung rot« und »rot unter der Bedingung sehr hohe Absätze«.
(c) Die Wahrscheinlichkeit für rote Schuhe mit sehr hohen Absätzen
(d) Die Wahrscheinlichkeit, durch Zufall ein Paar Schuhe herauszugreifen, das rot ist oder sehr hohe Absätze hat
(e) Sind die Merkmale »Farbe« und »Absatzhöhe« unabhängig?

Aufgabe 1.7
Bei einem diagnostischen Test für eine Krankheit seien die Wahrscheinlichkeiten für ein positives Testergebnis wie folgt verteilt:

Befund	Testergebnis +	−
krank (+)	0.530	0.008
gesund (−)	0.015	0.447

(a) Die Wahrscheinlichkeit, dass jemand diese Krankheit hat (»Prävalenz« der Krankheit).
(b) Die Wahrscheinlichkeit für ein negatives Testergebnis unter der Bedingung, dass der Patient gesund ist (»Sensitivität«).
(c) Die Wahrscheinlichkeit für ein positives Testergebnis unter der Bedingung, dass der Patient krank ist (»Spezifität«).
(d) Die Wahrscheinlichkeit, dass jemand gesund ist unter der Bedingung, dass das Testergebnis negativ ist (»Negativer Vorhersagewert«).
(e) Die Wahrscheinlichkeit, dass jemand krank ist unter der Bedingung, dass das Testergebnis positiv ist (»Positiver Vorhersagewert«).

1.9 Lösungen

Lösung 1.1
60 % der Hosen von Xanthippe sind Jeans, die anderen sind Wollhosen.
Von den Jeans sind 50 % blau, von den Wollhosen sind 25 % blau.

$P(\text{Jeans}) = 0.6$
$P(\text{Wollhose}) = 0.4$
$P(\text{blau}|\text{Jeans}) = 0.5$
$P(\text{blau}|\text{Wollhose}) = 0.25$

(a) Wahrscheinlichkeit, dass Xanthippe durch Zufall eine blaue Hose aus ihrem Schrank holt:

$$\begin{aligned} P(\text{blau}) &= P(\text{blau}|\text{Jeans}) \cdot P(\text{Jeans}) + P(\text{blau}|\text{Wollhose}) \cdot P(\text{Wollhose}) \\ &= 0.5 \cdot 0.6 + 0.25 \cdot 0.4 \\ &= 0.4 \end{aligned}$$

(b) Wahrscheinlichkeit, dass sie durch Zufall eine blaue Wollhose herausgreift:

$$\begin{aligned} P(\text{blau und Wollhose}) &= P(\text{blau}|\text{Wollhose}) \cdot P(\text{Wollhose}) \\ &= 0.25 \cdot 0.4 \\ &= 0.1 \end{aligned}$$

(c) Wahrscheinlichkeit, dass sie eine Hose nimmt, die blau oder Wollhose ist:

$$\begin{aligned} P(\text{blau oder Wollhose}) &= P(\text{blau}) + P(\text{Wollhose}) \\ &\quad - P(\text{blau und Wollhose}) \\ &= 0.4 + 0.4 - 0.1 \\ &= 0.7 \end{aligned}$$

(d) Wahrscheinlichkeit, dass es sich um eine Jeans handelt, wenn die Hose blau ist:

$$\begin{aligned} P(\text{Jeans}|\text{blau}) &= \frac{P(\text{blau}|\text{Jeans}) \cdot P(\text{Jeans})}{P(\text{blau})} \\ &= \frac{0.5 \cdot 0.6}{0.4} \\ &= 0.75 \end{aligned}$$

(e) Unabhängigkeit

$$P(\text{blau und Wollhose}) = 0.1$$
$$\neq 0.4 \cdot 0.4 = P(\text{blau}) \cdot P(\text{Wollhose})$$

Die Ereignisse sind nicht unabhängig.

Lösung 1.2
7 Katzen tummeln sich auf 7 Plätzen auf Sofa und Sesseln.
Anzahl der Möglichkeiten, wie sich die Katzen auf Sofa und Sesseln verteilen können:

7! = 5040

7 Katzen können sich auf 5040 Arten auf 7 Plätze verteilen.

Lösung 1.3
500 Personen nehmen an einer Verlosung teil, bei der es 3 Gewinne gibt.
Jede Person kann beliebig oft gewinnen.
Anzahl der möglichen Gruppen von Gewinnern:

500^3 = 125000000

Es gibt 125000000 mögliche Gruppen von Gewinnern.

Lösung 1.4
500 Personen nehmen an einer Verlosung teil, bei der es 3 Gewinne gibt.
Jede Person kann maximal ein Mal gewinnen.
Anzahl der möglichen Gruppen von Gewinnern:

$\binom{500}{3} = \frac{500!}{3! \cdot 497!}$

$= \frac{500 \cdot 499 \cdot 498}{3 \cdot 2} = 20708500$

Es gibt 20708500 mögliche Gruppen von Gewinnern.

Lösung 1.5
Gegeben ist die Schuhverteilung von Mechtild nach Absatzhöhe und Farbe:

Absatz\Farbe	rot	weiß	blau	schwarz	Summe
sehr hoher Absatz	4	2	5	5	16
nicht sehr hoher Absatz	4	10	10	20	44
Summe	8	12	15	25	60

(a) Wahrscheinlichkeit, dass ein Paar Schuhe von Mechtild sehr hohe Absätze hat:

$P(\text{sehr hohe Absätze}) = \frac{4+2+5+5}{60} = 0.2\bar{6}$

(b) Wahrscheinlichkeiten für »sehr hohe Absätze unter der Bedingung rot« und »rot unter der Bedingung sehr hohe Absätze«:

$P(\text{sehr hohe Absätze} \mid \text{rot}) = \frac{4}{8} = \frac{1}{2}$

$P(\text{rot} \mid \text{sehr hohe Absätze}) = \frac{4}{16} = \frac{1}{4}$

(c) Wahrscheinlichkeit für rote Schuhe mit sehr hohen Absätzen:

$P(\text{rot und sehr hohe Absätze}) = \frac{4}{60} = 0.0\bar{6}$

(d) Wahrscheinlichkeit, durch Zufall ein Paar Schuhe herauszugreifen, das rot ist oder sehr hohe Absätze hat:

$P(\text{rot oder sehr hohe Absätze}) \;=\; \frac{8+16-4}{60} \;=\; 0.\bar{3}$

(e) Unabhängigkeit der Merkmale »Farbe« und »Absatzhöhe«:
Die Merkmale sind nicht unabhängig, denn zum Beispiel

$P(\text{rot und sehr hohe Absätze}) \;=\; \frac{4}{60} \;\neq\; \frac{16}{60} \cdot \frac{8}{60}$

Lösung 1.6
Gegeben ist die Schuhverteilung von Mechtild nach Absatzhöhe und Farbe:

Absatz\Farbe	rot	weiß	blau	schwarz	Summe
sehr hoher Absatz	0.0$\bar{6}$	0.0$\bar{3}$	0.08$\bar{3}$	0.08$\bar{3}$	0.2$\bar{6}$
nicht sehr hoher Absatz	0.0$\bar{6}$	0.1$\bar{6}$	0.1$\bar{6}$	0.$\bar{3}$	0.7$\bar{3}$
Summe	0.1$\bar{3}$	0.2	0.25	0.41$\bar{6}$	1.0

(a) Wahrscheinlichkeit, dass ein Paar Schuhe von Mechtild sehr hohe Absätze hat:

$$P(\text{sehr hohe Absätze}) \;=\; 0.067 + 0.033 + 0.083 + 0.083$$
$$=\; 0.2\bar{6}$$

(b) Wahrscheinlichkeiten für »sehr hohe Absätze unter der Bedingung rot« und »rot unter der Bedingung sehr hohe Absätze«:

$P(\text{sehr hohe Absätze} \mid \text{rot}) \;=\; \frac{0.067}{0.133}$

$=\; \frac{1}{2}$

$P(\text{rot} \mid \text{sehr hohe Absätze}) \;=\; \frac{0.067}{0.267}$

$=\; \frac{1}{4}$

(c) Wahrscheinlichkeit für rote Schuhe mit sehr hohen Absätzen:

$P(\text{rot und sehr hohe Absätze}) \;=\; 0.067$

(d) Wahrscheinlichkeit, durch Zufall ein Paar Schuhe herauszugreifen, das rot ist oder sehr hohe Absätze hat:

$P(\text{rot oder sehr hohe Absätze}) \;=\; 0.133 + 0.267 - 0.067$

$=\; 0.333$

(e) Unabhängigkeit der Merkmale »Farbe« und »Absatzhöhe«:

Die Merkmale sind nicht uanbhängig, denn z.B.

$P(\text{rot und sehr hohe Absätze}) \;=\; 0.067$

$\neq 0.133 \cdot 0.267$

Lösung 1.7

Bei einem diagnostischen Test für eine Krankheit seien die Wahrscheinlichkeiten für ein positives Testergebnis wie folgt verteilt:

	Testergebnis		Summe
Befund	+	−	
krank (+)	0.530	0.008	0.538
gesund (−)	0.015	0.447	0.462
Summe	0.545	0.455	1.0

(a) Wahrscheinlichkeit, dass jemand diese Krankheit hat:

$P(\text{krank}) = 0.538$

(b) Wahrscheinlichkeit für ein negatives Testergebnis unter der Bedingung, dass der Patient gesund ist:

$$P(T^-|\text{gesund}) = \frac{P(T^- \cap \text{gesund})}{P(\text{gesund})}$$
$$= \frac{0.447}{0.462} = 0.968$$

(c) Wahrscheinlichkeit für ein positives Testergebnis unter der Bedingung, dass der Patient krank ist:

$$P(T^+|\text{krank}) = \frac{P(T^+ \cap \text{krank})}{P(\text{krank})}$$
$$= \frac{0.530}{0.538} = 0.985$$

(d) Wahrscheinlichkeit, dass jemand gesund ist unter der Bedingung, dass das Testergebnis negativ ist:

$$P(\text{gesund}|T^-) = \frac{P(\text{gesund} \cap T^-)}{P(T^-)}$$
$$= \frac{0.447}{0.455} = 0.982$$

(e) Wahrscheinlichkeit, dass jemand krank ist unter der Bedingung, dass das Testergebnis positiv ist:

$$P(\text{krank}|T^+) = \frac{P(\text{krank} \cap T^+)}{P(T^+)}$$
$$= \frac{0.530}{0.545} = 0.972$$

1.10 Bezug zu weiterführenden Anwendungen

Marketingforschung:

Die im Unterabschnitt 1.5.3, S. 13, besprochene Formel von Bayes wird in der Marktforschung oft verwendet. Nehmen wir beispielsweise an, ein Supermarkt hat in der Vergangenheit untersuchen lassen, wie hoch die Wahrscheinlichkeiten für den Kauf von Butter, Weißbrot sowie wie hoch die bedingte Wahrscheinlichkeit ist, dass ein Kunde des Markts, der Butter kauft, auch Weißbrot kauft. Dabei bezeichnet A = Kauf Weißbrot und B = Kauf Butter. Die beauftragten Marktforscher kamen zu dem folgenden Ergebnis:

$$P(A) = 0.65 \tag{1.1}$$
$$P(B) = 0.4 \tag{1.2}$$
$$P(A|B) = 0.7 \tag{1.3}$$

Ein Jahr nach der Marktforschung möchte der Supermarkt seine sämtlichen Waren räumlich umstellen. Der Marktleiter merkt an, dass ein Kunde mit einer Wahrscheinlichkeit von 70 % Weißbrot kauft, unter der Voraussetzung, dass er zuvor Butter gekauft hat. Er fragt sich im Rahmen der Umstrukturierung jedoch, wie hoch die Wahrscheinlichkeit ist, dass ein Kunde unter der Voraussetzung Kauf Weißbrot auch Butter im Einkaufswagen an der Kasse haben wird. Anstatt das teure Marktforschungsinstitut erneut zu beauftragen wendet er die Formel von Bayes an und erhält:

$$P(B|A) = P(A|B) \cdot \frac{P(B)}{P(A)} \tag{1.4}$$
$$P(B|A) = 0.7 \cdot \frac{0.4}{0.65} \tag{1.5}$$
$$P(B|A) = 0.431 \tag{1.6}$$

Ein weiteres Beispiel für Anwendungen der Statistik in der Marktforschung und der Marketingforschung aus dem ersten Kapitel ist das Konzept der Unabhängigkeit aus Abschnitt 1.6, S. 14, von Ereignissen. Hier steht im Mittelpunkt die Frage, ob das Zustandekommen eines Ereignisses durch ein anderes Ereignis (oder natürlich auch durch mehrere andere Ereignisse) begünstigt wird. Es könnte beispielsweise in der Marktforschungsabteilung eines Kosmetikherstellers untersucht werden, ob das Einkommen E oder der Bildungsgrad B eines Konsumenten das Ereignis Kauf einer bestimmten Handcreme KH begünstigt. Die Lösung dieser konkreten Fragestellung führt jedoch über dieses Buch hinaus.

Klinische Psychologie:

In der klinischen Psychologie beschäftigt man sich mit unterschiedlichen psychischen Erkrankungen und deren Auftreten. Im Rahmen dieser Untersuchungen werden häufig die sogenannte Prävalenz (Auftreten) unter bestimmten Bedingungen begutachtet. Typische Fragestellungen können hier sein:

- Wie wahrscheinlich ist das Auftreten einer Depression unter der Bedingung, dass man eine Frau ist.
- Wie wahrscheinlich ist das Auftreten eines Burn-out-Syndroms unter der Bedingung, dass man einer speziellen Berufsgruppe angehört.

2 Wahrscheinlichkeitsverteilungen

2.1 Diskrete Zufallsvariablen

Häufig interessiert man sich bei der Durchführung eines Versuchs nicht unmittelbar für das Versuchsergebnis, sondern für eine dadurch bestimmte Zahl x. Eine solche Zuordnung wird üblicherweise X, Y oder Z genannt:
Jedem Versuchsergebnis $\omega \in \Omega$ wird eine Zahl $x = X(\omega)$ zugeordnet.

Beispiel (2):
Werfen zweier Würfel: X = Augensumme

Wird etwa das Würfelergebnis $\omega = (1, 2)$ erzielt, so nimmt die Augensumme X den Wert 3 an: $X(\omega) = 3$

Definition von Zufallsvariablen

Sei Ω die Ergebnismenge eines Zufallsexperiments.
Eine *Zufallsvariable* X ordnet jedem Ergebnis ω eines Zufallsexperiments eine Zahl x zu:
X ist damit eine Abbildung von der Ergebnismenge in die Menge der reellen Zahlen.

Beispiel:
Jeder Pralinenpackung wird die Zahl der Pralinen mit Nougatfüllung zugeordnet
X(Pralinenpackung) = Anzahl der Pralinen mit Nougatfüllung

Falls die Ergebnismenge aus reellen Zahlen besteht, also Ω eine Teilmenge von $\mathbb{R}$ ist, ist schon die Abbildung, die jedes Ergebnis sich selbst zuordnet, eine Zufallsvariable.

Beispiel (1):
Jedes Würfelergebnis wird auf sich selbst abgebildet:
$X(\omega) = \omega$ für $\omega \in \{1, 2, 3, 4, 5, 6\}$

Ist X eine Zufallsvariable und $y = g(x)$ eine reelle Funktion, dann ist auch $Y = g(X)$ eine Zufallsvariable.

Beispiel:
X misst den Radius eines Kreises.
$g(x) = 2 \cdot \pi \cdot x$
$Y = g(X)$ misst den Umfang eines Kreises.

Sind X und Y zwei Zufallsvariablen auf einer Ergebnismenge Ω und ist $z = g(x, y)$ eine reelle Funktion, dann ist $Z = g(X, Y)$ eine neue Zufallsvariable.

Beispiel:
X misst die eine Seite eines rechteckigen Raumes, Y misst die dazu rechtwinklige Seite.
$Z = X \cdot Y$ misst die Fläche.

Beispiel (2):
Werfen zweier Würfel
X sei das Ergebnis des 1. Würfels, Y sei das Ergebnis des 2. Würfels
$Z = X + Y$ ist die Augensumme.
$W = X \cdot Y$ ist das Augenprodukt.

Bezeichnungen:
Es seien Ω die Ergebnismenge eines Zufallsexperiments und X eine Zufallsvariable auf Ω.

Für jede reelle Zahl x ist dann das zugehörige Ereignis die Menge der Ergebnisse ω, die durch X auf diese Zahl x abgebildet werden, $A_x = \{\omega \in \Omega \mid X(\omega) = x\}$.

X nimmt die *Realisierung* x an, wenn das Ereignis
$A_x = \{\omega \in \Omega \mid X(\omega) = x\}$ eintritt.

Beispiel (2):
Zwei Würfel: X = Augensumme
Für $x = 20$ ist $A_x = \emptyset$, denn die Augensumme zweier Würfel kann nicht 20 ergeben.
Für $x = 4$ ist $A_x = \{(1, 3), (2, 2), (3, 1)\}$.

X nimmt die Realisierung $x = 10$ an, wenn das Ereignis
$A_x = \{(4, 6), (5, 5), (6, 4)\}$ eintritt.

X nimmt eine Realisierung im Intervall $[a, b]$ an ($a < b$), wenn das Ereignis
$A_{[a,b]} = \{\omega \in \Omega \mid a \leq X(\omega) \leq b\}$ eintritt.

Beispiel:
Ω sei die Menge der Paare (Körpergröße, Körpergewicht)
X sei der Body-Mass-Index: $\text{BMI} = \dfrac{\text{Körpergewicht}}{\text{Körpergröße}^2}$
Die Realisierung liegt im Intervall $[19, 25]$, wenn das Ereignis
$A_{[19,25]} = \{\omega \in \Omega \mid 19 \leq \text{BMI}(\omega) \leq 25\}$ eintritt, d. h. wenn bei einer Person ein BMI zwischen 19 und 25 gemessen wird.

Diskrete und stetige Zufallsvariablen

Der *Wertebereich* W_X einer Zufallsvariablen X besteht aus denjenigen Zahlen x, die als Wert von X vorkommen können:
$W_X = X(\Omega) = \{x \in \mathbb{R} \mid \text{es gibt ein } \omega \in \Omega \text{ mit } X(\omega) = x\}$.

Beispiel (2):
Zwei Würfel, $X =$ Augensumme: $\quad W_X = \{2, 3, \ldots, 12\}$

Beispiel:
$X =$ BMI: $\quad W_X = [15, 100] \quad$ (vermutet)

Eine Zufallsvariable X heißt *diskret*, wenn der Wertebereich endlich oder abzählbar unendlich ist.

Beispiel:
$X =$ Anzahl von Personen mit Schnupfen

X heißt *stetig*, wenn der Wertebereich ein Intervall ist.

Beispiel:
$X =$ Temperatur

2.1.1 Wahrscheinlichkeitsverteilung, Verteilungsfunktion

Gegeben seien eine Zufallsvariable X, die jedem Ergebnis eines Zufallsexperiments eine Zahl zuordnet und eine Wahrscheinlichkeit P, die jedem Ereignis des Zufallsexperiments eine Zahl zuordnet.
Dann kann für jede reelle Zahl x die Wahrscheinlichkeit definiert werden, mit der diese Zahl als Realisierung des Zufallsexperiments eintritt:

$P(X = x) \quad = P(A_x)$

Die Wahrscheinlichkeit, dass die Zahl x realisiert wird, ist die Wahrscheinlichkeit, dass bei dem Zufallsexperiment das Ereignis A_x geschieht.
Ebenso ist die Wahrscheinlichkeit, mit der eine Realisierung in einem gegebenen Intervall $[a, b]$ angenommen wird, definiert als Wahrscheinlichkeit des zugehörigen Ereignisses $A_{[a,b]}$:

$P(X \in [a, b]) = P(A_{[a,b]})$

Beispiel (1):
Zwei Würfel: $P(X = 5) = P(\{5\}) = \frac{1}{6}, \quad P(X = 7) = P(\{7\}) = 0$

$P(X \in [2, 5]) = P(\{2, 3, 4, 5\}) = \frac{4}{6}$

Wenn X eine *diskrete* Zufallsvariable ist, ist für jede Zahl im Wertebereich die Wahrscheinlichkeit größer als 0.

Wenn X eine *stetige* Zufallsvariable ist, gilt:
Für jede Zahl x ist die Wahrscheinlichkeit $P(x) = 0$.
Für ein Intervall, das den Wertebereich schneidet, ist sie größer als 0.

Außerhalb des Wertebereichs ist die Wahrscheinlichkeit gleich Null:
$P(X \in \mathbb{R} - W_X) = 0$

Beispiel:
In einer Gruppe von 100 Studierenden haben 25 Schnupfen.
Einer dieser Studierenden hat einen Gesprächstermin mit seinem Studiendekan.
Die Zufallsvariable X nimmt den Wert 1 an, falls er Schnupfen hat und den Wert 0, wenn nicht.

$$
\begin{aligned}
P(X = 1) &= P(\text{der Studierende entstammt der Menge der Studierenden} \\
&\quad \text{mit Schnupfen}) \\
&= 0.25 \\
P(X = 0) &= P(\text{der Studierende entstammt der Menge der Studierenden} \\
&\quad \text{ohne Schnupfen}) \\
&= 0.75 \\
P(X = 2) &= (\emptyset) = 0
\end{aligned}
$$

Tabellarische Darstellung:

x_i	$P(X = x_i)$
0	$\frac{3}{4}$
1	$\frac{1}{4}$

Die Wahrscheinlichkeitsverteilung

In Analogie zur relativen Häufigkeitsverteilung einer Stichprobe in der deskriptiven Statistik als Gesamtheit aller Paare (a_j, r_j), $j = 1, \ldots, m$ von Ausprägungen und ihren relativen Häufigkeiten ist die *Wahrscheinlichkeitsverteilung* einer diskreten Zufallsvariablen X definiert als die Gesamtheit aller Paare $(x_i, P(X = x_i))$, für die x_i im Wertebereich von X liegt.
Die Wahrscheinlichkeitsverteilung von X kann grafisch etwa durch ein Stabdiagramm, ein Histogramm, ein Wahrscheinlichkeitspolygon oder ein Kreisdiagramm dargestellt werden.

Beispiel (1):
Ein Würfel, $X =$ Augenzahl:
Die Wahrscheinlichkeitsverteilung ist die Menge der Paare

$\{(1, \frac{1}{6}), (2, \frac{1}{6}), (3, \frac{1}{6}), (4, \frac{1}{6}), (5, \frac{1}{6}), (6, \frac{1}{6})\}$

Sie kann alternativ tabellarisch dargestellt werden:

x_i	1	2	3	4	5	6
$P(X = x_i)$	$\frac{1}{6}$	$\frac{1}{6}$	$\frac{1}{6}$	$\frac{1}{6}$	$\frac{1}{6}$	$\frac{1}{6}$

Die Verteilungsfunktion

In Analogie zur empirischen Verteilungsfunktion einer Stichprobe $F_n(x) = \sum_{j:\, a_j \leq x} r_n(a_j)$ wird die Verteilungsfunktion einer Zufallsvariablen X definiert als Summe der Wahrscheinlichkeiten von Werten kleinergleich x:

$$F(x) = \sum_{i:\, x_i \leq x} P(X = x_i) \quad = P(X \leq x)$$

Sie kann grafisch als Treppenfunktion dargestellt werden, denn zwischen je zwei Werten verändert sie sich nicht.

Beispiel (1):
Ein Würfel:

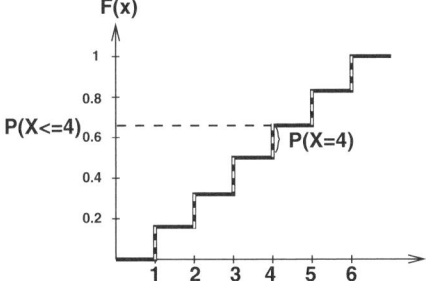

Beispiel (2):
Zwei Würfel, $X =$ Augensumme
Wertebereich: $W_X = \{2, 3, 4, 5, 6, 7, 8, 9, 10, 11, 12\}$

Wahrscheinlichkeitsverteilung und Verteilungsfunktion von X:

x	$P(X = x)$	$F(x)$
2	$\frac{1}{36} = 0.028$	0.028
3	$\frac{2}{36} = 0.056$	0.083
4	$\frac{3}{36} = 0.083$	0.167
5	$\frac{4}{36} = 0.111$	0.278
6	$\frac{5}{36} = 0.139$	0.417
7	$\frac{6}{36} = 0.167$	0.583
8	$\frac{5}{36} = 0.139$	0.722
9	$\frac{4}{36} = 0.111$	0.833
10	$\frac{3}{36} = 0.083$	0.917
11	$\frac{2}{36} = 0.056$	0.972
12	$\frac{1}{36} = 0.028$	1

Stabdiagramm der Wahrscheinlichkeitsverteilung:

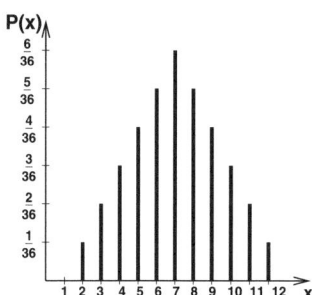

Grafische Darstellung der Verteilungsfunktion:

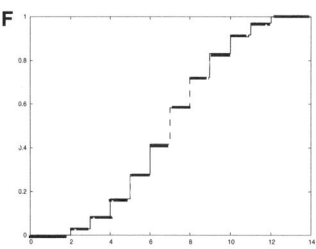

2.1.2 Lageparameter

Der Modalwert

In der deskriptiven Statistik heißt jede häufigste Merkmalsausprägung einer Stichprobe Modalwert. In der induktiven Statistik ist Modalwert einer diskreten Zufallsvariable jeder Wert x_M mit zu erwartendem häufigstem Auftreten, also mit maximaler Wahrscheinlichkeit:

$$P(X = x_M) = \max_{x_i \in W_X} P(X = x_i)$$

Der Erwartungswert

In der deskriptiven Statistik ist das arithmetische Mittel einer Stichprobe die Summe, gebildet aus den Produkten der Merkmalsausprägungen und ihren relativen Häufigkeiten.
In der induktiven Statistik wird das zu erwartende arithmetische Mittel bei häufiger Wiederholung eines Zufallsexperiments *Erwartungswert* genannt und mit dem griechischen Buchstaben μ (my) abgekürzt. Er entsteht als Summe, gebildet aus den Produkten der Werte der Zufallsvariable und ihren Wahrscheinlichkeiten:

$$\mu = E(X) = \sum_{i=1}^{n} P(X = x_i) \cdot x_i \quad \text{falls}$$

$$\sum_{i=1}^{n} P(X = x_i) \cdot |x_i| < \infty$$

(Diese Einschränkung kann bei unendlichem Wertebereich notwendig sein.)

Beispiel (1):
Ein Würfel, $X =$ Augenzahl

$$\begin{aligned} \mu = E(X) &= \tfrac{1}{6} \cdot 1 + \tfrac{1}{6} \cdot 2 + \cdots + \tfrac{1}{6} \cdot 6 \\ &= \tfrac{21}{6} = 3.5 \end{aligned}$$

Beispiel (2):
Zwei Würfel, $X =$ Augensumme

$$\begin{aligned} \mu = E(X) = \ & \tfrac{1}{36} \cdot 2 + \tfrac{2}{36} \cdot 3 + \tfrac{3}{36} \cdot 4 + \tfrac{4}{36} \cdot 5 + \tfrac{5}{36} \cdot 6 + \tfrac{6}{36} \cdot 7 + \tfrac{5}{36} \cdot 8 \\ & + \tfrac{4}{36} \cdot 9 + \tfrac{3}{36} \cdot 10 + \tfrac{2}{36} \cdot 11 + \tfrac{1}{36} \cdot 12 \\ = \ & 7 \end{aligned}$$

Modalwert ist ebenfalls 7.

Beispiel:
Werfen von drei Münzen, X = Häufigkeit des Ergebnisses »Kopf«
Wahrscheinlichkeitsverteilung:

x	$P(X = x)$
0	$\frac{1}{8}$
1	$\frac{3}{8}$
2	$\frac{3}{8}$
3	$\frac{1}{8}$

$\mu = E(X) = 0 + \frac{3}{8} + \frac{6}{8} + \frac{3}{8} = 1.5$

Eigenschaften des Erwartungswerts:

Lineare Transformationen:
(a) $E(X + Y) = E(X) + E(Y)$ (Additivität)
(b) $E(a + b \cdot X) = a + b \cdot E(X)$
(c) $E(aX + bY) = a \cdot E(X) + b \cdot E(Y)$

Nicht-lineare Transformation: (Funktionssatz)
(d) Wendet man auf eine Zufallsvariable eine Funktion an, so entsteht ihr Erwartungswert aus den Wahrscheinlichkeiten und den Funktionswerten ihrer Werte:
$E(g(X)) = \sum_i P(X = x_i) \cdot g(x_i)$ falls
$\sum_{i=1}^{n} P(X = x_i) \cdot |g(x_i)| < \infty$
(Diese Einschränkung kann bei unendlichem Wertebereich notwendig sein.)

Beispiel (2):
Zwei Würfel, X_1 = Augenzahl des ersten Würfels, X_2 = Augenzahl des zweiten Würfels, X = Augensumme: $E(X) = E(X_1) + E(X_2)$

Beispiel:
Für Eigenschaft (d): Angenommen, für die Radien handgefertigter Dessertteller ist folgende Verteilung bekannt:

Radius	Wahrscheinlichkeit
18	0.2
19	0.25
20	0.3
21	0.15
22	0.1

Wenn X den Tellerradius misst, ist der zu erwartende Tellerradius beim zufälligen Herausgreifen eines solchen Tellers

$$\begin{aligned}E(X) &= 18 \cdot 0.2 + 19 \cdot 0.25 + 20 \cdot 0.3 + 21 \cdot 0.15 + 22 \cdot 0.1\\ &= 19.7 \text{ cm}\end{aligned}$$

Wenn Y die Tellerfläche misst, ist mit der Funktion $g(x) = \pi \cdot x^2$ die zu erwartende Tellerfläche

$$\begin{aligned}E(Y) &= E(g(X)) &&= \pi \cdot \big(18^2 \cdot 0.2 + 19^2 \cdot 0.25 + 20^2 \cdot 0.3\\ & && + 21^2 \cdot 0.15 + 22^2 \cdot 0.1\big)\\ &= 1223.96 \text{ cm}^2\end{aligned}$$

Der Median

Der Median einer Stichprobe ist eine Zahl $\tilde{x}$, sodass sowohl der Anteil der Merkmalsausprägungen in der Stichprobe, die kleinergleich $\tilde{x}$ sind, als auch der Anteil der Ausprägungen größergleich $\tilde{x}$ mindestens bei $\frac{1}{2}$ liegen.

Darauf basierend wird als *Median* einer Zufallsvariable X jeder Wert $\tilde{\mu}$ (der griechische Buchstabe my mit einer Schlangenlinie) des Wertebereichs definiert, sodass sowohl die Wahrscheinlichkeit für Werte kleinergleich $\tilde{\mu}$ als auch die Wahrscheinlichkeit für Werte größergleich $\tilde{\mu}$ bei mindestens $\frac{1}{2}$ liegen:

$P(X \leq \tilde{\mu}) \geq \frac{1}{2}$ und $P(X \geq \tilde{\mu}) \geq \frac{1}{2}$

Bestimmung eines Medians aus der Verteilungsfunktion:

$$\tilde{\mu} = \begin{cases} \text{Wert, bei dem die Verteilungsfunktion von unter 0.5 auf einen Wert über 0.5 springt (senkrechte Linie einer Stufe)} & \text{F nimmt den Wert 0.5 nicht an} \\ \text{Werte x_i und x_{i+1} (waagerechte Linie einer Stufe)} & \text{F nimmt den Wert 0.5 in x_i an} \end{cases}$$

38 Wahrscheinlichkeitsverteilungen

Grafische Darstellung:

Falls die empirische Verteilungsfunktion den Wert 0.5 nicht annimmt: $F(x) \neq 0.5$ für alle x

Falls die empirische Verteilungsfunktion den Wert 0.5 annimmt: $F(x_0) = 0.5$ für ein x_0

Beispiele:

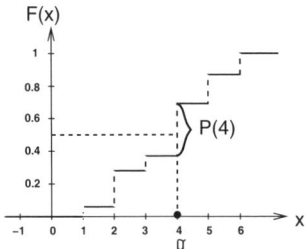
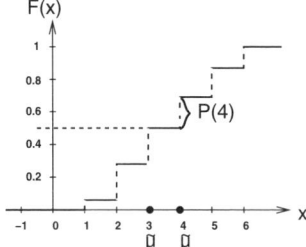

Beispiel (2):
Zwei Würfel: X = Augensumme:

x	$P(X = x)$	$F(x)$	x	$P(X = x)$	$F(x)$
2	0.028	0.028	7	0.167	0.583
3	0.056	0.083	8	0.139	0.722
4	0.083	0.167	9	0.111	0.833
5	0.111	0.278	10	0.083	0.917
6	0.139	0.417	11	0.056	0.972
			12	0.028	1

Median ist der Wert $\tilde{\mu} = 7$, da die Verteilungsfunktion F bei $x = 7$ die Zahl 0.5 überspringt.

Quantile

Für einen beliebigen Anteil q, der zwischen 0 und 1 liegt, ist das q-Quantil einer Stichprobe eine Zahl $\tilde{x}_q$, sodass der Anteil der Merkmalsausprägungen in der Stichprobe, die kleinergleich $\tilde{x}_q$ sind, mindestens q beträgt und der Anteil der Ausprägungen größergleich $\tilde{x}_q$ bei mindestens $1 - q$ liegt.

Darauf basierend wird als q-*Quantil* einer Zufallsvariable X jeder Wert ξ_q (der griechische Buchstabe xi) des Wertebereichs definiert, sodass die Wahrscheinlichkeit für Werte kleinergleich ξ_q bei mindestens q und die Wahrscheinlichkeit für Werte größergleich ξ_q bei mindestens $1 - q$ liegen:

$P(X \leq \xi_q) \geq q$ und $P(X \geq \xi_q) \geq 1 - q$

Bestimmung eines q-Quantils aus der Verteilungsfunktion:

$$\tilde{\mu} = \begin{cases} \text{Wert, bei dem die Verteilungsfunktion von unter } q \text{ auf einen Wert über } q \text{ springt (senkrechte Linie einer Stufe)} & F \text{ nimmt den Wert } q \text{ nicht an} \\ \text{Werte } x_i \text{ und } x_{i+1} \text{ (waagerechte Linie einer Stufe)} & F \text{ nimmt den Wert } q \text{ in } x_i \text{ an} \end{cases}$$

Grafische Darstellung:

Falls die empirische Verteilungsfunktion den Wert q nicht annimmt: $F(x) \neq q$ für alle x

Falls die empirische Verteilungsfunktion den Wert q annimmt: $F(x_0) = q$ für ein x_0

Beispiele:

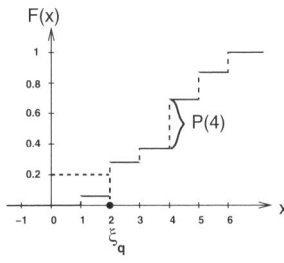
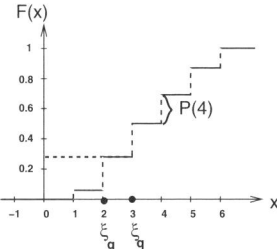

Beispiel (2):
Zwei Würfel: $X =$ Augensumme:

x	$P(X = x)$	$F(x)$
2	0.028	0.028
3	0.056	0.083
4	0.083	0.167
5	0.111	*0.278*
6	0.139	0.417
7	0.167	0.583
8	0.139	0.722
9	0.111	*0.833*
10	0.083	0.917
11	0.056	0.972
12	0.028	1

0.25-Quantil ist der Wert $\xi_{0.25} = 5$, da die Verteilungsfunktion F bei $x = 5$ die Zahl 0.25 überspringt.
0.75-Quantil ist der Wert $\xi_{0.75} = 9$, da die Verteilungsfunktion F bei $x = 9$ die Zahl 0.75 überspringt.

Aus der Definition der Quantile ergibt sich, dass Realisierungen einer Zufallsvariablen X mit einer Wahrscheinlichkeit von mindestens $1 - q$

- größergleich ξ_q
- grössergleich $\xi_{\frac{q}{2}}$ und gleichzeitig kleinergleich $\xi_{1-\frac{q}{2}}$
- kleinergleich ξ_{1-q}

sind. Das wird im Kontext von Schätz- und Testverfahren eine Rolle spielen.

2.1.3 Streuungsmaße

Varianz und Standardabweichung

In der deskriptiven Statistik ist die Varianz einer Stichprobe definiert als Summe der quadratischen Abweichungen der Ausprägungen vom Mittelwert, gewichtet über die absoluten Häufigkeiten dieser Ausprägungen und geteilt durch die Stichprobenlänge minus 1:

$$s^2 = \frac{1}{n-1} \cdot \sum_j (a_j - \bar{x})^2 \cdot h_n(a_j)$$

In der induktiven Statistik definiert man die *Varianz* direkt als wahrscheinliche quadratische Abweichung vom Erwartungswert und benutzt als Symbol für diese Größe das Quadrat des griechischen Buchstabens σ (sigma):

$$\sigma^2 = Var(X) = \sum_i (x_i - \mu)^2 \cdot P(X = x_i) \quad \text{falls diese Summe existiert}$$

Bemerkung:
Die zunächst recht merkwürdig anmutende Definition der Stichprobenvarianz in der deskriptiven Statistik gründet sich darauf, dass dann der Erwartungswert der Varianz einer Stichprobe gerade die Größe σ^2 ist.

Die *Standardabweichung* einer Zufallsvariable X ist die Wurzel der Varianz:

$$\sigma = \sqrt{\sigma^2}$$

Eigenschaften der Varianz:

Lineare Transformationen:

(a) $\text{Var}(X + Y) = \text{Var}(X) + \text{Var}(Y)$
für unabhängige Zufallsvariablen X, Y (Unabhängigkeit s. 2.1.4, S. 48)

(b) $\text{Var}(X + Y) = \text{Var}(X) + \text{Var}(Y) + 2 \cdot \text{Cov}(X, Y)$
allgemein (Kovarianz s. 2.1.4, S. 49)

(c) $\text{Var}(a + b \cdot X) = b^2 \cdot \text{Var}(X)$

Beispiel (1):
Ein Würfel, $X = $ Augenzahl
$$\begin{aligned}\text{Var}(X) &= \tfrac{1}{6} \cdot \big((1 - 3.5)^2 + (2 - 3.5)^2 + (3 - 3.5)^2 \\ &\quad + (4 - 3.5)^2 + (5 - 3.5)^2 + (6 - 3.5)^2\big) \\ &= 2.91\bar{6}\end{aligned}$$

Beispiel (2):
Zwei Würfel, $X_1 = $ Augenzahl des ersten Würfels, $X_2 = $ Augenzahl des zweiten Würfels, $X = $ Augensumme
$$\begin{aligned}\text{Var}(X) &= (2-7)^2 \cdot \tfrac{1}{36} + (3-7)^2 \cdot \tfrac{2}{36} + (4-7)^2 \cdot \tfrac{3}{36} \\ &\quad + (5-7)^2 \cdot \tfrac{4}{36} + (6-7)^2 \cdot \tfrac{5}{36} + (7-7)^2 \cdot \tfrac{6}{36} \\ &\quad + (8-7)^2 \cdot \tfrac{5}{36} + (9-7)^2 \cdot \tfrac{4}{36} + (10-7)^2 \cdot \tfrac{3}{36} \\ &\quad + (11-7)^2 \cdot \tfrac{2}{36} + (12-7)^2 \cdot \tfrac{1}{36} \\ &= 5.8\bar{3} \\ &= \text{Var}(X_1) + \text{Var}(X_2)\end{aligned}$$

Tschebyschew-Ungleichung

Die Tschebyschew-Ungleichung eröffnet die Möglichkeit, zu einer gewählten *Mindest*wahrscheinlichkeit einen groben Rahmen anzugeben, in dem bei Durchführung eines Zufallsexperiments Werte zu erwarten sind. Der Bereich, den die Tschebyschew-Ungleichung angibt, kann durchaus größer als nötig sein, hat aber den Vorteil der einfachen Berechnung.

Allgemeine Tschebyschew-Ungleichung:

Für jede Zahl $c > 0$ gilt:
X nimmt Realisierungen mit einer Mindestwahrscheinlichkeit von $1 - \frac{\text{Var}(X)}{c^2}$ im Intervall $(\mu - c, \mu + c)$ an.
$$P(|X - \mu| < c) \geq 1 - \frac{\text{Var}(X)}{c^2}$$

Insbesondere gilt:

$$P(\mu - 2\sigma < X < \mu + 2\sigma) \geq \tfrac{3}{4} \qquad \text{Zwei-Sigma-Regel}$$

$$P(\mu - 3\sigma < X < \mu + 3\sigma) \geq \tfrac{8}{9} \qquad \text{Drei-Sigma-Regel}$$

$$P(\mu - 4\sigma < X < \mu + 4\sigma) \geq \tfrac{15}{16} \qquad \text{Vier-Sigma-Regel}$$

$$P(|X - \mu| < k \cdot \sigma) \geq 1 - \tfrac{1}{k^2} \qquad k\text{-Sigma-Regel}$$

Beispiel (2):
Zwei Würfel, $X =$ Augensumme
Im 1.5σ-Intervall um den Erwartungswert sind Realisierungen der Augensumme mindestens mit der Wahrscheinlichkeit $1 - \frac{1}{1.5^2} = 0.\bar{5}$ zu erwarten:

$\mu \quad\quad = 7 \quad\quad (s.S.35)$

$\sigma^2 \quad = 5.83 \quad (s.S.41)$

$\sigma \quad\quad = 2.415$

$\mu - 1.5\sigma = 3.38$

$\mu + 1.5\sigma = 10.62$

Mindestens mit $55.\bar{5}$-prozentiger Wahrscheinlichkeit wird bei einem Experiment die Augensumme zwischen 3.38 und 10.62 liegen:

$P(3.38 < X < 10.62) \geq 0.\bar{5}$

Bemerkung:
Die tatsächliche Wahrscheinlichkeitsverteilung ergibt:

Die Wahrscheinlichkeit, dass eine Augensumme im Intervall $[4, 10]$ realisiert wird, liegt sogar bei
$0.08\bar{3} + 0.\bar{1} + 0.13\bar{8} + 0.1\bar{6} + 0.13\bar{8} + 0.\bar{1} + 0.08\bar{3} = 0.8\bar{3}$.

Die Tschebyschew-Ungleichung ergibt also für diese Verteilung ein Intervall, das zwar richtig, aber zu groß ist.

Beispiel:
Ausflug zu stetigen Zufallsvariablen:
Für eine normalverteilte Zufallsvariable X (vgl. 2.5.3, S. 74) gilt sogar:

$P(|X - \mu| < \sigma) \quad\approx\quad 0.683$

$P(|X - \mu| < 1.5\sigma) \approx\quad 0.866$

$P(|X - \mu| < 2\sigma) \quad\approx\quad 0.954$

$P(|X - \mu| < 3\sigma) \quad\approx\quad 0.997$

Standardisierung einer Zufallsvariablen

Für einige wichtige Zufallsvariablen kann man Wahrscheinlichkeiten und Quantile nicht selbst errechnen, sondern man ist auf tabellierte Darstellungen (oder Rechnerprogramme) angewiesen.

Tabellen werden nur im notwendigen Umfang erstellt. Deshalb gibt es für einige nicht selbst berechenbare Verteilungen Tabellenwerke für die sogenannte standardisierte Version der Verteilung mit Erwartungswert = 0 und Standardabweichung = 1.
Wahrscheinlichkeiten der interessierenden Größe können dann ermittelt werden, indem man diese Zufallsvariable »standardisiert«, für die standardisierte Zufallsvariable Wahrscheinlichkeiten oder Quantile ermittelt und gegebenenfalls zurücktransformiert.

Standardisierung einer Zufallsvariablen X: $\quad X^* = \frac{X-\mu}{\sigma}$

Die Standardisierung von X hat Erwartungswert $E(X^*) = 0$ und Varianz $\text{Var}(X^*) = 1$.

Beispiel (2):
Zwei Würfel, X = Augensumme
Die standardisierte Zufallsvariable ist $X^* = \frac{X-\mu}{\sigma} = \frac{X-7}{\sqrt{5.830}} = \frac{X-7}{2.415}$

Wird bei einem Zufallsexperiment die Augensumme $x = 5$ erreicht, so ist der standardisierte Wert

$x^* = \frac{x-\mu}{\sigma} = \frac{5-7}{\sqrt{5.830}} = -0.828$

Beispiel:
Ausflug zu stetigen Zufallsvariablen:

Angenommen, es sei bekannt, dass der Intelligenzquotient (näherungsweise) normalverteilt mit Erwartungswert $\mu = 100$ und Standardabweichung $\sigma = 10$ ist. Dann kann mit Hilfe von tabellierten Quantilen und Wahrscheinlichkeiten der Standardnormalverteilung etwa die Wahrscheinlickeit bestimmt werden, dass eine zufällig ausgewählte Person einen Intelligenzquotienten von höchstens 115 hat:

$\mu = 100$
$\sigma = 10$
$x = 115$
$x^* = \frac{115-100}{10} = 1.5$

Der Tabelle der Verteilungsfunktion der Standardnormalverteilung entnimmt man, dass die Wahrscheinlichkeit, dass eine standardnormalverteilte Größe Werte kleinergleich 1.5 annimmt, bei 0.9332 liegt (vgl. 2.5.3, Hinweis S. 73). Daher hat unter den getroffenen Annahmen eine zufällig ausgewählte Person mit einer Wahrscheinlichkeit von 93.32 % einen Intelligenzquotienten von höchstens 115:

$$P(X \leq 115) = P(X^* \leq \tfrac{115-100}{10}) = 0.9332$$

Ebenso kann ermittelt werden, welchen Intelligenzquotienten eine zufällig ausgewählte Person mit 95-prozentiger Sicherheit höchstens hat:

Der Tabelle der Quantile der Standardnormalverteilung entnimmt man, dass eine standardnormalverteilte Größe mit 95-prozentiger Wahrscheinlichkeit Werte kleinergleich 1.64485 annimmt (vgl. 2.5.3, Hinweis S. 73).

$$\begin{aligned} x^* &= 1.64485 &&= \tfrac{x-100}{10} \\ x &= x^* \cdot 10 + 100 &&= 116.4485 \end{aligned}$$

Eine zufällig ausgewählte Person hat unter den getroffenen Annahmen mit 95-prozentiger Wahrscheinlichkeit höchstens einen Intelligenzquotienten von 116.4485.

2.1.4 Zweidimensionale diskrete Zufallsvariablen

Seien X und Y zwei diskrete Zufallsvariablen auf der Ergebnismenge Ω desselben Zufallsexperiments.
Jedem Ergebnis $\omega \in \Omega$ wird das Wertepaar $(X(\omega), Y(\omega))$ zugeordnet.

Beispiel:
X zähle die weiblichen Teilnehmer einer Lehrveranstaltung, Y zähle die Teilnehmer, die jünger als 30 Jahre sind.

Sind $W_X = \{x_1, x_2, \dots\}$ und $W_Y = \{y_1, y_2, \dots\}$ die Wertebereiche von X und Y, so ist der Wertebereich des Paars (X, Y) die Menge der realisierbaren Wertepaare und damit eine Teilmenge von $W_X \times W_Y$.

Beispiel (2):
Zwei Würfel, $X = $ Augensumme, $Y = $ höchste Augenzahl

$$\begin{aligned} W_X &= \{2, 3, 4, 5, 6, 7, 8, 9, 10, 11, 12\} \\ W_Y &= \{1, 2, 3, 4, 5, 6\} \\ W_{(X,Y)} &= \{(2, 1), (3, 2), (4, 2), (4, 3), (5, 3), (5, 4), (6, 3), (6, 4), (6, 5), \\ &\quad (7, 4), (7, 5), (7, 6), (8, 4), (8, 5), (8, 6), (9, 5), (9, 6), (10, 5), \\ &\quad (10, 6), (11, 6), (12, 6)\} \end{aligned}$$

Zu jedem Wertepaar $(x, y) \in \mathbb{R} \times \mathbb{R}$ gehört die Wahrscheinlichkeit, mit der diese Realisierung (x, y) eintritt:

$$P(X = x, Y = y) = P(\{\omega \in \Omega \mid X(\omega) = x \text{ und } Y(\omega) = y\}) = P(A_{(x,y)})$$

Die Wahrscheinlichkeit des Wertepaars (x, y) ist die Wahrscheinlichkeit, dass bei einem Zufallsexperiment ein Ergebnis ω resultiert, für das X den Wert x und Y den Wert y annimmt.

Die *gemeinsame Wahrscheinlichkeitsverteilung* der Zufallsvariablen X und Y ist die Gesamtheit der Paare

$\bigl((x_i, y_j), P(X = x_i, Y = y_j)\bigr)$ für Werte $x_i \in W_X$ und $y_j \in W_j$.

Die gemeinsame Verteilung kann tabellarisch als *Kontingenztafel* dargestellt werden (vgl. 1.3, S. 10). Sie wird in der Regel um die Zeilen- beziehungsweise Spaltensummen ergänzt; diese entsprechen den Verteilungen der einzelnen Zufallsvariablen und werden *Randverteilungen* genannt.

Bezeichnungen:

$p_{ij} = P(X = x_i, Y = y_j)$ steht abkürzend für die Wahrscheinlichkeit, dass X den Wert x_i und Y den Wert y_j annimmt.

$p_{i\bullet} = P(X = x_i) = \sum_j P(X = x_i, Y = y_j)$ steht für die Wahrscheinlichkeit, dass X den Wert x_i annimmt.

$p_{\bullet j} = P(Y = y_j) = \sum_i P(X = x_i, Y = y_j)$ steht für die Wahrscheinlichkeit, dass Y den Wert y_j annimmt.

Kontingenztafel:

$X \setminus Y$	y_1	y_2	...	Summe
x_1	p_{11}	p_{12}	...	$p_{1\bullet}$
x_2	p_{21}	p_{22}	...	$p_{2\bullet}$ ← Wahrscheinlichkeit des Werts x_2
⋮				⋮
Summe	$p_{\bullet 1}$	$p_{\bullet 2}$	...	$p_{\bullet\bullet} = 1$

↑ Wahrscheinlichkeit des Werts y_1

Die Summe aller Wahrscheinlichkeiten ist
$\sum_i \sum_j P(X = x_i, Y = y_j) = 1$.

Beispiel (2):
Zwei Würfel: X = Augensumme, Y = höchste Augenzahl
Kontingenztafel, bestehend aus gemeinsamer Verteilung und Randverteilungen:

	$X \backslash Y$	1	2	3	4	5	6	Summe
	2	$\frac{1}{36}$	0	0	0	0	0	$\frac{1}{36}$
	3	0	$\frac{2}{36}$	0	0	0	0	$\frac{2}{36}$
	4	0	$\frac{1}{36}$	$\frac{2}{36}$	0	0	0	$\frac{3}{36}$
	5	0	0	$\frac{2}{36}$	$\frac{2}{36}$	0	0	$\frac{4}{36}$
	6	0	0	$\frac{1}{36}$	$\frac{2}{36}$	$\frac{2}{36}$	0	$\frac{5}{36}$
Augen-	7	0	0	0	$\frac{2}{36}$	$\frac{2}{36}$	$\frac{2}{36}$	$\frac{6}{36}$
summe	8	0	0	0	$\frac{1}{36}$	$\frac{2}{36}$	$\frac{2}{36}$	$\frac{5}{36}$
	9	0	0	0	0	$\frac{2}{36}$	$\frac{2}{36}$	$\frac{4}{36}$
	10	0	0	0	0	$\frac{1}{36}$	$\frac{2}{36}$	$\frac{3}{36}$
	11	0	0	0	0	0	$\frac{2}{36}$	$\frac{2}{36}$
	12	0	0	0	0	0	$\frac{1}{36}$	$\frac{1}{36}$
	Summe	$\frac{1}{36}$	$\frac{3}{36}$	$\frac{5}{36}$	$\frac{7}{36}$	$\frac{9}{36}$	$\frac{11}{36}$	1

Zum Beispiel ist die Wahrscheinlichkeit für Augensumme = 7 und höchste Augenzahl = 4
$P(X = 7, Y = 4) = \frac{2}{36}$
denn $A_{(7,4)} = \{(3, 4), (4, 3)\}$ besteht aus zwei Elementen.

Die Wahrscheinlichkeit, dass die Augensumme = 5 ist, ist die zugehörige Zeilensumme:
$P(X = 5) \quad = \frac{4}{36}$

Die Wahrscheinlichkeit, dass die höchste Augenzahl = 5 ist, ist die zugehörige Spaltensumme:
$P(Y = 5) \quad = \frac{9}{36}$

Die *gemeinsame Verteilungsfunktion* zweier Zufallsvariablen X und Y berechnet zu jedem Zahlenpaar (x, y) die Wahrscheinlichkeit, dass X einen Wert kleinergleich x und gleichzeitig Y einen Wert kleinergleich y annimmt:

$$\begin{aligned}F(x, y) &= P(X \leq x, Y \leq y) \\ &= P(\{\omega \in \Omega \mid X(\omega) \leq x, Y(\omega) \leq y\}) \\ &= \sum_{i: x_i \leq x} \sum_{j: y_j \leq y} P(X = x_i, Y = y_j).\end{aligned}$$

Beispiel:
X: Augensumme, Y: höchste Augenzahl

$X \backslash Y$	1	2	3	4	5	6	Summe
2	$\frac{1}{36}$	0	0	0	0	0	$\frac{1}{36}$
3	0	$\frac{2}{36}$	0	0	0	0	$\frac{2}{36}$
4	0	$\frac{1}{36}$	$\frac{2}{36}$	0	0	0	$\frac{3}{36}$
5	0	0	$\frac{2}{36}$	$\frac{2}{36}$	0	0	$\frac{4}{36}$
6	0	0	$\frac{1}{36}$	$\frac{2}{36}$	$\frac{2}{36}$	0	$\frac{5}{36}$
7	0	0	0	$\frac{2}{36}$	$\frac{2}{36}$	$\frac{2}{36}$	$\frac{6}{36}$
8	0	0	0	$\frac{1}{36}$	$\frac{2}{36}$	$\frac{2}{36}$	$\frac{5}{36}$
9	0	0	0	0	$\frac{2}{36}$	$\frac{2}{36}$	$\frac{4}{36}$
10	0	0	0	0	$\frac{1}{36}$	$\frac{2}{36}$	$\frac{3}{36}$
11	0	0	0	0	0	$\frac{2}{36}$	$\frac{2}{36}$
12	0	0	0	0	0	$\frac{1}{36}$	$\frac{1}{36}$
Summe	$\frac{1}{36}$	$\frac{3}{36}$	$\frac{5}{36}$	$\frac{7}{36}$	$\frac{9}{36}$	$\frac{11}{36}$	1

Etwa die Wahrscheinlichkeit, dass die Augensumme kleinergleich 6 und die höchste Augenzahl kleinergleich 4 sind, ist

$$F(6,4) = \tfrac{1}{36} + \tfrac{2}{36} + \tfrac{1}{36} + \tfrac{2}{36} + \tfrac{2}{36} + \tfrac{2}{36} + \tfrac{1}{36} + \tfrac{2}{36} = \tfrac{13}{36}$$

Bedingte Verteilungen

Ist für eine der beiden Zufallsvariablen ein Wert $X = x_i$ vorgegeben, so ist die bedingte Zufallsvariable $Y|(X = x_i)$ diejenige mit den Werten von Y und den bedingten Wahrscheinlichkeiten

$$P(Y = y_j | X = x_i) = \frac{P(X = x_i \text{ und } Y = y_j)}{P(X = x_i)} = \frac{p_{ij}}{p_{i\bullet}} \text{ für jedes } j$$

Das heißt, in der Kontingenztafel werden alle Wahrscheinlichkeiten der entsprechenden Zeile beziehungsweise Spalte auf die zugehörige Randwahrscheinlichkeit bezogen.

Der Erwartungswert dieser bedingten Zufallsvariable berechnet sich daher als

$$E(Y|X = x_i) = \sum_j y_j \cdot \frac{p_{ij}}{p_{i\bullet}}.$$

Der Erwartungswert der Zufallsvariablen Y ergibt sich dann zu
$E(Y) = \sum_i E(Y|X = x_i) \cdot P(X = x_i)$.

Beispiel (2):
Zwei Würfel, X = Augensumme, Y = höchste Augenzahl

$X \backslash Y$	1	2	3	4	5	6	Summe
2	$\frac{1}{36}$	0	0	0	0	0	$\frac{1}{36}$
3	0	$\frac{2}{36}$	0	0	0	0	$\frac{2}{36}$
4	0	$\frac{1}{36}$	$\frac{2}{36}$	0	0	0	$\frac{3}{36}$
5	0	0	$\frac{2}{36}$	$\frac{2}{36}$	0	0	$\frac{4}{36}$
6	0	0	$\frac{1}{36}$	$\frac{2}{36}$	$\frac{2}{36}$	0	$\frac{5}{36}$
7	0	0	0	$\frac{2}{36}$	$\frac{2}{36}$	$\frac{2}{36}$	$\frac{6}{36}$
8	0	0	0	$\frac{1}{36}$	$\frac{2}{36}$	$\frac{2}{36}$	$\frac{5}{36}$
9	0	0	0	0	$\frac{2}{36}$	$\frac{2}{36}$	$\frac{4}{36}$
10	0	0	0	0	$\frac{1}{36}$	$\frac{2}{36}$	$\frac{3}{36}$
11	0	0	0	0	0	$\frac{2}{36}$	$\frac{2}{36}$
12	0	0	0	0	0	$\frac{1}{36}$	$\frac{1}{36}$
Summe	$\frac{1}{36}$	$\frac{3}{36}$	$\frac{5}{36}$	$\frac{7}{36}$	$\frac{9}{36}$	$\frac{11}{36}$	1

Es ist etwa

$$P(Y = 4 | X = 6) = \tfrac{2}{5}$$
$$E(Y | (X = 6)) = 3 \cdot \tfrac{1}{5} + 4 \cdot \tfrac{2}{5} + 5 \cdot \tfrac{2}{5}$$

Unabhängigkeit

Zwei diskrete Zufallsvariablen X und Y heißen *unabhängig*, wenn für *alle* Wertepaare $(x_i, y_j) \in W_X \times W_Y$ die Wahrscheinlichkeit, dass dieses Wertepaar realisiert wird, gleich dem Produkt der Einzelwahrscheinlichkeiten ist, dass X den Wert x_i und Y den Wert y_j realisiert:

$$p_{ij} = P(X = x_i, Y = y_j) = P(X = x_i) \cdot P(Y = y_j) = p_{i\bullet} \cdot p_{\bullet j}$$
für alle Indizes i und j

Das bedeutet, dass sich jeder Eintrag innerhalb der Kontingenztafel durch Multiplizieren der Randverteilungen ergibt.

Beispiel (2):
Zwei Würfel: X = Augensumme, Y = höchste Augenzahl

$$P(X = 6, Y = 4) = \tfrac{2}{36} \neq P_X(X = 6) \cdot P_Y(Y = 4) = \tfrac{5}{36} \cdot \tfrac{7}{36}$$

Augensumme und höchste Augenzahl sind keine unabhängigen Zufallsvariablen.

Kovarianz

Die *Kovarianz* zweier diskreter Zufallsvariablen X und Y ist als mittlere gemeinsame Abweichung der Werte der Zufallsvariablen von ihren Erwartungswerten definiert. Als abkürzendes Symbol für die Kovarianz benutzt man den griechischen Buchstaben σ (sigma):

$$\begin{aligned} \mathrm{Cov}(X,Y) &= \sigma_{XY} \\ &= \sum_i \sum_j (x_i - \mu_X) \cdot (y_j - \mu_Y) \cdot P(x_i, y_j) \\ \mathrm{Cov}(X,Y) &= E\left[(X - E(X)) \cdot (Y - E(Y))\right] \end{aligned}$$

Auch diese Definition lehnt sich an die Definition der Kovarianz in der deskriptiven Statistik an. Dort entsteht die Kovarianz einer zweidimensionalen Stichprobe zu Größen X und Y mit Ausprägungen x_i und y_j als Summe der Produkte $(x_i - \bar{x}) \cdot (y_j - \bar{y}) \cdot r_{ij}$.

Eigenschaften der Kovarianz:
Lineare Transformationen:

(a) $\mathrm{Cov}(X_1 + X_2, Y) = \mathrm{Cov}(X_1, Y) + \mathrm{Cov}(X_2, Y)$
(Addition von X_1, X_2)
$\mathrm{Cov}(X, Y_1 + Y_2) = \mathrm{Cov}(X, Y_1) + \mathrm{Cov}(X, Y_2)$
(Addition von Y_1, Y_2)
(b) $\mathrm{Cov}(a_1 + b_1 \cdot X, a_2 + b_2 \cdot Y) = b_1 \cdot b_2 \cdot \mathrm{Cov}(X, Y)$

Zusammenhang zur Summe zweier Zufallsvariablen

Erwartungswerte addieren sich:
$E(X + Y) = E(X) + E(Y)$ (s. 2.3.2 S. 66)

Für die Varianz der Summe gilt:
$\mathrm{Var}(X + Y) = \mathrm{Var}(X) + \mathrm{Var}(Y) + 2 \cdot \mathrm{Cov}(X, Y)$ (s. 2.3.3 S. 67)

Bezeichnung:
Zwei Zufallsvariablen heißen *unkorreliert*, wenn ihre Kovarianz verschwindet. Für unkorrelierte Zufallsvariablen gilt:

$E(X \cdot Y) = E(X) \cdot E(Y)$
$\mathrm{Var}(X + Y) = \mathrm{Var}(X) + \mathrm{Var}(Y)$

Bemerkung:
Unabhängige Zufallsvariablen sind unkorreliert, die Umkehrung gilt nicht.

Beispiel:
Für zwei Zufallsvariablen X und Y seien
$\mu_X = 10$, $\mu_Y = 15$, $\sigma_X^2 = 100$, $\sigma_Y^2 = 60$, $\sigma_{X+Y}^2 = 200$.
Bestimmen Sie μ_{X+Y} und $\text{Cov}(X, Y)$.

Lösung:
$$\mu_X = 10$$
$$\mu_Y = 15$$
$$\mu_{X+Y} = \mu_X + \mu_Y$$
$$= 25$$
$$\text{Cov}(X, Y) = \frac{\text{Var}(X+Y) - \text{Var}(X) - \text{Var}(Y)}{2} = \frac{200 - 100 - 60}{2}$$
$$= 20$$

Der Korrelationskoeffizient

Die Kovarianz macht eine Aussage darüber, ob zwei Zufallsvariablen sich gemeinsam oder entgegengesetzt entwickeln. Ihre Größe kann allerdings nicht weiter interpretiert werden. Abhilfe schafft die normierte Größe des *Korrelationskoeffizienten*, der mit einem griechischen ρ (rho) abgekürzt wird:

$$\rho(X, Y) = \frac{\sigma(X,Y)}{\sigma_X \cdot \sigma_Y}$$

Der Korrelationskoeffizient liegt zwischen -1 und 1; er ist ein Maß für den *linearen* Zusammenhang zweier Zufallsvariablen.

$|\rho(X, Y)| = 1$ gilt genau dann, wenn alle Wertepaare der gemeinsamen Verteilung auf einer Geraden liegen.

Zur Erinnerung: Auch in der deskriptiven Statistik ist der Korrelationskoeffzient r_{xy} einer zweidimensionalen Stichprobe der Quotient aus der Kovarianz und dem Produkt der Standardabweichungen. $|r_{xy}| = 1$ bedeutet dort, dass alle Datenpunkte auf einer Geraden liegen.

Eine Eigenschaft des Korrelationskoeffizienten:
Lineare Transformation:
$$\rho(a_1 + b_1 \cdot X, a_2 + b_2 \cdot Y) = \frac{b_1 \cdot b_2}{|b_1 \cdot b_2|} \cdot \rho(X, Y) = \pm \rho(X, Y)$$

Aus der Definition der Standardisierung von Zufallsvariablen

$$X^* = \frac{X - \mu}{\sigma}$$

ergibt sich damit insbesondere, dass der Korrelationskoeffizient zweier Größen X und Y mit dem Korrelationskoeffizienten der standardisierten Größen übereinstimmt:

$$\rho(X,Y) = \rho(X^*, Y^*)$$

da

$$\rho\left(\frac{X-\mu_X}{\sigma_X}, \frac{Y-\mu_Y}{\sigma_Y}\right) = \frac{\frac{1}{\sigma_X} \cdot \frac{1}{\sigma_Y}}{\left|\frac{1}{\sigma_X} \cdot \frac{1}{\sigma_Y}\right|} \cdot \rho(X,Y) \quad \text{und } \sigma_X, \sigma_Y > 0 \text{ sind.}$$

Aus der Definition ergibt sich außerdem für diesen Korrelationskoeffizienten der standardisierten Größen:

$$\rho(X^*, Y^*) = \sigma(X^*, Y^*)$$

Mit $\sigma(X^*, Y^*) = E(X^* \cdot Y^*) - \mu_{X^*} \cdot \mu_{Y^*}$ erhält man weiter wegen $\mu_{X^*} = \mu_{Y^*} = 0$:

$$\sigma(X^*, Y^*) = E(X^* \cdot Y^*)$$

2.2 Spezielle diskrete Verteilungen

2.2.1 Die gleichmäßige diskrete Verteilung

Eine diskrete Zufallsvariable X ist *gleichmäßig verteilt*, wenn alle Werte der Zufallsvariable dieselbe Wahrscheinlichkeit besitzen.

Der Wertebereich besteht aus endlich vielen Zahlen; hier wird angenommen, dass gilt: $W_X = \{1, \ldots, m\}$.

Dann folgt:

$P(X = k) = \frac{1}{m}$ für k=1,..., m Wahrscheinlichkeitsverteilung

$\mu = E(X) = \frac{m+1}{2}$ Erwartungswert

$\sigma^2 = \text{Var}(X) = \frac{m^2-1}{12}$ Varianz

Beispiel (1):
Ein Würfel, $X = $ Augenzahl, $W_X = \{1, \ldots, 6\}$

$P(X = k) = \frac{1}{6}$ für $k = 1, \ldots, 6$ Wahrscheinlichkeitsverteilung

$\mu = E(X) = \frac{6+1}{2} = 3.5$ Erwartungswert

$\sigma^2 = \text{Var}(X) = \frac{6^2-1}{12} = \frac{35}{12} = 2.91\overline{6}$ Varianz

Wahrscheinlichkeitsverteilung der gleichmäßigen diskreten Verteilung mit $m = 6$:

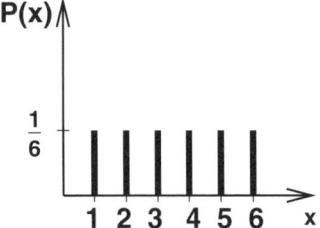

2.2.2 Die Binomialverteilung

(Verteilung der absoluten Häufigkeiten)

Sei A ein Ereignis, das bei einem Zufallsexperiment möglich, aber nicht gewiss ist. Sei $p = P(A)$ die Wahrscheinlichkeit, dass A beim einmaligen Durchführen des Experiments auftritt.

Das Zufallsexperiment werde n-mal unabhängig wiederholt.
Die Zufallsvariable X misst, wie häufig Ereignis A dabei auftritt.

Die Zufallsvariable X kann als Werte die Zahlen von 0 bis n annehmen:
$W_X = \{0, \ldots, n\}$

X ist *binomial verteilt mit Parametern n und p*. Schreibweise: $X \sim \mathcal{B}(n, p)$

Ermittlung der Wahrscheinlichkeitsverteilung einer binomial verteilten Zufallsvariable:

(1.) Eine feste Serie von n Versuchen mit k-mal Erfolg besitzt die Wahrscheinlichkeit $p^k \cdot (1 - p)^{n-k}$.

   Beispiel:
   Eine feste Serie von 5 Versuchen mit 3-mal Erfolg besitzt die Wahrscheinlichkeit $p^3 \cdot (1 - p)^2$.

(2.) Die Anzahl der Serien von n Versuchen mit k-mal Erfolg ist gleich der Anzahl der Möglichkeiten, k Ereignisse »Erfolg« in einer Abfolge von n Versuchen anzuordnen.
   Dabei ist zunächst die Anzahl der Möglichkeiten, die Ergebnisse von n Versuchen in einer Reihe anzuordnen, gleich $n! = n \cdot \ldots \cdot 1$ (»n-Fakultät«), denn Versuchsergebnis$_1$ kann den 1., 2., …, oder letzten Platz belegen, anschließend kann Versuchsergebnis$_2$ jeden der $n - 1$ übrigen Plätze belegen, …

Das Ergebnis des letzten Versuchs belegt zwangsläufig den einzig gebliebenen Platz. Die Anzahl der Kombinationsmöglichkeiten ist damit $n \cdot \ldots \cdot 1$.

Nun ergeben die Umsortierungen in der Teilmenge der Erfolge alle dieselbe Abfolge von Erfolgen und Misserfolgen; hiervon gibt es $k!$.

Ebenso ergeben die Umsortierungen in der Teilmenge der Misserfolge alle dieselbe Abfolge von Erfolgen und Misserfolgen; hiervon gibt es $(n-k)!$.

Insgesamt folgt:

In einer Serie von n Versuchen gibt es $\frac{n!}{k! \cdot (n-k)!}$ *verschiedene* Serien mit k Erfolgen.

Diese Zahl $\frac{n!}{k! \cdot (n-k)!}$ heißt *Binomialkoeffizient* und wird mit $\binom{n}{k}$ abgekürzt.

(3.) Insgesamt ergibt sich als Wahrscheinlichkeit, bei n Versuchen k-mal Erfolg zu haben:
$$P(X = k) = \binom{n}{k} \cdot p^k \cdot (1-p)^{n-k}.$$

Für eine binomial verteilte Zufallsvariable mit Parametern n und p folgt:

$P(X = k) = \binom{n}{k} \cdot p^k \cdot (1-p)^{n-k}$ Wahrscheinlichkeitsverteilung

$\mu = E(X) = n \cdot p$ Erwartungswert

$\sigma^2 = \text{Var}(X) = n \cdot p \cdot (1-p)$ Varianz

Beispiel (1):
Ein Würfel werde fünfmal geworfen.
Ereignis A entspricht dem Werfen einer 6.
X zähle, wie häufig bei diesen 5 Versuchen eine 6 geworfen wird.
X ist binomial verteilt mit Parametern $n = 5$ und $p = \frac{1}{6}$.
Die Wahrscheinlichkeit, bei 5 Versuchen genau dreimal eine Sechs zu werfen, ist
$$P(X = 3) = \binom{5}{3} \cdot \frac{1}{6}^3 \cdot \frac{5}{6}^2$$
Die im Mittel zu erwartende Anzahl von Sechsen, wenn man sehr häufig 5 solcher Versuche macht, ist
$$\mu = 5 \cdot \frac{1}{6}.$$
Die Varianz dieser Zufallsvariable ist
$$\sigma = 5 \cdot \frac{1}{6} \cdot \frac{5}{6}.$$
Wenn mehrere Wahrscheinlichkeiten $P(X = k), P(X = k+1), \ldots$ einer binomial verteilten Zufallsvariable zu berechnen sind, ist die folgende *Rekursionsformel* hilfreich:

$P(X = 0) = (1-p)^n,$

$P(X = k+1) = \frac{n-k}{k+1} \cdot \frac{p}{1-p} \cdot P(X = k)$ für $k = 0, \ldots, n-1$

Bemerkung:
Hinweis zu Fakultäten und Binomialkoeffizienten:

Auf vielen Taschenrechnern kann der Binomialkoeffizient $\binom{n}{k}$ mit der Taste $nCr(n, k)$ ermittelt werden.

Es gilt:

$n! = n \cdot (n-1) \cdots \cdots 1$

$0! = 1$ per definitionem

$\binom{n}{k} = \frac{n!}{k! \cdot (n-k)!}$ Anzahl der Möglichkeiten, eine k-zahlige Teilmenge aus einer n-zahligen Menge auszuwählen (vgl. Tabelle im Anhang)

$\binom{n}{0} = 1$ per definitionem

$\binom{n}{k} = \binom{n}{n-k}$

$\binom{n}{1} = \binom{n}{n-1} = n$

Bemerkung:
Die Binomialverteilung mit Parametern n und p entspricht dem Ziehen aus einer Urne *mit Zurücklegen*:
Sind in einer Urne N Elemente, von denen M eine bestimmte Eigenschaft E haben und es werden n Elemente mit Zurücklegen gezogen, so ist bei jedem Einzelversuch die Wahrscheinlichkeit, ein Element mit Eigenschaft E zu ziehen, gerade $p = \frac{M}{N}$.
Es werden n identische Versuche durchgeführt; die Zahl der Versuche, bei denen ein Element mit Eigenschaft E gezogen wird, ist binomial verteilt mit Parametern n und p.

Beispiel:
In einer Urne befinden sich 10 weiße und 5 schwarze Kugeln.
Die Wahrscheinlichkeit, beim viermaligen Ziehen mit Zurücklegen genau drei schwarze Kugeln zu ziehen, ist

$P(X = 3) = \binom{4}{3} \cdot \frac{1}{3}^3 \cdot \frac{2}{3}^1 = 4 \cdot 0.\overline{037} \cdot 0.\overline{6} = 0.0988$

Wahrscheinlichkeitsverteilung der Binomialverteilung mit $n = 20$, $p = 0.2$:

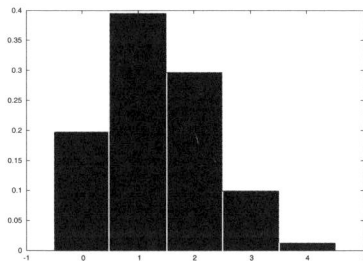

2.2.3 Die geometrische Verteilung

Sei A ein Ereignis, das bei einem Zufallsexperiment möglich, aber nicht gewiss ist.
Sei $p = P(A)$ die Wahrscheinlichkeit, dass A beim einmaligen Durchführen des Experiments auftritt.

Das Zufallsexperiment werde so lange unabhängig wiederholt, bis A eintritt.
Die Zufallsvariable X misst die benötigt Anzahl von Versuchen bis zum Erfolg.

Die Zufallsvariable X kann als Wert jede natürliche Zahl annehmen:
$W_X = \mathbb{N} = \{1, 2, 3, \ldots\}$

X ist *geometrisch verteilt mit Parameter p*.

Ermittlung der Wahrscheinlichkeitsverteilung einer geometrisch verteilten Zufallsvariable:

Wenn k Versuche bis zum ersten Erfolg benötigt werden, bedeutet das:
Bei den ersten $k - 1$ Versuchen tritt Ereignis A nicht ein, beim k-ten Versuch tritt Ereignis A ein.
Da die Versuche unabhängig sind, ist die Wahrscheinlichkeit dieser Abfolge gerade
$P(X = k) = (1 - p)^{k-1} \cdot p$.

Ermittlung der Verteilungsfunktion:
Das Ereignis $X > k$ tritt genau dann ein, wenn bei den ersten k Versuchen kein Erfolg eintritt.
Daher ist $P(X > k) = (1 - p)^k$ und somit $F(k) = P(X \leq k) = 1 - (1 - p)^k$.

Geometrisch verteilte Zufallsvariable mit Parameter p:

$P(X = k)$	$= p \cdot (1-p)^{k-1}$		Wahrscheinlichkeitsverteilung
$F(k)$	$= 0$	für $k < 1$	Verteilungsfunktion
$F(k)$	$= 1 - (1-p)^k$	für $k = 1, 2, 3, \ldots$	
μ	$= E(X) = \frac{1}{p}$		Erwartungswert
σ^2	$= \text{Var}(X) = \frac{1-p}{p^2}$		Varianz

Beispiel:
Circa 90 % aller Menschen haben braune Augen.
Ohne Berücksichtigung, in welchem Land Sie sich gerade aufhalten:
Berechnen Sie die Wahrscheinlichkeit, dass (erst) der vierte Mensch, dem Sie begegnen, braune Augen hat.

Lösung:
$P(X = 4) = 0.9 \cdot 0.1^3 = 0.0009$

Wahrscheinlichkeitsverteilung der geometrischen Verteilung mit $p = 0.9$:

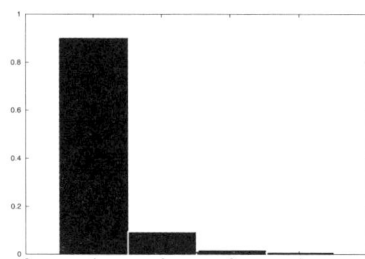

2.2.4 Die hypergeometrische Verteilung

Eine Gesamtheit bestehe aus N Elementen.
M davon haben Eigenschaft E.
Nacheinander werden n Elemente *ohne Zurücklegen* gezogen.
Die Zufallsvariable X misst die Anzahl der gezogenen Elemente mit Eigenschaft E.

Die Zufallsvariable X kann als Werte die Zahlen von 0 bis $\min(M, n)$ annehmen:

$W_X = \{0, \ldots, \min(M, n)\}$

X ist *hypergeometrisch verteilt mit Parametern N, M und n*.

Ermittlung der Wahrscheinlichkeitsverteilung einer hypergeometrisch verteilten Zufallsvariable am Beispiel:

Beispiel:
Unter $N = 1000$ Studierenden befinden sich $M = 150$ mit Schnupfen.
Eine Teilgruppe von $n = 100$ Studierenden wird ausgewählt.

Wahrscheinlichkeit, dass sich unter diesen 100 Studierenden genau 10 mit Schnupfen befinden,

$= \dfrac{\text{Anzahl der erfolgreichen Ausgänge}}{\text{Anzahl der möglichen Ausgänge}}$

(1.) Nenner von $P(X = 10)$:
Anzahl der Möglichkeiten, aus den 1000 Studierenden 100 auszuwählen
$= \binom{1000}{100}$

(2.) Zähler von $P(X = 10)$:
   Genau 10 Studierende mit Schnupfen werden ausgewählt, wenn
   - 10 der 150 Studierenden mit Schnupfen und
   - $100 - 10$ der $1000 - 150$ Studierenden ohne Schnupfen
   gewählt werden.
   Die Zahl dieser Möglichkeiten ist
   $$= \binom{150}{10} \cdot \binom{1000 - 150}{100 - 10}$$

(3.) Wahrscheinlichkeit, unter den 100 Studierenden genau 10 mit Schnupfen auszuwählen:
   $$P(X = 10) = \frac{\binom{150}{10} \cdot \binom{850}{90}}{\binom{1000}{100}}$$
   $$= 0.0413$$

Hypergeometrisch verteilte Zufallsvariable mit Parametern N, M und n:
Für $0 \leq k \leq \min(n, M)$, $0 \leq n - k \leq N - M$:

$$P(X = k) = \frac{\binom{M}{k} \cdot \binom{N - M}{n - k}}{\binom{N}{n}} \quad \text{Wahrscheinlichkeitsverteilung}$$

Mit $p = \frac{M}{N} = $ Erfolgswahrscheinlichkeit bei einmaligem Ziehen:

$\mu = E(X) = n \cdot p$ \qquad Erwartungswert
$\sigma^2 = \text{Var}(X) = \frac{N-n}{N-1} \cdot n \cdot p \cdot (1 - p)$ \quad Varianz

Am Beispiel:
$N = 1000, M = 150, n = 100$

$p = \frac{150}{1000} = 0.15$
$\mu = E(X) = 100 \cdot 0.15 = 15$
$\sigma^2 = \text{Var}(X) = 100 \cdot 0.15 \cdot (1 - 0.15) \cdot \frac{1000 - 100}{1000 - 1}$
$\quad = 11.49$

Beispiel:
Gegeben sind 20 Weinflaschen, darunter 4 teure.
Zwei Flaschen werden nacheinander gezogen.

58 Wahrscheinlichkeitsverteilungen

Wahrscheinlichkeit, dass beide teuer sind:

$N = 20$
$M = 4$
$n = 2$
$k = 2$

$$P(X = 2) = \frac{\binom{4}{2} \cdot \binom{16}{0}}{\binom{20}{2}} = \frac{\frac{4!}{2! \cdot 2!} \cdot 1}{\frac{20!}{2! \cdot 18!}}$$

$$= \frac{\frac{4 \cdot 3}{2}}{\frac{20 \cdot 19}{2}} = \frac{4}{20} \cdot \frac{3}{19}$$

$= P(1.\text{ Flasche teuer}) \cdot P(2.\text{ Flasche teuer} \mid 1.\text{ Flasche teuer})$

Bemerkung:
Bei sehr großer Grundgesamtheit ist es fast gleichgültig, ob mit oder ohne Zurücklegen gewählt wird.

Für $p \leq 0.05$ kann die Binomialverteilung benutzt werden:
Dann ist für $k = 0, \ldots, n$

$$\frac{\binom{M}{k} \cdot \binom{N-M}{n-k}}{\binom{N}{n}} \approx \binom{n}{k} \cdot p^k \cdot (1-p)^{n-k}$$

Zwei Beispiele zu Binomial- und hypergeometrischer Verteilung:

Beispiel:
Die Regenwahrscheinlichkeit an einem Urlaubsort liege pro Tag bei 10 %.

Wahrscheinlichkeit, dass es an drei von zehn Urlaubstagen regnet:
$P = \binom{10}{3} \cdot 0.1^3 \cdot 0.9^7 = 0.057$

Wahrscheinlichkeit, dass es erst am sechsten Tag regnet:
$P = 0.1 \cdot 0.9^5 = 0.059$

Beispiel:
In einem 20-tägigen Urlaub gab es an 15 Tagen Sonnenschein.
Sie zeigen Fotos von drei Tagen.

Wahrscheinlichkeit, dass an genau zwei dieser Tage die Sonne schien:

$$P = \frac{\binom{15}{2} \cdot \binom{5}{1}}{\binom{20}{3}} = \frac{\frac{15 \cdot 14}{2} \cdot \frac{5}{1}}{\frac{20 \cdot 19 \cdot 18}{3 \cdot 2}} = 0.46$$

2.2.5 Die Poisson-Verteilung

(Verteilung seltener Ereignisse)

Beispiel:
Fall 1:
Albinismus kommt etwa mit einer Wahrscheinlichkeit
von 1 : 20000 vor.
Sei X die Anzahl Albinos in der Bundesrepublik.

Fall 2:
X sei die Häufigkeit des Auftretens von tödlichen
Verkehrsunfällen in einer Großstadt.

Fall 1:
X misst die Häufigkeit des Eintretens eines Ereignisses A bei vielen unabhängigen Versuchen und die Erfolgswahrscheinlichkeit beim Einzelversuch ist gering.

X ist also binomial verteilt mit sehr großem n und sehr kleinem p.
Die Verteilungsfunktion kann dann kaum exakt berechnet werden.

Fall 2:
In einem kontinuierlichen Zeitintervall wird die Häufigkeit des Auftretens eines Ereignisses A beobachtet.

Um das Problem näherungsweise lösen zu können, unterteilt man das Zeitintervall in n Teilintervalle. Das entspricht dem n-maligen unabhängigen Ausprobieren, ob A stattfindet oder nicht:

Die Häufigkeit X des Auftretens von A bei diesen n Versuchen ist binomial verteilt.

Die Wahrscheinlichkeit p_n für A in einem Teilintervall ist entsprechend kleiner, je mehr Teilintervalle gebildet werden: $n \cdot p_n \approx \text{const}$, n sehr groß, p sehr klein.

Approximation der Binomialverteilung:

Für $n \geq 50$ und $p \leq 0.1$ gilt:

$$\binom{n}{k} \cdot p^k \cdot (1-p)^{n-k} \approx \frac{(np)^k}{k!} \cdot e^{-np}$$

$\Big(e \approx 2.7182818284590451$ ist die Euler'sche Zahl
$ = \sum_{i=0}^{\infty} \frac{1}{n!} = \lim_{n \to \infty} \left(1 + \frac{1}{n}\right)^n \Big)$

60 Wahrscheinlichkeitsverteilungen

Grenzwertsatz für Binomialverteilungen:

Für $n \to \infty$, $p \to 0$ mit $n \cdot p = \lambda = $ const. gilt:

$$\lim_{n \to \infty} \binom{n}{k} \cdot p^k \cdot (1-p)^{n-k} = \frac{\lambda^k}{k!} \cdot e^{-\lambda} \quad \text{für } k = 0, 1, 2, \ldots.$$

Eine Zufallsvariable X mit Wahrscheinlichkeit

$$P(X = k) = \frac{\lambda^k}{k!} \cdot e^{-\lambda}$$

heißt *Poisson-verteilt mit dem Parameter* λ.

Die Poisson-Verteilung wird verwandt für seltene Ereignisse:

- X misst die Häufigkeit des Eintretens eines Ereignisses A bei vielen unabhängigen Versuchen, wenn die Erfolgswahrscheinlichkeit beim Einzelversuch gering ist:
  $\lambda = n \cdot p$
- X misst die Häufigkeit des Eintretens eines Ereignisses A in einem Zeitintervall. Dann hängt der Parameter von der Länge des gewählten Zeitintervalls ab.

> Der Parameter λ kann durch den Mittelwert $\bar{x}$ einer Stichprobe geschätzt werden: $\lambda \approx \bar{x}$

Poisson-verteilte Zufallsvariable mit Parameter λ:

$P(X = k) = \frac{\lambda^k}{k!} \cdot e^{-\lambda}$ Wahrscheinlichkeitsverteilung

$\mu = E(X) = \lambda$ Erwartungswert

$\sigma^2 = \text{Var}(X) = \lambda$ Varianz

Beispiel:
Albinismus kommt etwa mit einer Wahrscheinlichkeit von 1 : 20000 vor. Welches ist die Wahrscheinlichkeit, dass sich unter 10000 Personen 3 Albinos befinden?

Lösung:
$p = \frac{1}{20000}$
$ = 0.00005$
$n = 10000$

Mit Binomialverteilung:
$$\begin{aligned}P(X=3) &= \binom{10000}{3} \cdot 0.00005^3 \cdot 0.99995^{9997} \\ &= 166616670000 \cdot 1.25 \cdot 10^{-13} \cdot 0.606614 \\ &= 0.012634\end{aligned}$$

Mit Poissonverteilung:
$$\begin{aligned}\lambda &= 10000 \cdot 0.00005 \\ &= 0.5 \\ P(X=3) &= \frac{0.5^3}{3!} \cdot e^{-0.5} \\ &= 0.012636\end{aligned}$$

Welches ist die Wahrscheinlichkeit, dass in der Bundesrepublik höchstens 4000 Albinos leben?

$$\begin{aligned}p &= 0.00005 \\ n &= 80000000 \\ \lambda &= 4000.0 \\ k &= 4000\end{aligned}$$

Schon $P(X=4000) = \frac{4000^{4000}}{4000!} \cdot e^{-4000}$

kann man nicht unmittelbar berechnen, $P(X \leq 4000)$ schon gar nicht.
Hier ist eine weitere Näherung nötig.

Beispiel:
In einer Großstadt führen im Mittel Verkehrsunfälle zu drei Toten innerhalb von hundert Tagen.
Welches ist die Wahrscheinlichkeit, dass es an einem Tag zwei Verkehrstote gibt?
Mit welcher Wahrscheinlichkeit gibt es an einem Tag höchstens zwei Verkehrstote?

$$\begin{aligned}\lambda &= 0.03 \\ P(X=2) &= \tfrac{0.03^2}{2} \cdot e^{-0.03} &&= 0.00044 \\ F(2) &= \sum_{k=0}^{2} \tfrac{\lambda^k}{k!} \cdot e^{-\lambda} \\ &= 0.970446 + 0.029113 + 0.00044 &&= 0.999996\end{aligned}$$

Beispiel:
Berechnen Sie die Wahrscheinlichkeit, dass sich unter $n = \binom{49}{6}$ Lottozetteln genau ein richtig ausgefüllter Tipp befindet.

Wie viele Lottozettel müssten ausgefüllt werden, damit die Wahrscheinlichkeit für mindestens einen richtigen mindestens 90 % beträgt?

Bemerkung:
$\binom{49}{6} \approx 14 \cdot 10^6$

Es gibt genau $\binom{49}{6}$ Möglichkeiten, einen Lottozettel auszufüllen.
Also ist die Wahrscheinlichkeit, dass einer richtig ausgefüllt wird, gerade $p = \frac{1}{\binom{49}{6}}$.
Mit $n = \binom{49}{6}$ wird $n \cdot p = 1$.
Die Poissonverteilung mit $\lambda = 1$ ergibt:
$P(X = 1) = \frac{\lambda^1}{1!} \cdot e^{-1} = e^{-1} = \frac{1}{2.718} = 0.368$.

Es soll sein $1 - P(X = 0) \geq 0.9$, also
$P(X = 0) = \frac{\lambda^0}{0!} \cdot e^{-\lambda} \leq 0.1$,

$$e^\lambda \geq 10,$$
$$n \cdot p = \lambda \geq \ln(10) = 2.303,$$
$$n \geq \frac{2.303}{p} = 2.303 \cdot \binom{49}{6}$$
$$\approx 2.303 \cdot 14 \cdot 10^6$$
$$= 32.24 \cdot 10^6 \quad = 32240000$$

Poissonverteilung für $\lambda = 4.1$:

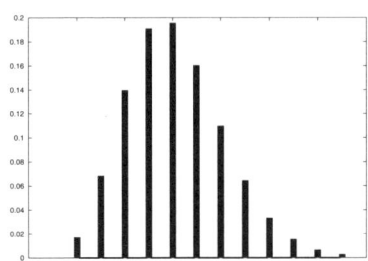

2.3 Stetige Zufallsvariablen

Sei X eine stetige Zufallsvariable auf der Ergebnismenge Ω eines Zufallsexperiments. (D. h. der Wertebereich ist ein Intervall oder ganz $\mathbb{R}$.)

Beispiel:
$X = $ Schlafdauer von Otto

Die Definition einer Wahrscheinlichkeitsverteilung macht hier keinen Sinn, da für jede Zahl x gilt: $P(x) = 0$.

Statt dessen interessiert man sich für die Wahrscheinlichkeit von Intervallen.

Beispiel:
P(Otto schläft zwischen 7 und 9 Stunden)

Erinnerung: Wahrscheinlichkeit = Fläche im Histogramm

Beispiel:
Körpergrößen Erwachsener

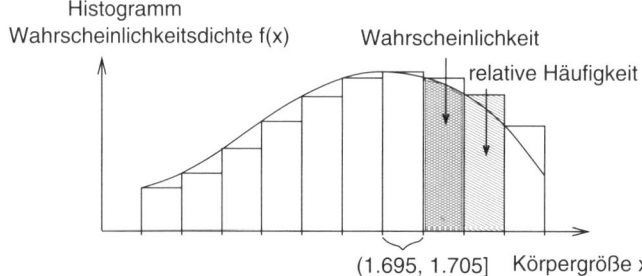

An die Stelle von Summen von Wahrscheinlichkeiten treten Integrale über eine *Wahrscheinlichkeitsdichte*.

2.3.1 Wahrscheinlichkeitsdichte, Verteilungsfunktion

Damit eine Wahrscheinlichkeitsdichte-Funktion tatsächlich Wahrscheinlichkeiten definieren kann, darf ihr Graph nicht unterhalb der x-Achse verlaufen und die Fläche unter dem Graphen muss insgesamt 1 ergeben:

(a) $f(x) \geq 0$ für jedes $x \in \mathbb{R}$,
(b) $\int_{-\infty}^{+\infty} f(x)dx = 1$.

Beispiel:
$X = $ Schlafdauer von Otto
$f(x) = -1 + \frac{1}{6}x \quad | \quad 6 \leq x < 8$
$f(x) = 1 - \frac{1}{12}x \quad | \quad 8 \leq x \leq 12$
$f(x) = 0 \quad\quad\quad\quad | \quad$ sonst

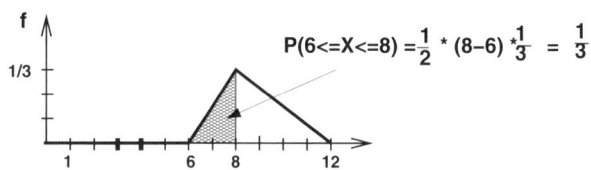

Sei X stetige Zufallsvariable auf der Ergebnismenge Ω eines Zufallsexperiments mit Wahrscheinlichkeitsdichte f.

Zu jedem Intervall $[a, b] \subset \mathbb{R}$ gehört die Wahrscheinlichkeit, mit der die Realisierung der Zufallsvariablen X im Intervall $[a, b]$ liegt:

$$P(X \in [a,b]) = P(A_{[a,b]}) = P(\{\omega \in \Omega \mid a \leq X(\omega) \leq b\})$$
$$= \int_a^b f(x)dx$$

Beispiel:
$P(X \in [7, 9]) =$ Wahrscheinlichkeit,
dass Otto zwischen 7 und 9 Stunden schläft

$$P(X \in [7,9]) = \int_7^8 (-1 + \tfrac{1}{6}x)dx + \int_8^9 (1 - \tfrac{1}{12}x)dx$$
$$= \left[-x + \tfrac{1}{12}x^2\right]_7^8 + \left[x - \tfrac{1}{24}x^2\right]_8^9$$
$$= 0.541\bar{6}$$

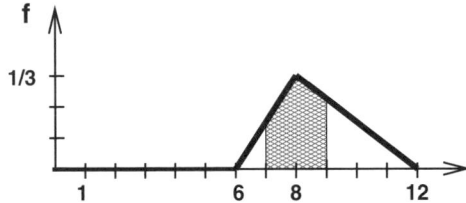

Wahrscheinlichkeit, dass Otto zwischen 7 und 9 Stunden schläft, z. B. für $x = 3$:

Die Verteilungsfunktion

$$F(x) = \sum_{i: x_i \leq x} P(X = x_i) = P(X \leq x)$$

Verteilungsfunktion der stetigen Zufallsvariablen X:
$$F(x) = P(X \leq x)$$
$$= \int_{-\infty}^x f(u)du$$

Beispiel:
Für $x \leq 8$:

$$F(x) = \int_{-\infty}^x (-1 + \tfrac{1}{6}y)dy = \left[-y + \tfrac{1}{12}y^2\right]_6^x$$
$$= -x + \tfrac{1}{12}x^2 + 3$$

Wahrscheinlichkeit, dass Otto höchstens x Stunden schläft, z. B. für $x = 3$:

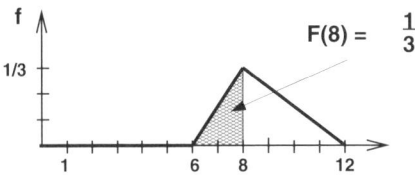

2.3.2 Lageparameter

Der Modalwert

Der *Modalwert* einer stetigen Zufallsvariable ist jeder Wert x_{Mod} mit maximaler Wahrscheinlichkeitsdichte.
Bei stetiger Wahrscheinlichkeitsdichte bedeutet das, das unter den Intervallen derselben kleinen Länge diejenigen nahe des Modalwerts die größte Wahrscheinlichkeit besitzen.

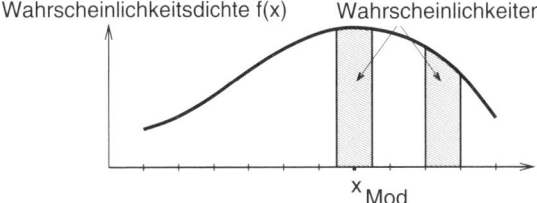

Beispiel:
Modalwert der Schlafdauer von Otto ist $x_{\text{Mod}} = 8$ Stunden.

Der Erwartungswert

Der *Erwartungswert* einer stetigen Zufallsvariable entsteht statt als Summe von Produkten der Gestalt »Wert · Wahrscheinlichkeit des Werts« durch Integration des Produkts »Wert · Wahrscheinlichkeitsdichte des Werts«:

$\mu = E(X) = \int_{-\infty}^{+\infty} x \cdot f(x) dx$

falls das Integral $\int_{-\infty}^{+\infty} |x| \cdot f(x) dx$ existiert. (Sonst ist kein Erwartungswert definiert.)

Beispiel:
Die im Mittel zu erwartende Schlafenszeit von Otto beträgt

$$\begin{aligned}\mu &= \int_6^8 (-x + \tfrac{1}{6}x^2)dx + \int_8^{12}(x - \tfrac{1}{12}x^2)dx \\ &= [-\tfrac{1}{2}x^2 + \tfrac{1}{18}x^3]_6^8 + [\tfrac{1}{2}x^2 - \tfrac{1}{36}x^3]_8^{12} = 8,\bar{6} \quad \text{Stunden}\end{aligned}$$

Eigenschaften des Erwartungswerts:
Lineare Transformationen:

(a) $E(X + Y) = E(X) + E(Y)$ (Additivität)
(b) $E(a + b \cdot X) = a + b \cdot E(X)$
(c) $E(aX + bY) = a \cdot E(X) + b \cdot E(Y)$

Nicht-lineare Transformation: (Funktionssatz)

(d) $E(g(X)) = \int_{-\infty}^{+\infty} g(x) \cdot f(x) dx$ falls $\int_{-\infty}^{+\infty} |g(x)| \cdot f(x) dx$ existiert

Der Median

Der *Median* einer stetigen Zufallsvariable ist einfacher zu definieren als der Median einer diskreten Zufallsvariable, da die Wahrscheinlichkeit, dass ein bestimmter Wert angenommen wird, gleich 0 ist:

Median einer stetigen Zufallsvariablen X ist jede Zahl $\tilde{\mu}$, sodass $F(\tilde{\mu}) = P(X \leq \tilde{\mu}) = \frac{1}{2}$ ist.

Der Median ist damit eine obere Integrationsgrenze: $\int_{-\infty}^{\tilde{\mu}} f(x) dx = \frac{1}{2}$

Falls F an der Stelle $\tilde{\mu}$ mit $F(\tilde{\mu}) = \frac{1}{2}$ streng monoton wächst, ist der Median $\tilde{\mu}$ eindeutig bestimmt.

Sonst ist »Median« das ganze Intervall, auf dem $F(x) = 0.5$ ist.

Beispiel:
Da $F(8) = \frac{1}{3} < 3$ ist, muss der Median größer als 8 sein. Da für $8 \leq x \leq 12$ die Dichtefunktion $f(x) = 1 - \frac{1}{12}x$ ist, muss der Median also erfüllen:

$$F(\tilde{\mu}) = \frac{1}{3} + \tilde{\mu} - \frac{\tilde{\mu}^2}{24} - \frac{16}{3} = \frac{1}{2}$$

Das heißt, für den Median gilt:

$$-5 + \tilde{\mu} - \frac{\tilde{\mu}^2}{24} = \frac{1}{2}$$
$$\tilde{\mu}^2 - 24\tilde{\mu} + 132 = 0$$
$$\tilde{\mu} = 12 - \sqrt{12} = 8.54 \quad (12 + \sqrt{12} \text{ ist offenbar zu groß})$$

Quantile

Für einen Anteil q zwischen 0 und 1 ist das q-Quantil einer stetigen Zufallsvariable X jede Zahl ξ_q, sodass

$F(\xi_q) = P(X \leq \xi_q) = q$ ist.

Auch das q-Quantil ist also eine obere Integrationsgrenze: $\int_{-\infty}^{\xi_q} f(x)dx = q$

Falls F an der Stelle ξ_q mit $F(\xi_q) = q$ streng monoton wächst, ist das q-Quantil ξ_q eindeutig bestimmt.
Sonst ist q-Quantil das ganze Intervall, auf dem $F(x) = q$ ist.

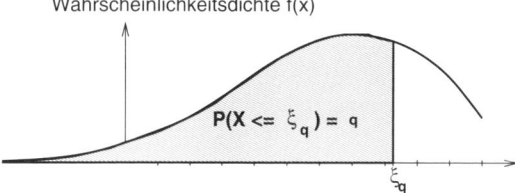

2.3.3 Streuungsmaße

Varianz und Standardabweichung

Die im Mittel zu erwartende quadratische Abweichung vom Erwartungswert drückt sich bei einer stetigen Zufallsvariable durch ein Integral aus:

Die *Varianz* einer stetigen Zufallsvariablen X ist

$$\begin{aligned}\mathrm{Var}(X) &= \sigma^2 = \int_{-\infty}^{+\infty}(x-\mu)^2 \cdot f(x)dx \quad \text{falls dieses Integral existiert}\\ &= E((X-\mu)^2)\\ &= E(X^2) - [E(X)]^2\end{aligned}$$

Die *Standardabweichung* ist die Wurzel aus der Varianz:

$$\sigma = \sqrt{\sigma^2}$$

Beispiel:
Varianz und Standardabweichung der Schlafenszeit von Otto:

$$\begin{aligned}\sigma^2 &= \int_6^8 (x-8.67)^2 \cdot (-1 + \tfrac{1}{6}x)dx + \int_8^{12}(x-8.67)^2 \cdot (1 - \tfrac{1}{12}x)dx\\ &= 0.67 + 0.89 \quad = 1.56\end{aligned}$$

$$\sigma = 1.25$$

Eigenschaften der Varianz:

Lineare Transformationen:

(a) $\mathrm{Var}(X+Y) = \mathrm{Var}(X) + \mathrm{Var}(Y)$
   für unabhängige Zufallsvariablen X, Y (vgl. 2.1.3, S. 41)

(b) $\text{Var}(X + Y) = \text{Var}(X) + \text{Var}(Y) + 2 \cdot \text{Cov}(X, Y)$
allgemein(vgl. 2.1.3, S. 41 und 2.1.4, S. 49)

(c) $\text{Var}(a + b \cdot X) = b^2 \cdot \text{Var}(X)$

Tschebyschew-Ungleichung

Für jede Zahl $c > 0$ gilt:
X nimmt Realisierungen im Intervall $(\mu - c, \mu + c)$ mindestens mit Wahrscheinlichkeit $1 - \frac{\text{Var}(X)}{c^2}$ an.

$$P(\mu - c < X < \mu + c) \geq 1 - \frac{\text{Var}(X)}{c^2}$$

Beispiel:
Für die Schlafdauer von Otto ist $P(8.\bar{6} - 2\sigma \leq X \leq 8.\bar{6} + 2\sigma) \geq \frac{3}{4}$
Mit mindestens 75 %-iger Wahrscheinlichkeit wird Otto zwischen 6.17 und 11.17 Stunden schlafen.

Standardisierung einer stetigen Zufallsvariable:
Für eine standardisierte stetige Zufallsvariable $X^* = \frac{X-\mu}{\sigma}$ gilt:

Der Erwartungswert ist $E(X^*) = 0$.
Die Varianz ist $\text{Var}(X^*) = 1$.

Die Wahrscheinlichkeitsdichte wird um $-\mu$ verschoben und gestaucht oder gestreckt.

2.4 Zweidimensionale stetige Zufallsvariablen

Ein kurzer Überblick zu zweidimensionalen stetigen Zufallsvariablen:

Eine zweidimensionale Dichtefunktion ist eine Funktion f mit
(a) $f(x, y) \geq 0$ für jedes $(x, y) \in \mathbb{R} \times \mathbb{R}$,
(b) $\int_{-\infty}^{+\infty} \int_{-\infty}^{+\infty} f(x, y) dx\, dy = 1$.

Der Graph ist eine Fläche, die oberhalb der x-y-Ebene verläuft, das Volumen unter dem Graphen ist gleich 1.

Beispiel:

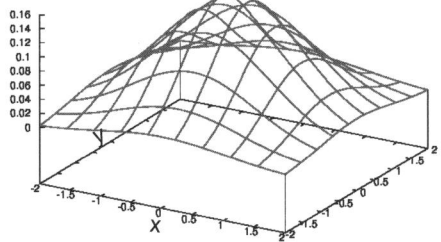

Zweidimensionale Normalverteilung

- *Gemeinsame Wahrscheinlichkeitsdichte* von X und Y:
  Eine zweidimensionale Dichtefunktion, sodass für jedes Gebiet $G \subset \mathbb{R} \times \mathbb{R}$ gilt:
  Wahrscheinlichkeit für Werte in G
  $= \int \int_G f(x, y) dx\, dy.$
  Die Wahrscheinlichkeit, mit der Realisierungen (x, y) im Gebiet G liegen, ist gleich dem Volumen unter dem Graphen der gemeinsamen Wahrscheinlichkeitsdichte über dem Gebiet G.

- *Gemeinsame Verteilungsfunktion* von X und Y
  $$F(x, y) = P(X \leq x, Y \leq y)$$
  $$= \int_{-\infty}^{x} \int_{-\infty}^{y} f(u, v) du\, dv$$

- *Unabhängigkeit*
  Unabhängig sind zwei stetige Zufallsvariablen, wenn das Produkt der Verteilungsfunktionen gleich der gemeinsamen Verteilungsfunktion ist

- *Kovarianz, Korrelationskoeffizient*
  Bei der Kovarianz gehen wieder Summen in Integrale über, der Korrelationskoeffizient ist genauso definiert wie bei diskreten Zufallsvariablen:
  $$\rho(X, Y) = \frac{\sigma_{XY}}{\sigma_X \cdot \sigma_Y}$$

- *Summe zweier Zufallsvariablen*
  Erwartungswert und Varianz folgen denselben Gesetzen wie bei diskreten Zufallsvariablen.

2.5 Spezielle stetige Verteilungen

2.5.1 Die Gleichverteilung

Eine stetige Zufallsvariable ist gleichmäßig verteilt, wenn ihre Dichtefunktion auf einem Intervall konstant und außerhalb dieses Intervalls gleich 0 ist. Daraus ergeben sich Verteilungsfunktion, Erwartungswert und Varianz mittels Integration:

Gleichverteilte Zufallsvariable mit Wertebereich $[a, b]$:

$f(x) = \frac{1}{b-a}$ für $a \leq x \leq b$ Wahrscheinlichkeitsdichte
$f(x) = 0$ sonst

$F(x) = 0$ für $x < a$
$F(x) = \frac{x-a}{b-a}$ für $a \leq x \leq b$ Verteilungsfunktion
$F(x) = 1$ für $x > b$

70 Wahrscheinlichkeitsverteilungen

$$\mu = E(X) = \frac{a+b}{2} \quad \text{Erwartungswert}$$
$$\tilde{\mu} = \frac{a+b}{2} \quad \text{Median}$$
$$\sigma^2 = \text{Var}(X) = \frac{(b-a)^2}{12} \quad \text{Varianz}$$

Wahrscheinlichkeitsdichte einer stetigen Gleichverteilung mit Wertebereich $[a, b]$:

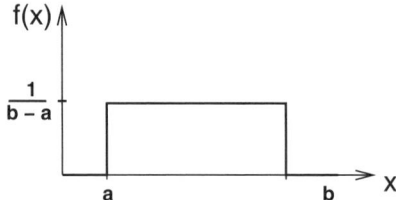

Beispiel:
Die Zeit, die Sie am Tag mit Ihrer Katze spielen, ist gleichmäßig verteilt zwischen einer halben und drei Stunden.
$$f(t) = \frac{1}{3-0.5} \quad \text{für } 0.5 \leq t \leq 3$$
$$f(t) = 0 \quad \text{sonst}$$

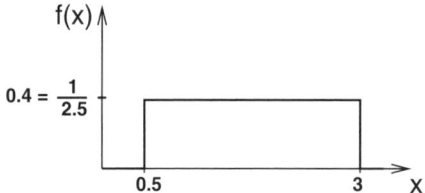

$$F(x) = 0 \quad \text{für } x < 0.5$$
$$F(x) = \frac{x-0.5}{2.5} \quad \text{für } 0.5 \leq x \leq 3 \quad \text{Verteilungsfunktion}$$
$$F(x) = 1 \quad \text{für } x > 3$$
$$\mu = E(X) = \frac{3.5}{2} = 1.75 \quad \text{Erwartungswert}$$
$$= \tilde{\mu} \quad \text{Median}$$
$$\sigma^2 = \text{Var}(X) = \frac{2.5^2}{12} = 0.52 \quad \text{Varianz}$$

2.5.2 Die Exponentialverteilung

Die diskrete geometrische Verteilung misst die Anzahl der Versuche, bis ein Ereignis erstmals eintritt.
Das stetige Analogon ist die *Exponentialverteilung*, die die Dauer verschleißfreier Prozesse wie etwa die Betriebsdauer verschleißfreier Geräte oder die Dauer von Telefongesprächen misst.

Der Parameter λ der Exponentialverteilung entspricht einer Ausfallrate. Er kann aus einer Stichprobe geschätzt werden als Kehrwert des Mittelwerts: $\lambda \approx \frac{1}{\bar{x}}$ (λ wird dadurch allerdings überschätzt.)

Exponentialverteilte Zufallsvariable mit Parameter λ:

$$
\begin{aligned}
f(x) &= 0 && \text{für } x < 0 \\
f(x) &= \lambda \cdot e^{-\lambda \cdot x} && \text{für } x \geq 0, \lambda > 0 && \text{Wahrscheinlichkeitsdichte} \\
F(x) &= 0 && \text{für } x < 0 \\
F(x) &= 1 - e^{-\lambda \cdot x} && \text{für } x \geq 0 && \text{Verteilungsfunktion} \\
\mu &= E(X) &= \tfrac{1}{\lambda} && && \text{Erwartungswert} \\
\tilde{\mu} &= \tfrac{\ln(2)}{\lambda} && && \text{Median} \\
\sigma^2 &= \operatorname{Var}(X) &= \tfrac{1}{\lambda^2} && && \text{Varianz}
\end{aligned}
$$

Wahrscheinlichkeitsdichten von Exponentialverteilungen mit $\lambda = 0.5$ (flachste der Verteilungen), $\lambda = 2$ (moderate Steigung) und $\lambda = 5$ (steilste der Verteilungen):

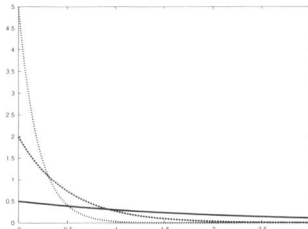

Beispiel:
Die mittlere Lebensdauer einer Waschmaschine eines bestimmten Fabrikats liege bei 8 Jahren.
Welches ist die Wahrscheinlichkeit, dass eine solche Maschine höchstens 8 Jahre hält?
Welche Lebensdauer kann man bei einer solchen Maschine erwarten?
Wie lange halten 50 % dieser Maschinen höchstens?

Lösung:
$$
\begin{aligned}
\lambda &= \tfrac{1}{8} \\
F(8) &= 1 - e^{-0.125 \cdot 8} &= 0.63 \\
\mu &= 8 \\
\tilde{\mu} &= \tfrac{\ln(2)}{\lambda} &= 0.693 \cdot 8 &= 5.545
\end{aligned}
$$

2.5.3 Die Normalverteilung

Wir haben schon gesehen, dass es Verteilungen von Zufallsvariablen gibt, bei denen Wahrscheinlichkeiten und Quantile schwierig zu berechnen sind. Häufig ist die folgende Normalverteilung ist eine gute Näherung für die korrekte Verteilung.

Die Standardnormalverteilung

Da die Standardnormalverteilung eine so große Bedeutung hat, werden ihre Quantile, Wahrscheinlichkeitsdichte und Verteilungsfunktion mit eigenen Symbolen versehen:

Standardnormalverteilte Zufallsvariablen werden Z genannt; man schreibt: $Z \sim \mathcal{N}(0; 1)$. Die Quantile der Standardnormalverteilung werden mit z_q bezeichnet, für die Wahrscheinlichkeitsdichte benutzt man statt des lateinischen Buchstabens f das griechische φ (phi), die Verteilungsfunktion wird mit dem griechischen Φ (Phi) bezeichnet.

Standardnormalverteilte Zufallsvariable:

$\varphi(z) = \frac{1}{\sqrt{2\pi}} \cdot e^{-\frac{z^2}{2}}$ Wahrscheinlichkeitsdichte

$\Phi(z) = \frac{1}{\sqrt{2\pi}} \cdot \int_{-\infty}^{z} e^{-\frac{u^2}{2}} du$ Verteilungsfunktion

$x_M = 0$ Modalwert

$\tilde{\mu} = 0$ Median

$\mu = E(z) = 0$ Erwartungswert

$\sigma^2 = \text{Var}(z) = 1$ Varainz

Wahrscheinlichkeitsdichte der Standardnormalverteilung:

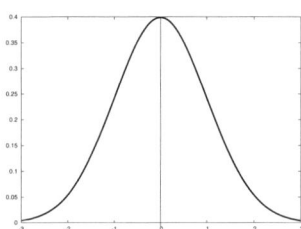

φ wird auch *Gauß'sche Glockenkurve* genannt.

Ermittlung von Quantilen und Werten der Verteilungsfunktion:

Die Quantile und Werte der Verteilungsfunktion der Standardnormalverteilung sind tabelliert (vgl. Anhang). Um solche Tabellen in der Regel möglichst klein halten zu können, wird die Symmetrie der Standardnormalverteilung ausgenutzt:

Für $q < 0.5$ ist $z_q = -z_{1-q}$. Daher sind nur Quantile z_q mit $q \geq 0.5$ tabelliert.

Für $z < 0$ ist $\Phi(z) = 1 - \Phi(|z|)$. Daher sind nur Werte $\Phi(z)$ für $z \geq 0$ tabelliert.

Für $z > 0$ ist
$$P(-z < Z < z) = \Phi(z) - \Phi(-z)$$
$$= \Phi(z) - (1 - \phi(z))$$
$$= 2\Phi(z) - 1$$

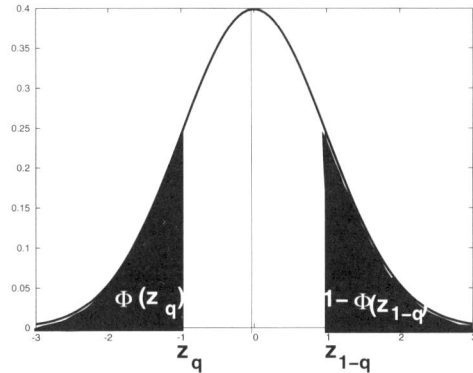

Hinweis:
In der Tabelle der Quantile der Standardnormalverteilung stehen jeweils links die Spalte der Werte der Verteilungsfunktion $\Phi(z_q)$ und rechts daneben die Spalte der Quantile z_q.

In der Tabelle der Verteilungsfunktion der Standardnormalverteilung sind in der ersten Spalte die ersten beiden Dezimalstellen eines Quantils z aufgeführt; die dritte Dezimalstelle entspricht den Spaltenüberschriften. In jedem Kreuzungspunkt einer Zeile und Spalte steht der Wert der Verteilungsfunktion Φ der Standardnormalverteilung in diesem Punkt z.

Beispiele:
$\Phi(-0.5) = 1 - \Phi(0.5) = 1 - 0.6915 = 0.3085$
$z_{0.05} = -z_{0.95} = -1.64485$
$P(-1 < X < 1) = 2\Phi(1) - 1 = 2 \cdot 0.8413 - 1$
$\phantom{P(-1 < X < 1)} = 0.6826$

Abschätzungen für Wahrscheinlichkeiten der Standardnormalverteilung:

$$P(-1 < Z < 1) = P(\mu - \sigma < Z < \mu + \sigma) \approx 0.683$$
$$P(-2 < Z < 2) = P(\mu - 2\sigma < Z < \mu + 2\sigma) \approx 0.954$$
$$P(-3 < Z < 3) = P(\mu - 3\sigma < Z < \mu + 3\sigma) \approx 0.997$$

D. h. im 1σ-Bereich liegen über $\frac{2}{3}$ der Werte, im 2σ-Bereich über 95 % und im 3σ-Bereich über 99 % der Werte.

Die Allgemeine Normalverteilung

Eine normalverteilte Zufallsvariable mit beliebigem Erwartungswert μ und beliebiger Varianz σ^2 wird auch notiert in der Form $X \sim \mathcal{N}(\mu; \sigma^2)$.
Zu Erwartungswert μ und Varianz σ^2 ist die Wahrscheinlichkeitsdichte der zugehörigen Normalverteilung definiert als

$$f(x) = \tfrac{1}{\sigma} \cdot \varphi\left(\tfrac{x-\mu}{\sigma}\right).$$

Die zugehörige Verteilungsfunktion kann über die Standardisierung berechnet werden:

$$F(x) = \Phi\left(\tfrac{x-\mu}{\sigma}\right)$$

Die Werte $\Phi(\tfrac{x-\mu}{\sigma})$ werden in der entsprechenden Tabelle nachgeschaut.

Beispiel:

Der Tankinhalt eines PKW liege bei 45 Litern.
Die Kilometerreichweite sei bei einem Durchschnittsverbrauch von 9 Litern pro 100 km nänerungsweise normalverteilt mit $\sigma = 20$ km.
Mit welcher Wahrscheinlichkeit kommt man mit einer Tankfüllung höchstens 530 km weit?

Lösung:

Die interessierende Zufallsvariable X ist die Reichweite einer Tankfüllung. Über sie ist bekannt, dass sie näherungsweise normalverteilt ist. Ihr Erwartungswert berechnet sich aus den angegebenen Daten als
$\mu = \tfrac{45}{9} \cdot 100 = 500$ km, ihre Standardabweichung liegt bei $\sigma = 20$ km.

$X^* = \tfrac{X-\mu}{\sigma} = \tfrac{X-500}{20}$ ist standardnormalverteilt.

Wenn die Reichweite $x = 530$ km beträgt, ist $x^* = \tfrac{530-500}{20} = 1.5$.

Also:

$$P(X \leq 530) = P(X^* \leq 1.5) = \Phi(1.5)$$
$$= 0.9332 \qquad \text{laut Tabelle}$$

Die Bedeutung der Normalverteilung erklärt sich daraus, dass viele Zufallsvariablen als Summe mehrerer unabhängiger Einzeleinflüsse entstehen, von denen keiner dominierend wirkt. Eine solche Überlagerung vieler unabhängiger etwa gleich starker Zufallsvariabler ist näherungsweise normalverteilt:

Zentraler Grenzwertsatz:
Seien $X_1, X_2, \ldots, X_n$ *viele* beliebig verteilte unabhängige Zufallsvariablen mit den Erwartungswerten μ_i und den Varianzen σ_i^2. Keine sei dominierend.
Unter sehr schwachen Bedingungen ist die *Summe* $X = X_1 + X_2 + \cdots + X_n$ näherungsweise normalverteilt:

$F(X \leq x) \approx \Phi\left(\frac{x-\mu}{\sigma}\right)$

mit $\mu = \mu_1 + \mu_2 + \cdots + \mu_n, \quad \sigma^2 = \sigma_1^2 + \sigma_2^2 + \cdots + \sigma_n^2$.

Bemerkung:
Im Allgemeinen kennt man die einzelnen Erwartungswerte μ_i und Varianzen σ_i^2 nicht, sodass Erwartungswert μ und Varianz σ^2 der Zufallsvariable X häufig geschätzt werden müssen.

Anwendungen:
(1) Die *Binomialverteilung* mit Parametern n und p lässt sich im Falle großer Anzahl n der Versuche und kleiner Einzelwahrscheinlichkeit p durch die Normalverteilung mit selbem Erwartungswert $\mu = n \cdot p$ und selber Varianz $\sigma^2 = n \cdot p \cdot (1-p)$ annähern.
Faustregel: $n \cdot p \cdot (1-p) > 9$
Dann gilt: $P(X \leq x) \approx \Phi\left(\frac{x-\mu}{\sigma}\right)$

Beispiel:
Die Wahrscheinlichkeit, dass bei einem Fahrrad einer bestimmten Marke innerhalb der ersten zehn Jahre ein Haarriss im Rahmen auftritt, liegt bei 0.01. Wie groß ist die Wahrscheinlichkeit, dass unter 1000 solcher Fahrräder bei höchstens drei Fahrrädern ein Haarriss innerhalb der ersten zehn Jahre auftritt? Die Anzahl X der Fahrräder mit Haarriss ist binomial verteilt mit $p = 0.01$ und $n = 1000$

Binomialverteilung: $\quad n = 1000, p = 0.01$
$F(k) = \sum_{i=0}^{k} \binom{1000}{i} \cdot 0.01^i \cdot 0.99^{1000-i}$
$F(3) = 0.0101$

Poissonverteilung: $\quad \lambda = n \cdot p = 10$
$F(k) = \sum_{i=0}^{k} \frac{10^i}{i!} \cdot e^{-10}$
$F(3) = 0.0103$

Normalverteilung: $\quad \mu = n \cdot p = 10, \sigma^2 = n \cdot p \cdot (1-p) = 9.9$
$F(k) = \Phi\left(\frac{k-10}{\sqrt{9.9}}\right)$
$F(3) = 1 - 0.9868 = 0.0132$

Beispiel:
Albinismus kommt etwa mit einer Wahrscheinlichkeit von 1 : 20000 vor. Welches ist die Wahrscheinlichkeit, dass in der Bundesrepublik höchstens 4000 Albinos leben?

$p = 0.00005$

$n \approx 80000000$

$k = 4000$

$\mu = 80000000 \cdot 0.00005 = 4000.0$

$\sigma^2 \approx 4000 \cdot 0.99995 = 3999.8$

$\sigma \approx 63.243972$

$P(X \leq 4000) \approx \Phi\left(\frac{4000-4000}{63.243972}\right)$
$= \Phi(0) = 0.5$

(2) Bedeutung für *Mittelwerte*

Wenn eine Stichprobe hinreichend groß ist (als Faustregel gilt: $n \geq 30$), ist das arithmetische Mittel

$\overline{X} = \frac{1}{n} \cdot \sum_{i=1}^{n} X_i$ näherungsweise normalverteilt.

Sind die Versuche identisch, so sind alle einzelnen Zufallsvariablen X_i gleich. Der Erwartungswert der Summe $E\left(\sum_{i=1}^{n} X_i\right) = \sum_{i=1}^{n} E(X_i) = n \cdot E(X_i)$ ist gleich der Summe der Erwartungswerte; daher ist der Erwartungswert des arithmetischen Mittels derselbe wie der jeder einzelnen Zufallsvariablen:

$\mu_{\overline{X}} = \mu_{X_i}$.

Die Varianz der Summe $\text{Var}\left(\sum_{i=1}^{n} X_i\right) = \sum_{i=1}^{n} \text{Var}(X_i) = n \cdot \text{Var}(X_i)$ ist gleich der Summe der Varianzen; daher ist die Varianz des arithmetischen Mittels $\frac{1}{n} \cdot \sum_{i=1}^{n} X_i$ gleich dem $\frac{1}{n^2}$-fachen der Varianz der Summe:

$\sigma^2_{\overline{X}} = \frac{1}{n} \cdot \sigma^2_{X_i}$.

Der Mittelwert $\overline{X}$ von n identischen Zufallsvariablen besitzt denselben Erwartungswert wie diese, aber seine Varianz ist das $\frac{1}{n}$-fache ihrer Varianz.

(3) Weitere Anwendungen der Normalverteilung werden im Zusammenhang mit Schätzungen und Tests auftreten.

Weitere Verteilungen, die im Kapitel zu Schätz- und Testverfahren benutzt werden:

Student'sche t-Verteilung mit n Freiheitsgraden
Sie wird benötigt, um aufgrund einer Stichprobe Bereiche zu finden, in denen mit vorgegebener Wahrscheinlichkeit
– der unbekannte Erwartungswert einer Zufallsvariablen liegt, wenn die Varianz nicht bekannt ist,
– der Korrelationskoeffizient zweier Zufallsvariablen liegt.

t-Verteilungen verfügen über einen weiteren Parameter, die sogenannte Zahl zunächst der Freiheitsgrade. Sie entspricht grob der Differenz der Zahl zunächst frei wählbarer Einzelinformationen und der Zahl der geschätzten Parameter (vgl. 3.1, S. 124).

t-Verteilungen sind ebenso wie Normalverteilungen symmetrisch, sodass ein q-Quantil einer t-Verteilung mit n Freiheitsgraden gerade das Negative des $(1-q)$-Quantils ist: $t_{n;q} = -t_{n;1-q}$ (Tabelle mit Werten vgl. Anhang).

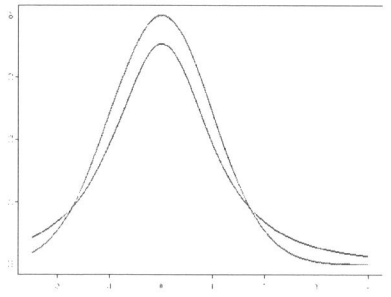

Obere Kurve:
Standardnormalverteilung

Untere, weitere Kurve:
t-Verteilung mit $n = 2$

Chi-Quadrat-Verteilung (χ^2-Verteilung) mit n Freiheitsgraden
Sie wird benötigt, um aufgrund einer Stichprobe
- Wahrscheinlichkeiten mit vorgegebenen theoretischen vergleichen zu können,
- für eine Verteilung zu bestimmen, ob sie zu einer vorgegebenen Klasse von Verteilungen gehört,
- die Unabhängigkeit zweier Zufallsvariablen zu testen,
- die Wahrscheinlichkeit eines Ereignisses in zwei Grundgesamtheiten zu vergleichen.

Chi-Quadrat-Verteilungen hängen auch von der Zahl der Freiheitsgrade ab.

Sie sind nicht symmetrisch, sodass das q-Quantil $\chi^2_{n;q}$ einer χ^2-Verteilung nicht aus dem $(1-q)$-Quantil $\chi^2_{n;1-q}$ berechnet werden kann (Tabelle mit Werten vgl. Anhang).

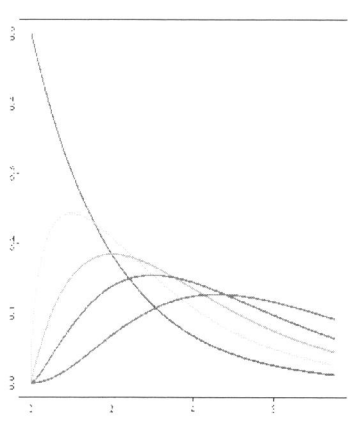

Monoton fallend:
$n = 2$

Flacher werdend:
$n = 3$
$n = 4$
$n = 5$
$n = 6$

2.6 Rezeptartige Lösungswege

Aufgabe: Zufallsvariablen und ihre Parameter verstehen
Eine Zufallsvariable ordnet jedem Ergebnis eines Zufallsexperiments eine Zahl zu. Damit ist eine Zufallsvariable ein Merkmal, dessen Ausprägungen Zahlen sind. Aus einer Zufallsvariable können weitere definiert werden, indem man beliebige Rechnungen mit ihr ausführt. Ebenso kann aus zwei Zufallsvariablen eine neue hergestellt werden, indem man ihre Werte zu einer neuen Zahl kombiniert.

Beispiel:
Zufallsexperiment: Werfen zweier Würfel
Jedes Ergebnis ist ein Paar von Augenzahlen.
Die Zufallsvariable X ordne jedem Ergebnis die Augensumme zu.

Beispiel:
Zufallsexperiment: Zehnmaliges Werfen eines Würfels
Jedes Ergebnis ist ein Zehnertupel von Augenzahlen.
Die Zufallsvariable X ordne jedem Ergebnis die Häufigkeit zu, mit der eine Sechs gewürfelt wird.

Eine Zufallsvariable nimmt die Realisierung x an, wenn ein Ergebnis eintritt, das der Zufallsvariablen X die Zahl x als Wert zuordnet. Das Ereignis, das aus diesen Ergebnissen besteht, wird A_x genannt.
Das Ereignis $A_{[a,b]}$ besteht aus denjenigen Ergebnissen, die zu einer Realisierung von X im Intervall $[a, b]$ führen.
Der Wertebereich einer Zufallsvariable X besteht aus denjenigen Zahlen, die X annehmen kann.
Ist der Wertebereich endlich oder abzählbar, so heißt die Zufallsvariable diskret; besteht der Wertebereich aus einem ganzen Intervall, so heißt sie stetig.

Die Wahrscheinlichkeit, dass eine Zahl x bei Durchführung eines Zufallsexperiments realisiert wird, ist die Wahrscheinlichkeit, dass das Ereignis A_x eintritt. Der Unterschied zwischen diskreten und stetigen Zufallsvariablen hat Auswirkungen auf die Wahrscheinlichkeiten von Ergebnissen:
Jeder mögliche Wert einer diskreten Zufallsvariablen besitzt eine positive Wahrscheinlichkeit; für jeden Wert einer stetigen Zufallsvariablen ist die Wahrscheinlichkeit, dass er bei einem Experiment realisiert wird, gleich null. Aber die Wahrscheinlichkeit für Werte in einem – noch so kleinen – Intervall des Wertebereichs ist positiv.

Die Wahrscheinlichkeitsverteilung einer diskreten Zufallsvariable besteht aus den Paaren von Werten und ihren Wahrscheinlichkeiten.
Die Verteilungsfunktion ordnet jeder Zahl x die Wahrscheinlichkeit zu, dass ein Wert kleinergleich x realisiert wird.

Parameter diskreter Zufallsvariablen wie Quantile, Erwartungswert und Varianz werden durch Summieren berechnet (Formeln 2.2, 2.4 in Formelsammlung), Parameter stetiger Zufallsvariablen werden über Integrale ermittelt (Formeln 2.3, 2.5).

Rezeptartige Lösungswege 79

Der Erwartungswert einer Zufallsvariablen spiegelt den zu erwartenden Mittelwert der realisierten Werte dieser Zufallsvariablen bei sehr vielen unabhängigen Versuchen wider.

Ein q-Quantil einer Zufallsvariablen ist eine – möglichst kleine – Grenze, sodass die Wahrscheinlichkeit der Realisierung von Werten kleinergleich dieser Grenze bei einer diskreten Zufallsvariablen größergleich q, bei einer stetigen Zufallsvariablen gleich q ist (Formeln 2.2.3, 2.3.3).

Die Varianz einer Zufallsvariablen ist die zu erwartende mittlere Varianz bei sehr vielen unabhängigen Durchführungen des zugehörigen Zufallsexperiments; sie ist die wahrscheinliche quadratische Abweichung vom Erwartungswert (Formeln 2.4.1, 2.5.1).

Aufgabe: Lageparameter einer diskreten Zufallsvariablen
Gegeben:
– Werte einer diskreten Zufallsvariablen
– deren Wahrscheinlichkeiten
Gesucht:
(a) Modalwert
(b) q-Quantil
(c) Erwartungswert
Lösungsweg:
(a) Formel 2.2.1
   Modalwert ist jeder Wert mit größter Wahrscheinlichkeit
(b) Formeln 2.2.3
   Zur Wahrscheinlichkeitsverteilung ermittelt man die Verteilungsfunktion F.
   q-Quantil ist

der Zufallsvariablen-Wert, bei dem F den Wert q überspringt	F nimmt den Wert q nicht an
die beiden Zufallsvariablen-Werte x_i und x_{i+1}	F nimmt den Wert q in x_i an

(c) Formel 2.2.2
   Erwartungswert = Summe der Produkte Wert·(Wahrscheinlichkeit des Werts)

| s. Aufgabe 2.1, S. 90 | s. Aufgabe 2.2, S. 90 |

Aufgabe: Streuungsmaße einer diskreten Zufallsvariablen
Gegeben:
– Werte einer Zufallsvariablen
– deren Wahrscheinlichkeiten

Gesucht:
(a) Varianz
(b) Intervall um den Erwartungswert, sodass zu gegebener *Mindest*wahrscheinlichkeit Werte der Zufallsvariablen in diesem Intervall zu erwarten sind

Lösungsweg:
(a) Formeln 2.4.1
Varianz = Summe der Produkte
(Wert-Erwartungswert)$^2 \cdot$(Wahrscheinlichkeit des Werts)

(b) Formel 2.7.1
Tschebyschew-Ungleichung:
Mit einer Wahrscheinlichkeit von mindestens $1 - \frac{\sigma^2}{c^2}$ sind Werte im Abstand von weniger als c vom Erwartungswert zu erwarten.

Insbesondere: Formeln 2.7.3
Mit einer Wahrscheinlichkeit von mindestens 0.75 sind Werte im Abstand von weniger als 2σ vom Erwartungswert zu erwarten,

mit einer Wahrscheinlichkeit von mindestens $\frac{8}{9}$ sind Werte im Abstand von weniger als 3σ vom Erwartungswert zu erwarten,

mit einer Wahrscheinlichkeit von mindestens $\frac{15}{16}$ sind Werte im Abstand von weniger als 4σ vom Erwartungswert zu erwarten, ...

s. Aufgabe 2.4, S. 91

Aufgabe: Standardisierung einer Zufallsvariablen verstehen
Die Berechnungen von Wahrscheinlichkeiten können und müssen zuweilen auf den sogenannten »standardisierten« Fall zurückgeführt werden: Man definiert eine Zufallsvariable, deren Verteilungsfunktion dieselbe Gestalt hat wie die gegebene Größe, deren Erwartungswert aber bei 0 und deren Varianz bei 1 liegt:
Die Standardisierung einer Zufallsvariable X ist $X^* = \frac{X-\mu}{\sigma}$.

Aufgabe: Zweidimensionale diskrete Zufallsvariablen verstehen
Der Wertebereich einer zweidimensionalen Zufallsvariablen (X, Y) ist die Menge der Wertepaare, die möglich sind.
Die Wahrscheinlichkeit eines Wertepaars (x, y) ist die Wahrscheinlichkeit, dass das Ereignis $A_{(x,y)}$ geschieht.
Die gemeinsame Verteilung besteht aus den Paaren $((x_i, y_j), P(x_i, y_j))$ mit $(x_i, y_j) \in W_{(X,Y)}$.
Sie kann tabellarisch durch die Kontingenztafel dargestellt werden.

Die Wahrscheinlichkeit, dass eine der beiden Zufallsvariablen einen bestimmten Wert annimmt, ist die entsprechende Zeilen- oder Spaltensumme der Randverteilung in der Kontingenztafel.

Für bedingte Verteilungen bezieht man Wahrscheinlichkeiten auf eine Zeilen- bzw. Spaltensumme.

Die gemeinsame Verteilungsfunktion $F(x, y)$ in einem Wertepaar (x, y) erhält man durch Aufsummieren aller Wahrscheinlichkeiten des oberen linken Rechtecks der Kontingenztafel bis (x, y).

Aufgabe: Unabhängigkeit zweier diskreter Zufallsvariablen bestimmen
Gegeben: Kontingenztafel zweier diskreter Zufallsvariablen
Gesucht: Entscheidung, ob die Zufallsvariablen unabhängig sind
Lösungsweg:
Formel 3.2.2
Zufallsvariablen sind unabhängig, wenn jede Wahrscheinlichkeit p_{ij} innerhalb der Kontingenztafel gleich dem Produkt der zugehörigen Randwahrscheinlichkeiten $p_{i\bullet} \cdot p_{\bullet j}$ ist.

Aufgabe: Kovarianz und Korrelationskoeffizient zweier diskreter Zufallsvariablen aus der Kontingenztafel bestimmen
Gegeben: Kontingenztafel zweier diskreter Zufallsvariablen
Gesucht:
(a) Kovarianz, Korrelationskoeffizient
(b) Entscheidung, ob die Zufallsvariablen unabhängig sind
Lösungsweg:
(a) (a) Kontingenztafel vervollständigen um Randverteilungen
   (b) Erwartungswerte beider Zufallsvariablen bestimmen:
       Erwartungswert = Summe, bestehend aus den Werten der jeweiligen Zufallsvariablen, multipliziert mit den entsprechenden Randwahrscheinlichkeiten
   (c) Formeln 3.3.1
       Kovarianz = Summe über alle Zeilen und Spalten der Terme
       (Wert$_i$ von X - μ_X)·(Wert$_j$ von Y - μ_Y)·(p_{ij} in der Kontingenztafel)
   (d) Formel 3.3.2
       Korrelationskoeffizient = $\frac{\text{Kovarianz}}{\text{Produkt der Standabweichungen}}$
(b) Formel 3.2.2
    Zufallsvariablen sind unabhängig, wenn jede Wahrscheinlichkeit p_{ij} innerhalb der Kontingenztafel gleich dem Produkt der zugehörigen Randwahrscheinlichkeiten $p_{i\bullet} \cdot p_{\bullet j}$ ist

s. Aufgabe 2.5, S. 91

82 Wahrscheinlichkeitsverteilungen

Aufgabe: Varianzen und Kovarianz verbinden
Gegeben: Varianzen von X und Y, Kovarianz
Gesucht: Varianz der Summe $X + Y$
Lösungsweg:
Formel 3.4.2
Varianz der Summe = Varianz von X + Varianz von Y + 2·Kovarianz von X und Y

s. Aufgabe 2.7, S. 92

Aufgabe: Varianzen und Korrelationskoeffizient verbinden
Gegeben: Varianzen $\sigma_X^2, \sigma_Y^2, \sigma_{X+Y}^2$
Gesucht: Korrelationskoeffizient von X und Y
Lösungsweg:
Formeln 3.3.2 und 3.4.2
Zunächst ist die Varianz der Summe =
Varianz von X + Varianz von Y + 2·Kovarianz von X und Y
Daraus ermittelt man den Korrelationskoeffizienten von X und Y =

$$\frac{\text{Kovarianz von } X \text{ und } Y}{\text{Produkt der Standardabweichungen}}$$

s. Aufgabe 2.7, S. 92

Aufgabe: Spezielle diskrete Verteilung erkennen
Lösungsweg:
Eine diskrete Zufallsvariable ist *gleichmäßig* verteilt, wenn alle möglichen Werte gleich wahrscheinlich sind. Formeln 4.1
Eine diskrete Zufallsvariable ist *binomial* verteilt, wenn sie die Anzahl von Erfolgen bei einer vorgegebenen Anzahl von Versuchen misst.
Gegeben sein müssen die Anzahl n der Versuche und die Einzelwahrscheinlichkeit p für Erfolg bei einem Versuch.
Die Binomialverteilung entspricht der Auswahl aus einer Urne mit Zurücklegen.
Formeln 4.2

Eine diskrete Zufallsvariable ist *Poisson*-verteilt, wenn
– sie eigentlich binomial verteilt ist, aber die Zahl der Versuche groß und die Einzelwahrscheinlichkeit klein ist.
  Dann müssen wieder n und p gegeben sein.
  Der Parameter λ ist $= n \cdot p$.
– in einem Zeitintervall die Häufigkeit des Auftretens eines Ereignisses gemessen wird.
  Dann muss die mittlere Häufigkeit in einem solchen Zeitintervall gegeben sein.
  Der Parameter λ ist diese mittlere Häufigkeit. Formeln 4.5

Eine diskrete Zufallsvariable ist *geometrisch* verteilt, wenn sie die benötigte Anzahl von Versuchen bis zum Erfolg misst.
Gegeben ist lediglich die Einzelwahrscheinlichkeit p für Erfolg, nicht die Anzahl von Versuchen. Formeln 4.3

Eine diskrete Zufallsvariable ist *hypergeometrisch* verteilt, wenn sie die Anzahl von Versuchen bei einem Experiment ohne Zurücklegen zählt.
Gegeben sind
– die Zahl N der Mitglieder einer Gemeinschaft
– die Zahl M der darunter befindlichen mit einer besonderen Eigenschaft
– die Zahl n derer, die für eine Stichprobe gezogen werden Formeln 4.4

s. Aufgabe 2.8, S. 92	s. Aufgabe 2.9, S. 92	s. Aufgabe 2.10, S. 92
s. Aufgabe 2.11, S. 92	s. Aufgabe 2.12, S. 92	s. Aufgabe 2.13, S. 92
s. Aufgabe 2.14, S. 93	s. Aufgabe 2.15, S. 93	

Aufgabe: Stetige Zufallsvariablen verstehen
Im Unterschied zu diskreten Zufallsvariablen, die ja nur endlich oder höchstens abzählbar viele Werte annehmen können, ist der Wertebereich einer stetigen Zufallsvariablen ein ganzes Intervall. Das hat zur Folge, dass Wahrscheinlichkeiten nicht mehr »abgezählt« werden können, sie müssen als Integrale der Wahrscheinlichkeitsdichte ermittelt werden. Die Verteilungsfunktion $F(x)$ ist die Fläche unter der Wahrscheinlichkeitsdichte bis zum Punkt x. Auch Lage- und Streuungsmaße erhält man über die Wahrscheinlichkeitsdichte:
Modalwert ist jeder Wert mit maximaler Wahrscheinlichkeitsdichte.
Der Erwartungswert ist das Integral der Funktion $x \cdot f(x)$ über die reelle Achse.
Median und Quantile sind obere Integrationsgrenzen; das Integral der Wahrscheinlichkeitsdichte bis ξ_q ist gleich der Wahrscheinlichkeit q.
Die Varianz ist das Integral der Funktion $(x - \mu)^2 \cdot f(x)$ über die reelle Achse.
Tschebyschew-Ungleichungen gelten ebenso wie für diskrete Zufallsvariablen; die Standardisierung entsteht wieder duch Abziehen des Erwartungswerts und Teilen durch die Standardabweichung.

Aufgabe: Zweidimensionale stetige Zufallsvariablen verstehen
Wahrscheinlichkeiten einer zweidimensionalen stetigen Zufallsvariablen sind Integrale einer zweidimensionalen Wahrscheinlichkeitsdichte, also Volumina unter der Fläche des Graphen der Dichtefunktion.
Der Korrelationskoeffizient ist wie bei diskreten Zufallsvariablen der Quotient aus Kovarianz und Produkt der Standardabweichungen.
Für Erwartungswert und Varianz der Summe zweier stetiger Zufallsvariablen gelten dieselben Gesetze wie für diskrete Zufallsvariablen.

84 Wahrscheinlichkeitsverteilungen

Aufgabe: Spezielle stetige Verteilung erkennen
Lösungsweg:

Eine stetige Zufallsvariable ist *gleichmäßig* verteilt, wenn nur ein konkretes Intervall $[a, b]$ von Werten möglich ist und für $x \in [a, b]$ die Wahrscheinlichkeit für Werte bis zu einer oberen Grenze x proportional zur Länge des Teilintervalls $[a, x]$ ist.
Die Wahrscheinlichkeitsdichte wechselt in a von 0 auf einen konstanten Wert und dann in b wieder auf 0 (sie ist rechteckig).
Die Verteilungsfunktion steigt ab a von 0 an konstant, bis sie in b den Wert 1 erreicht und bleibt dann auf dem Wert 1. Formeln 4.6

Eine stetige Zufallsvariable ist *exponential* verteilt, wenn sie bei einem verschleißfreien Experiment die Dauer eines Ereignisses bis zum Erfolg misst.
Typische Beispiele sind die Dauer eines Telefonats oder die Haltbarkeit eines Elektrogeräts. Formeln 4.7

Eine stetige Zufallsvariable ist (näherungsweise) *normal*verteilt
– wenn es in der Aufgabenstellung erwähnt ist.
– wenn es sich um einen arithmetischen Mittelwert handelt und die Stichprobe mindestens die Länge $n = 30$ hat.
  Allerdings ist die Näherung eventuell nicht besonders gut, s. u.: Wenn die Varianz nicht bekannt ist, ist die t-Verteilung genauer.
  Das wird benutzt bei Konfidenzintervallen und Tests zum Erwartungswert.
– wenn es sich um eine Erfolgshäufigkeit handelt und die Stichprobe so groß ist, dass die Wahrscheinlichkeit p für den Erfolg bei einem Versuch erfüllt:
  $n \cdot p \cdot (1 - p) > 9$.
  Das wird benutzt bei Konfidenzintervallen und Tests zur Wahrscheinlichkeit einer binomial verteilten Zufallsvariablen.
– wenn die Stichprobe sehr groß ist (Zentraler Grenzwertsatz). Formeln 4.8

Eine stetige Zufallsvariable ist t-verteilt z. B. wenn es sich um einen arithmetischen Mittelwert handelt und die Varianz der Zufallsvariablen nicht bekannt ist.
Die t-Verteilung ist dann genauer als die Normalverteilung.
Die t-Verteilung wird daher insbesondere bei Konfidenzintervallen und Tests zum Erwartungswert bei unbekannter Varianz benutzt. Sie findet außerdem beim Test des Korrelationskoeffizienten Anwendung.
Die t-Verteilung hängt von einem weiteren Parameter, der Zahl der Freiheitsgrade, ab.
– Für Konfidenzintervalle und Tests zum Erwartungswert bei unbekannter Varianz ist die Zahl der Freiheitsgrade $= n - 1$.
– Für den Test des Korrelationskoeffizienten ist die Zahl der Freiheitsgrade $= n - 2$. Formel 4.9

Sowohl Normalverteilung als auch t-Verteilung sind symmetrisch bezüglich des Erwartungswerts:

$$z_{1-q} = -z_q \qquad t_{n;1-q} = -t_{n;q}$$
$$\Phi(-z) = 1 - \Phi(z) \qquad F(-t_{n;1-q}) = 1 - F(t_{n;1-q})$$

Darüberhinaus gilt für $z > 0$:
$$P(-z < Z < z) = 2 \cdot \Phi(z) - 1$$

Eine stetige Zufallsvariable ist χ^2-verteilt, wenn sie eine Summe von Quadraten ist. Die χ^2-Verteilung wird gebraucht z. B. beim Anpassungs-, Unabhängigkeits- und Homogenitätstest.

s. Aufgabe 2.16, S. 93	s. Aufgabe 2.17, S. 93	s. Aufgabe 2.18, S. 93
s. Aufgabe 2.19, S. 93	s. Aufgabe 2.20, S. 93	s. Aufgabe 2.21, S. 94
s. Aufgabe 2.22, S. 94		

Aufgabe: Wahrscheinlichkeit eines Wertebereichs/Wertebereich zu gegebener Wahrscheinlichkeit ermitteln

Gegeben: Text, dem Verteilung und Parameter einer bestimmten Zufallsvariable entnommen werden können.

Gesucht:
(a) Wahrscheinlichkeit, dass diese Zufallsvariable X einen bestimmten Wert x annimmt.
(b) Wahrscheinlichkeit, dass diese Zufallsvariable X Werte kleiner(gleich) einer gegebenen Grenze G annimmt.
(c) Wahrscheinlichkeit, dass diese Zufallsvariable X Werte größer(gleich) einer gegebenen Grenze G annimmt.
(d) Wahrscheinlichkeit, dass diese Zufallsvariable X Werte zwischen zwei Grenzen annimmt.
(e) Wahrscheinlichkeit, dass diese Zufallsvariable X Werte außerhalb zweier Grenzen annimmt.
(f) Quantile der Zufallsvariablen X:
Zu vorgegebener Wahrscheinlichkeit $P(X \leq G) = 1 - q$ die Grenze $G = \xi_{1-q}$.
(g) Intervall, in dem die Zufallsvariable X bei einem Zufallsexperiment Werte mit vorgegebener *Mindest*wahrscheinlichkeit annimmt.

Lösungsweg:
(a) • **Diskrete Zufallsvariablen:**
   Die Wahrscheinlichkeit $P(X = k)$, dass eine Zufallsvariable einen bestimmten Wert annimmt, ist entweder gegeben oder wird mittels der gegebenen oder einer speziellen Verteilung berechnet.
   • **Stetige Zufallsvariablen:**
   Die Wahrscheinlichkeit $P(X = k)$, dass eine stetige Zufallsvariable einen bestimmten Wert annimmt, ist $= 0$.

86 Wahrscheinlichkeitsverteilungen

(b) Die Wahrscheinlichkeit, dass eine Zufallsvariable Werte kleinergleich einer bestimmten Zahl x annimmt, ist $P(X \leq x) = F(x)$.
- **Diskrete Zufallsvariablen:**
  – Die Wahrscheinlichkeit $P(X \leq x)$ für Werte kleinergleich x wird durch Aufsummieren der Wahrscheinlichkeiten $P(X = k)$ für alle Werte $k \leq x$ berechnet.
  Für die geometrische Verteilung gibt es eine kompakte Formel.
  – Die Wahrscheinlichkeit für Werte kleiner x ist
  $P(X < x) = F(x) - P(x)$.
- **Stetige Zufallsvariablen:**
  – Die Wahrscheinlichkeit $P(X \leq x)$ für Werte kleinergleich x wird durch Integrieren der Wahrscheinlichkeitsdichte bis zur oberen Integrationsgrenze x berechnet.
  Für einige spezielle Verteilungen gibt es eine kompakte Formel. Bei einer normalverteilten Zufallsvariablen wird standardisiert und der Wert von $\Phi\left(\frac{x-\mu}{\sigma}\right)$ in der entsprechenden Tabelle nachgeschaut.
  – Die Wahrscheinlichkeit für Werte kleiner x ist ebenfalls
  $P(X < x) = P(X \leq x) = F(x)$.

(c) Die Wahrscheinlichkeit, dass eine Zufallsvariable Werte größer einer bestimmten Zahl x annimmt, ist $P(X > x) = 1 - F(x)$.
- **Diskrete Zufallsvariablen:**
  – Die Wahrscheinlichkeit für Werte größergleich x ist
  $P(X \geq x) = 1 - F(x) + P(x)$.
  – Die Wahrscheinlichkeit für Werte größer x ist
  $P(X > x) = 1 - F(x)$.
- **Stetige Zufallsvariablen:**
  – Die Wahrscheinlichkeit für Werte größergleich x ist
  $P(X > x) = P(X > x) = 1 - F(x)$.
  – Die Wahrscheinlichkeit für Werte größer x ist ebenfalls
  $P(X > x) = P(X > x) = 1 - F(x)$.

(d) Für $a < b$ ist die Wahrscheinlichkeit $P(a \leq X \leq b)$, dass eine Zufallsvariable Werte $\geq a$ und $\leq b$ annimmt,
$$P(a \leq X \leq b) = P(X \leq b) - P(X < a)$$

```
            x < a
          ──────→    x <= b
    ────────────────────────→
    0   1  a=2  3   4   5 b=6  7
              a <= x <= b
```

- **Diskrete Zufallsvariablen:**
  – Die Wahrscheinlichkeit für Werte größergleich a und kleinergleich b ist
  $$\begin{aligned} P(a \leq X \leq b) &= P(X \leq b) - (F(a) - P(a)) \\ &= F(b) - F(a) + P(a) \end{aligned}$$
  – Die Wahrscheinlichkeit für Werte $> a$ und $< b$ ist
  $$\begin{aligned} P(a < X < b) &= P(X < b) - P(X \leq a) \\ &= F(b) - P(b) - F(a) \end{aligned}$$

- **Stetige Zufallsvariablen:**
  - Die Wahrscheinlichkeit für Werte größergleich a und kleinergleich b ist
  $$\begin{aligned} P(a \leq X \leq b) &= P(X \leq b) - P(X < a) \\ &= P(X \leq b) - P(X \leq a) \\ &= F(b) - F(a) \end{aligned}$$
  - Die Wahrscheinlichkeit für Werte $> a$ und $< b$ ist ebenfalls
  $$P(a < X < b) = F(b) - F(a)$$

(e) Für $a < b$ ist die Wahrscheinlichkeit $P(X \leq a$ oder $X \geq b)$, dass eine Zufallsvariable Werte $\leq a$ oder $\geq b$ annimmt,
$$\begin{aligned} P(X \leq a \text{ oder } X \geq b) &= P(X \leq a) + P(X \geq b) \\ &= F(a) + (1 - P(X < b)) \end{aligned}$$

```
                    x < b
     ├───┼───┼───┼───┼───┼───┼───┤
     0   1  a=2  3   4   5  b=6  7
     x <= a                  x >= b
```

- **Diskrete Zufallsvariablen:**
  - Die Wahrscheinlichkeit für Werte kleinergleich a oder größergleich b ist
  $$\begin{aligned} P(X \leq a) + P(X \geq b) &= F(a) + 1 - F(b) + P(b) \\ &= 1 - P(a < X < b) \end{aligned}$$
  - Die Wahrscheinlichkeit für Werte $< a$ oder $> b$ ist
  $$\begin{aligned} P(X < a \text{ oder } X > b) &= P(X < a) + P(X > b) \\ &= F(a) - P(a) + (1 - P(X \leq b)) \\ &= F(a) - P(a) + 1 - F(b) \\ &= 1 - P(a \leq X \leq b) \end{aligned}$$
- **Stetige Zufallsvariablen:**
  - Die Wahrscheinlichkeit für Werte kleinergleich a oder größergleich b ist
  $$\begin{aligned} P(X \leq a) + P(X \geq b) &= F(a) + 1 - F(b) \\ &= 1 - P(a < X < b) \end{aligned}$$
  - Die Wahrscheinlichkeit für Werte $< a$ oder $> b$ ist ebenfalls
  $$\begin{aligned} P(X < a) + P(X > b) &= F(a) + 1 - F(b) \\ &= 1 - P(a \leq X \leq b) \end{aligned}$$

(f) Das $(1-q)$-Quantil einer Zufallsvariablen X wird ermittelt über die Verteilungsfunktion F.
  - **Diskrete Zufallsvariablen:**
    Wenn F in einem Wert x die Zahl $1-q$ überspringt, ist x das gesuchte Quantil ξ_{1-q}.
    Wenn F in einem Wert x die Zahl $1-q$ erreicht, besteht das gesuchte Quantil ξ_{1-q} aus x und seinem Nachfolger.
    Eine diskrete Zufallsvariable nimmt bei einem Zufallsexperiment mit einer Wahrscheinlichkeit von mindestens q einen Wert im Intervall $[\xi_{\frac{q}{2}}, \xi_{1-\frac{q}{2}}]$ an.

88 Wahrscheinlichkeitsverteilungen

- **Stetige Zufallsvariablen:**
  Das $(1-q)$-Quantil von X ist gerade der Wert von X, bei dem die Verteilungsfunktion F die Zahl $1-q$ erreicht.
  Eine stetige Zufallsvariable nimmt bei einem Zufallsexperiment mit einer Wahrscheinlichkeit q einen Wert im Intervall $[\xi_{\frac{q}{2}}, \xi_{1-\frac{q}{2}}]$ an.

Bemerkung:
Zur Berechnung von Wahrscheinlichkeiten
$P(a \leq X \leq b)$, $P(a < X < b)$, $P(X < A \text{ oder } X > b)$, $P(X \leq a \text{ oder } X \geq b)$
ist es hilfreich, eine Skizze des entsprechenden Bereichs auf der reellen Zahlengeraden anzufertigen.

(g) Symmetrischer Bereich um den Erwartungswert, in dem eine Zufallsvariable bei einem Experiment mit vorgegebener *Mindest*wahrscheinlichkeit einen Wert annimmt:
Tschebyschew-Ungleichung: $P(|X - \mu| < c) \geq 1 - \frac{\sigma^2}{c^2}$
Für jede beliebigen Zahl c, die größer als die Standardabweichung der Zufallsvariablen X ist, gilt:
Die Zufallsvariable X nimmt mit einer Sicherheit von *mindestens* $1 - \frac{\sigma^2}{c^2}$ bei einem Zufallsexperiment einen Wert an, der vom Erwartungswert um weniger als c abweicht.
Z. B. ist $(\mu - 2\sigma, \mu + 2\sigma)$ ein symmetrisches Intervall um den Erwartungswert, in dem X bei einem Zufallsexperiment mindestens mit einer Sicherheit von 75 % einen Wert annimmt.

s. Aufgabe 2.24, S. 94	s. Aufgabe 2.25, S. 95	s. Aufgabe 2.26, S. 95
s. Aufgabe 2.27, S. 95	s. Aufgabe 2.28, S. 96	s. Aufgabe 2.29, S. 96
s. Aufgabe 2.30, S. 96	s. Aufgabe 2.31, S. 96	s. Aufgabe 2.32, S. 96
s. Aufgabe 2.33, S. 96	s. Aufgabe 2.34, S. 97	s. Aufgabe 2.35, S. 98
s. Aufgabe 2.36, S. 99	s. Aufgabe 2.37, S. 100	s. Aufgabe 2.38, S. 100

Aufgabe: Quantile und Werte der Verteilungsfunktion einer standardnormalverteilten Zufallsvariable ermitteln

Lösungsweg:
Quantile $z_{1-\alpha}$ und Werte der Verteilungsfunktion $\Phi(z_{1-\alpha})$ der Standardnormalverteilung für $\alpha \leq 0.5$ sind tabelliert.
Quantile z_α und Werte der Verteilungsfunktion $\Phi(z_\alpha)$ für $\alpha \leq 0.5$ erhält man aus der Symmetrie der Standardnormalverteilung:

$z_\alpha \quad = -z_{1-\alpha} \qquad$ kann für $\alpha < 0.5$ genutzt werden
$\qquad\qquad\qquad\qquad$ Formel 4.8.5

$\Phi(z) \quad = 1 - \Phi(|z|) \quad$ für $z < 0$
$\qquad\qquad\qquad\qquad$ Formel 4.8.4

Darüber hinaus gilt für $z > 0$:

$P(-z < X < z) = 2 \cdot \Phi(z) - 1$ Formel 4.8.6

Aufgabe: Wahrscheinlichkeiten und Quantile zu *normalverteilten* Zufallsvariablen ermitteln

Gegeben: Erwartungswert und Varianz einer normalverteilten Zufallsvariablen
Gesucht:
(a) Wahrscheinlichkeit, dass diese Zufallsvariable X Werte kleinergleich einer gegebenen Grenze b annimmt
(b) Wahrscheinlichkeit, dass diese Zufallsvariable X Werte größergleich einer gegebenen Grenze a annimmt
(c) Quantile der Zufallsvariablen X:
Zu vorgegebener Wahrscheinlichkeit $P(X \leq b) = 1 - q$ die Grenze $b = \xi_{1-q}$

Lösungsweg:
Prinzipiell führt die Ermittlung von Wahrscheinlichkeiten oder Quantilen über die Standardisierung:
Jeder Wert der Zufallsvariable, der interessiert, muss standardisiert werden, d. h. als erster Schritt ist $\frac{\text{Wert}-\mu}{\sigma}$ zu berechnen.

(a) Wahrscheinlichkeit, dass X Werte $\leq b$ annimmt, =
Wahrscheinlichkeit, dass X^* Werte $\leq \frac{b-\mu}{\sigma}$ annimmt.
Zu der Zahl $\frac{b-\mu}{\sigma}$:
– Falls $b = \mu$ ist:
Die Wahrscheinlichkeit für Werte kleinergleich b liegt bei 0.5.
– Falls $b > \mu$ ist:
Man schaut in der Tabelle $\Phi\left(\frac{b-\mu}{\sigma}\right)$ nach.
Das ist die gesuchte Wahrscheinlichkeit.
– Falls $b < \mu$ ist:
Man schaut in der Tabelle $\Phi\left(\left|\frac{b-\mu}{\sigma}\right|\right)$ nach.
Die gesuchte Wahrscheinlichkeit ist $1 - \Phi\left(\left|\frac{b-\mu}{\sigma}\right|\right)$.

(b) Wahrscheinlichkeit für Werte größergleich a
$= 1 - $ Wahrscheinlichkeit für Werte kleinergleich a

(c) Das $(1-q)$-Quantil erhält man, indem man in Formel 4.8.8 der Formelsammlung Erwartungswert und Standardabweichung und für Z das Quantil $z_{1-\alpha}$ einsetzt.

s. Aufgabe 2.38, S. 100

2.7 Übungsaufgaben

Lageparameter diskreter Zufallsvariablen

Aufgabe 2.1
Folgende Wahrscheinlichkeitsverteilung der Zufallsvariablen X ist gegeben:

x_i	$P(x_i)$
5	0.2
10	0.4
15	0.1
20	0.3

Berechnen Sie Modalwert, Median und Erwartungswert.

Aufgabe 2.2
Aufgrund einer repräsentativen Stichprobe wurden für eine bestimmte Automarke folgende Zufriedenheitswerte ermittelt:

Zufriedenheit	Wahrscheinlichkeit
1	0.21
2	0.38
3	0.18
4	0.15
5	0.08

Ermitteln Sie unteres und oberes Quartil und Median.

Aufgabe 2.3
Diese Aufgabe erfordert ein Grundverständnis von Zinseszins-Prozessen:
Eine Unternehmung hat die Möglichkeit, folgende Investition zu tätigen:
Zunächst wäre es nötig, 1000000 Euro für den Erwerb eines Gebäudes aufzubringen. Das Gebäude würde im Laufe der folgenden zehn Jahre gleichbleibende Mieteinnahmen erbringen:
Die jährlichen Einnahmen lägen bei 183000 Euro.
Abhängig von Umweltbedingungen und Kostenentwicklung lägen die jährlichen Kosten
- mit einer Wahrscheinlichkeit von 20 % bei 12200 Euro.
- mit einer Wahrscheinlichkeit von 80 % bei 22000 Euro.

Es wird angenommen, dass sowohl jährliche Einnahmen als auch Kosten am Ende jedes Jahres anfallen.
Es wird angenommen, dass Geld prinzipiell sofort zu 4 % zinsbringend angelegt wird.

(a) Welches ist das erwartete Endvermögen?
(b) Wie groß wäre der Vorteil gegenüber einer Geldanlage der Investitionsmittel auf einem Konto zum selben Zinssatz?

Streuungsparameter diskreter Zufallsvariablen

Aufgabe 2.4
Durch umfangreiche Erhebungen konnte festgestellt werden, Mobiltelefone welcher Größen von Käufern bevorzugt werden:

Länge [cm]	Wahrscheinlichkeit des Kaufs
10	0.01
11	0.03
12	0.4
13	0.54
14	0.01
15	0.01

(a) Bestimmen Sie drei Bereiche für diese Größen, die 95 % der Käuferwünsche enthalten.
(b) Berechnen Sie die Varianz.
(c) Ermitteln Sie ein Intervall, in dem mindestens mit einer Wahrscheinlichkeit von $\frac{8}{9}$ Werte zu erwarten sind.

Kovarianz und Korrelationskoeffizient

Aufgabe 2.5
Gegeben ist folgende Kontingenztafel:

$X \backslash Y$	1	2	3
0	0.2	0.1	0
1	0	0	0.7

(a) Bestimmen Sie Kovarianz und Korrelationskoeffizienten.
(b) Entscheiden Sie, ob die beiden Zufallsvariablen unabhängig sind.

Aufgabe 2.6
Für den Gewinn X_1 von Gut$_1$ gilt: $E(X_1) = 100$ GE, $\sigma^2_{X_1} = 100$.
Für den Gewinn X_2 von Gut$_2$ gilt: $E(X_2) = 90$ GE, $\sigma^2_{X_2} = 49$.
Der Gewinn $W = X_1 + X_2$ aus beiden Gütern erfülle: $\sigma^2_W = 269$.
(a) Welches ist der Erwartungswert dieses Gesamtgewinns?
(b) Welches ist der Korrelationskoeffizient von X_1 und X_2? Sind X_1 und X_2 stark korreliert?

Aufgabe 2.7
Ein Produkt werde aus zwei Rohstoffen R_1 und R_2 hergestellt.
Der erwartete Gesamtverbrauch G beider Rohstoffe liege bei $\mu_G = 100$ ME, der Erwartungswerts von G^2 sei $\mu_{G^2} = 14000$ ME.
Die Varianzen der beiden Rohstoffe seien $\sigma_1^2 = 4000$ und $\sigma_2^2 = 8600$.
(a) Bestimmen Sie das 1.2σ-Intervall um den Erwartungswert des Gesamtverbrauchs.
(b) Welches ist der Korrelationskoeffizient zwischen den beiden Rohstoffen?

Spezielle diskrete Verteilungen erkennen

Aufgabe 2.8
A besitzt 20 durchnummerierte T-Shirts, die ungeordnet auf einem Haufen liegen.
Er schließt die Augen und zieht eins der T-Shirts willkürlich heraus.
Wie ist die Zufallsvariable, welche die Nummer des gezogenen T-Shirts beschreibt, verteilt?

Aufgabe 2.9
In einer Urne befinden sich fünf weiße und zwanzig schwarze Kugeln.
Ein Zufallsexperiment mit Zurücklegen wird viermal durchgeführt.
Wie ist die Anzahl der gezogenen weißen Kugeln verteilt?

Aufgabe 2.10
Die Wahrscheinlichkeit, dass A beim Dartspiel ins Zentrum trifft, ist $p = 0.1$.
A versucht es 20-mal.
Wie ist die Anzahl der Erfolge verteilt?

Aufgabe 2.11
Die Wahrscheinlichkeit, dass B beim Dartspiel ins Zentrum trifft, ist $p = 0.1$.
B versucht es beliebig oft.
Wie ist die Anzahl der Versuche bis zum ersten Erfolg verteilt?

Aufgabe 2.12
In einer Urne befinden sich fünf weiße und zwanzig schwarze Kugeln.
Ein Zufallsexperiment ohne Zurücklegen wird viermal durchgeführt.
Wie ist die Anzahl der gezogenen weißen Kugeln verteilt?

Aufgabe 2.13
Unter $N = 1000$ Studierenden befinden sich $M = 150$ mit Schnupfen.
Eine Teilgruppe von $n = 100$ Studierenden wird ausgewählt.
(a) Berechnen Sie die Wahrscheinlichkeit, dass sich unter diesen 100 Studierenden genau 10 mit Schnupfen befinden.
(b) Bestimmen Sie die Wahrscheinlichkeit p im Einzelversuch, die zu erwartende Anzahl Studierender mit Schnupfen in dieser Gruppe von 100 Personen und die Varianz.

Aufgabe 2.14
In einer Hundeschule werden 25 Hunde unterrichtet. Vier der Hunde haben weißes Fell.
Eine Teilgruppe von zehn Hunden nimmt an einem Agility-Wettbewerb teil.
Wie ist die Anzahl der weißen Hunde, die am Agility-Wettbewerb teilnehmen, verteilt?

Aufgabe 2.15
Die Wahrscheinlichkeit, dass C beim Dartspiel ins Zentrum trifft, ist $p = 0.01$.
C versucht es 100-mal.
Wie ist die Anzahl der Erfolge verteilt?

Spezielle stetige Verteilungen erkennen

Aufgabe 2.16
Die Wahrscheinlichkeit für die Zeit, die K pro Tag am Billardtisch verbringt, ist gegeben durch folgende Wahrscheinlichkeitsdichte:
$f(x) = \frac{1}{60}$ für $x \in [0, 60]$
$f(x) = 0$ sonst
Wie ist die Zeit, die K an einem Tag Billard spielt, verteilt?

Aufgabe 2.17
Die Lebensdauer eines Laptops liege im Mittel bei 10 Jahren.
Wie ist diese Lebensdauer verteilt?

Aufgabe 2.18
Das Gewicht von männlichen Kartäuserkatzen werde als normalverteilt angenommen mit Erwartungswert $\mu = 6.5$ kg und Standardabweichung $\sigma = 1$ kg.
Wie ist die Zufallsvariable, die dieses Gewicht beschreibt, verteilt?

Aufgabe 2.19
Bei einer Stichprobe von 200 Fahrrädern war bei 80 Fahrrädern die Lichtanlage nicht in Ordnung.
Wie ist die Häufigkeit des Ereignisses »Lichtanlage ist nicht in Ordnung« verteilt?

Aufgabe 2.20
100 Probanden wurden vor und nach Weihnachten gewogen. Die Mittelwerte waren:
Vor Weihnachten: 70 kg
Nach Weihnachten: 72 kg
Die Stichprobenstandardabweichung der Differenzen war $s_d^* = 2$ kg.
Wie ist der Mittelwert der Differenz verteilt?

Aufgabe 2.21
Bei einer Hunderasse seien die Wahrscheinlichkeiten für bestimmte Fellfarben wie folgt verteilt:

Farbe	Wahrscheinlichkeit
weiß	0.1
braun	0.3
schwarz	0.6

Bei einer Stichprobe von 500 Hunden dieser Rasse waren 100 Hunde weiß, 150 braun, 250 schwarz.
Wie ist die Größe, die man für die Entscheidung nutzt, ob diese Stichprobe der theoretischen Verteilung entspricht, näherungsweise verteilt (vgl. 2.5.3, S. 77)?

Aufgabe 2.22
300 Hausmäuse, davon 150 Labormäuse, wurden gewogen:

Labormaus \ Gewicht > 35 g	ja	nein	Summe
ja	105	45	150
nein	24	126	150
Summe	129	171	300

Wie ist die Zufallsvariable, die man nutzt, um zu entscheiden, ob die Eigenschaften »Labormaus« und »Gewicht > 35 g« unabhängig sind, näherungsweise verteilt (vgl. 2.5.3, S. 77)?

Aufgabe 2.23
Aus einer zweidimensionalen normalverteilten Stichprobe der Länge $n = 101$, in der die Zahl der Wochentage, an denen jemand ferngesehen hat, gegen das Alter der Befragten aufgetragen ist, ergab sich der Korrelationskoeffizient $r = 0.89$.
Wie ist die Zufallsvariable, die man nutzt um zu entscheiden, ob die beiden Größen korreliert sind, verteilt (vgl. 2.5.3, S. 76)?

Wahrscheinlichkeit eines Wertebereichs/Wertebereich zu gegebener Wahrscheinlichkeit ermitteln

Aufgabe 2.24
X sei binomial verteilt mit $n = 20$ und $p = 0.2$:
(a) Berechnen Sie die Wahrscheinlichkeit, dass X den Wert 4 annimmt.
(b) Bestimmen Sie die Wahrscheinlichkeit, dass X höchstens den Wert 2 annimmt und die Wahrscheinlichkeit, dass X einen Wert kleiner als 2 annimmt.
(c) Ermitteln Sie die Wahrscheinlichkeit, dass X einen Wert größergleich 2 annimmt und die Wahrscheinlichkeit, dass X einen Wert größer als 2 annimmt.
(d) Berechnen Sie die Wahrscheinlichkeit, dass X einen Wert annimmt, der größergleich 2 und kleinergleich 19 ist, sowie die Wahrscheinlichkeit, dass X einen Wert annimmt, der größer als 2 und kleiner als 19 ist.

(e) Bestimmen Sie die Wahrscheinlichkeit, dass X einen Wert annimmt, der kleinergleich 2 oder größergleich 19 ist und die Wahrscheinlichkeit, dass X einen Wert annimmt, der kleiner als 2 oder größer als 19 ist.
(f) Ermitteln Sie das 0.1-Quantil, den Erwartungswert und die Standardabweichung.
(g) Bestimmen Sie einen Bereich, in dem X mit einer *Mindest*wahrscheinlichkeit von 75 % Werte annimmt.

Aufgabe 2.25
X sei normalverteilt mit $\mu = 4$ und $\sigma^2 = 3.2$:
(a) Berechnen Sie die Wahrscheinlichkeit, dass X den Wert 4 annimmt.
(b) Bestimmen Sie die Wahrscheinlichkeit, dass X höchstens den Wert 2 annimmt und die Wahrscheinlichkeit, dass X einen Wert kleiner als 2 annimmt.
(c) Ermitteln Sie die Wahrscheinlichkeit, dass X einen Wert größer als 2 annimmt und die Wahrscheinlichkeit, dass X einen Wert größergleich als 2 annimmt.
(d) Berechnen Sie die Wahrscheinlichkeit, dass X einen Wert annimmt, der größergleich 2 und kleinergleich 19 ist, sowie die Wahrscheinlichkeit, dass X einen Wert annimmt, der größer als 2 und kleiner als 19 ist.
(e) Bestimmen Sie die Wahrscheinlichkeit, dass X einen Wert annimmt, der kleinergleich 2 oder größergleich 19 ist und die Wahrscheinlichkeit, dass X einen Wert annimmt, der kleiner als 2 oder größer als 19 ist.
(f) Ermitteln Sie den das 0.1-Quantil.
(g) Bestimmen Sie einen Bereich, in dem X mit einer *Mindest*wahrscheinlichkeit von 75 % Werte annimmt.

Spezielle Verteilungen erkennen und benutzen

Aufgabe 2.26
A besitzt 20 durchnummerierte T-Shirts, die ungeordnet auf einem Haufen liegen. Er schließt die Augen und zieht eins der T-Shirts willkürlich heraus.
(a) Berechnen Sie die Wahrscheinlichkeit, dass er eins mit einer Nummer kleinergleich 5 nimmt.
(b) Bestimmen Sie Erwartungswert und Varianz der zugehörigen Zufallsvariablen.

Aufgabe 2.27
In einer Urne befinden sich fünf weiße und zwanzig schwarze Kugeln.
Ein Zufallsexperiment mit Zurücklegen wird viermal durchgeführt.
(a) Berechnen Sie die Wahrscheinlichkeit, mit der bei diesen vier Versuchen genau dreimal eine weiße Kugel gezogen wird.
(b) Bestimmen Sie Erwartungswert und Varianz der zugehörigen Zufallsvariablen.

Aufgabe 2.28
Die Wahrscheinlichkeit, dass A beim Dartspiel ins Zentrum trifft, ist $p = 0.1$.
A versucht es 20-mal.
(a) Berechnen Sie die Wahrscheinlichkeit, dass A bei diesen zwanzig Versuchen viermal ins Zentrum trifft.
(b) Bestimmen Sie Erwartungswert und Varianz der zugehörigen Zufallsvariablen.

Aufgabe 2.29
Die Wahrscheinlichkeit, dass B beim Dartspiel ins Zentrum trifft, ist $p = 0.1$.
B versucht es beliebig oft.
(a) Berechnen Sie die Wahrscheinlichkeit, dass B beim zehnten Versuch das erste Mal ins Zentrum trifft.
(b) Bestimmen Sie Erwartungswert und Varianz der zugehörigen Zufallsvariablen.

Aufgabe 2.30
In einer Urne befinden sich fünf weiße und zwanzig schwarze Kugeln.
Ein Zufallsexperiment ohne Zurücklegen wird viermal durchgeführt.
(a) Berechnen Sie die Wahrscheinlichkeit, mit der bei diesen vier Versuchen genau dreimal eine weiße Kugel gezogen wird.
(b) Bestimmen Sie Erwartungswert und Varianz der zugehörigen Zufallsvariablen.

Aufgabe 2.31
In einer Hundeschule werden 25 Hunde unterrichtet. Vier der Hunde haben weißes Fell.
Eine Teilgruppe von zehn Hunden nimmt an einem Agility-Wettbewerb teil.
a) Berechnen Sie die Wahrscheinlichkeit, dass drei dieser Hunde weißes Fell haben.
b) Bestimmen sie Erwartungswert und Varianz der zugehörigen Zufallsvariablen.

Aufgabe 2.32
Die Wahrscheinlichkeit, dass C beim Dartspiel ins Zentrum trifft, ist $p = 0.01$.
C versucht es 100-mal.
(a) Berechnen Sie die Wahrscheinlichkeit, dass er er genau viermal ins Zentrum trifft.
(b) Bestimmen Sie Erwartungswert und Varianz der zugehörigen Zufallsvariable.
(c) Sei $\kappa = P(X - 3 \geq 1.5 \text{ oder } 3 - X \geq 1.5)$. Berechnen Sie κ (kappa).

Aufgabe 2.33
A ist ein begeisterter Kletterer. Er hat sich vorgenommen, im Klettergarten Touren vom Schwierigkeitsgrad 5 zu üben.
Bisher bewältigt er 80 % dieser Touren, ohne ins Seil zu fallen.

(a) *A* nimmt sich einen ganzen Tag Zeit zum Üben, von 8.00 bis 19.00 Uhr.
Er benötigt für eine Tour eine halbe Stunde, wenn er nicht ins Seil fällt, eine Dreiviertelstunde, wenn er ins Seil fällt.
Wie oft wird er an diesem Tag aller Erwartung nach ins Seil fallen?
(b) Mit welcher Wahrscheinlichkeit fällt er höchstens zweimal ins Seil, wenn er die in Teil (a) vermutete Anzahl von Touren geht?
(c) *A* möchte sich auf eine Klettertour in den Alpen vorbereiten und vertraut sich zur Vorbereitung einem Trainer an. Nach einigen Trainingsstunden ist er so weit, dass er nur noch bei einer von 20 Touren ins Seil fällt.
Seine Freundin möchte mit ihm mal wieder in den Zoo gehen. Der nächste Sonntag hat 16 Stunden Tageslicht. Die beiden einigen sich, dass *A* mit Tagesanbruch beginnt, Klettern zu üben, aber aufhört, wenn er das erstemal ins Seil fällt und dann mit seiner Freundin in den Zoo geht.
Kann seine Freundin erwarten, dass sie mit ihm noch im Hellen in den Zoo kommt?
(d) *A* erzählt gern seinen Freunden von seinen Kletterabenteuern.
Sein Freundeskreis besteht zu 40 % aus anderen Kletterern, denen gegenüber er behauptet, diesen Schwierigkeitsgrad perfekt klettern zu können.
Gegenüber seinen anderen Freunden findet er die Abenteuer aufregender, wenn er wahrheitsgemäß erzählt.
A trifft zufällig einen Freund und erzählt ihm von seinem letzten Tag im Klettergarten, an dem er diese Schwierigkeit 20-mal angegangen ist. Mit welcher Wahrscheinlichkeit erzählt er nun, nach dem Training, von einem Fehlversuch?

Aufgabe 2.34
B möchte ein neues Fahrrad kaufen. Er stöbert im Internet, in Prospekten, er hat schon Stunden in Geschäften verbracht und sich beraten lassen. Da er zunächst keinen speziellen Zweck verfolgt, fällt es ihm schwer herauszufinden, welcher Typ von Fahrrad denn für ihn passend ist: Ein Tourenrad, ein Treckingrad, ein Cross-Rad oder ein Rennrad. Da *B* zur Zeit eher unsportlich ist, sich aber mehr bewegen möchte, entscheidet er sich für ein Cross-Rad.

Damit das Fahren entspannter, mit dosiertem Kraftaufwand möglich ist und er auch bei Regen und in hügeligem Gelände sicher fährt, ohne mit den Schuhen vom Pedal abzurutschen, riet man ihm zu Klickpedalen, in die sich ein entsprechender Schuh einklicken lässt. Da er aber auch mit „normaler Bekleidung" Fahrrad fahren möchte, hat er sich für Pedale entschlossen, in die auf der einen Seite die entsprechenden Fahrradschuhe eingeklickt werden können, auf der anderen Seite sind sie aber flach und mit normalen Straßenschuhen benutzbar.
Nun hat *B* sein Fahrrad erworben. Die Gewöhnung an die Klickpedale war schwierig genug, denn er hatte zunächst Angst, die Füße nicht schnell genug wieder lösen zu können. Aber mit etwas Gewöhnung kommt er nun zurecht.
Allerdings stellt er immer wieder fest, dass bei einem Pedal, wenn er ohne hinzuschauen den Fuß darauf setzt, häufig gerade die falsche Seite nach oben zeigt:

98 Wahrscheinlichkeitsverteilungen

Die Pedale verharren in der Regel senkrecht und werden erst durch den Fuß in eine waagerechte Position gebracht. Welche Seite dabei nach oben gedreht wird, scheint völlig vom Zufall abzuhängen.

(a) Zu welchem Anteil wird ein Pedal dann aller Erwartung nach die Seite oben haben, die gerade nicht zum Schuh passt?

(b) B hat sich angewöhnt, mit Schwung aufs Fahrrad zu steigen und dann im Rollen die Füße auf die Pedale zu stellen.
Pro Fuß: Mit wie vielen Versuchen muss B im Mittel rechnen, bis das Pedal die richtige Seite nach oben gedreht hat?

(c) B hat eines sonnigen sonntags morgens die Fahrradkluft angezogen, er möchte eine größere Tour machen.
Um keinesfalls unterwegs Hunger leiden zu müssen, hat er sich vier Brote geschmiert und in Alufolie gepackt: Zwei der Brote sind mit Käse belegt, die anderen beiden mit Schinken.
Er macht seine erste längere Rast erst am frühen Nachmittag und hat dann beträchtlichen Hunger. Deshalb nimmt er gleich zwei der Alufolie-Pakete aus seinem Rucksack.
Mit welcher Wahrscheinlichkeit sind sie beide mit Schinken belegt?

(d) B trägt bei ca. 10 % seiner Fahrten spezielle Fahrradkleidung, die ihn auch vor Regen schützt.
In ca. der Hälfte der Fälle regnet es dann tatsächlich.
Wenn er aber keine Regenschutzkleidung trägt, regnet es seiner Erfahrung nach in 70 % der Fälle.
Mit welcher Wahrscheinlichkeit regnet es bei einer seiner Fahrradtouren?

Aufgabe 2.35
Bislang gibt es gegen AIDS zwar einige Medikamente, die die Krankheit zurückdrängen, indem sie das Virus mit unterschiedlichen Strategien in seiner Replikation behindern, aber es wird beständig an der Entwicklung neuer Medikamente geforscht.
Wirtszellen des Virus sind T-Helferzellen. Das Virus muss, um in diese Zellen eindringen zu können, mit seinem Protein $gp120$ an das Oberflächenprotein $CD4$ der Wirtszelle und ein weiteres Korezeptor-Protein binden. Im frühen Krankheitsstadium herrschen Virusstämme vor, die den Korezeptor $CCR5$ benutzen. Nach dem Andocken fusioniert das Virus mit der Zellmembran und schleust seine RNA in die T-Helferzelle, die daraufhin beginnt, virale Proteine und RNA herzustellen. Könnte der Vorgang des Andockens an die Wirtszelle behindert werden, so wäre das Virus nicht in der Lage, sich zu vermehren.
Ein Ansatzpunkt für neue Therapien ist daher der Vorgang des Eindringens des Virus in die Wirtszelle: Als Medikament soll ein synthetisch hergestelltes Protein fungieren, das den Korezeptor $CCR5$ blockiert, sodass HIV keine Möglichkeit hat anzukoppeln.
Zur Entwicklung eines solchen synthetischen Proteins wurde in einem biochemischen Labor ein Assay durchgeführt, bei dem 10^{12} randomisiert hergestellte Protei-

ne in eine Lösung mit dem isolierten $CCR5$-Protein gegeben wurden. Als Ergebnis des Assay konnten 15 Proteinkomplexe isoliert werden.

Bei anschließenden Bindungsstudien musste man feststellen, dass nur 3 der 15 Proteine als $CCR5$-Antagonist zu gebrauchen waren: Die übrigen Komplexe waren instabil.

Diese drei $CCR5$-Antagonisten wurden an einen Pharmakonzern verkauft.

(a) Mit welcher Wahrscheinlichkeit bindet ein zufällig unter den ursprünglich 15 immobilisierten Proteinen ausgewähltes Protein an das Target $CCR5$?

(b) Hätte man auf die Bindungsstudien verzichtet:
Mit welcher Wahrscheinlichkeit hätte der Käufer beim Kauf von 3 Proteinen zwei taugliche Binder an $CCR5$ erworben?

(c) Wie viele Binder hätte der Pharmakonzern beim Erwerb dreier der fünfzehn Proteine erwarten können, wenn die ergänzende Bindungsstudie nicht durchgeführt worden wäre?

(d) Der Pharmakonzern führte Verträglichkeitstests an Probanden durch. Zwei der drei Proteine bestanden die Tests, allerdings litten die Probanden trotzdem unter starken Nebenwirkungen. Diese traten bei dem aus dem ersten Protein entwickelten Medikament M_1 bei 90 % der Probanden auf, bei dem aus dem zweiten Protein entwickelten Medikament M_2 bei 85 % der Probanden.

Die Herstellung von M_2 erwies sich als kompliziert, da beim gewählten Herstellungsprozess nur bei einem geringen Prozentsatz diejenige Faltung des Proteins erreicht werden konnte, die zur Bindung an das Target $CCR5$ fähig ist.

M_2 wurde seither bei entsprechender Indikation von ca. 20 % der Ärzte verschrieben, M_1 wurde von ca. 80 % der Ärzte verschrieben, da es günstiger angeboten wird.

Mit welcher Wahrscheinlichkeit treten bei einem Patienten nach Gabe eines der beiden Medikamente die starken Nebenwirkungen auf?

Aufgabe 2.36

Die Wahrscheinlichkeit für die Zeit, die K pro Tag am Billardtisch verbringt, ist gegeben durch folgende Wahrscheinlichkeitsdichte:

$f(x) = \frac{1}{60}$ für $x \in [0, 60]$

$f(x) = 0$ sonst

(a) Bestimmen Sie den Erwartungswert.

(b) Berechnen Sie die Varianz.

(c) Es sei $\Phi = P(|X - 20| \geq 10) = P(X - 20 \geq 10 \text{ oder } 20 - X \geq 10)$.
Berechnen Sie Φ.
Hinweis: Es ist hilfreich, eine Skizze des zugehörigen Bereichs auf der reellen Achse anzufertigen.

Aufgabe 2.37

Die Lebensdauer eines Laptops liege im Mittel bei 10 Jahren.
(a) Berechnen Sie die Wahrscheinlichkeit, dass ein Laptop höchstens acht Jahre hält.
(b) Bestimmen Sie die Wahrscheinlichkeit, dass ein Laptop mindestens 12 Jahre hält.
(c) Ermitteln Sie Erwartungswert, Median und Varianz.

Aufgabe 2.38

Das Gewicht von männlichen Kartäuserkatzen werde als normalverteilt angenommen mit Erwartungswert $\mu = 6.5$ kg und Standardabweichung $\sigma = 1$ kg.
(a) Berechnen Sie die Wahrscheinlichkeit, dass eine Katze dieser Rasse höchstens 5.5 kg wiegt.
(b) Bestimmen Sie die Wahrscheinlichkeit, dass eine Katze dieser Rasse höchstens 7.5 kg wiegt.
(c) Ermitteln Sie die Wahrscheinlichkeit, dass eine Katze dieser Rasse mindestens 7.5 kg wiegt.
(d) Berechnen Sie die Wahrscheinlichkeit, dass eine Katze dieser Rasse mindestens 5.5 kg wiegt.
(e) Bestimmen Sie die Wahrscheinlichkeit, dass eine Katze dieser Rasse um höchstens 1 kg vom Erwartungswert abweicht.
(f) Ermitteln Sie ein Gewicht G, sodass die Wahrscheinlichkeit, dass eine Katze dieser Rasse höchstens G kg wiegt, gerade 0.98 beträgt.
(g) Wie klein müsste σ sein, damit ein solches Gewicht G kleinergleich 7 ist?
(h) Es sei $\Pi^* = P(|X - 5| \geq 2) = P(X - 5 \geq 2 \text{ oder } 5 - X \geq 2)$.
Bestimmen Sie Π^*.
Hinweis: Es ist hilfreich, eine Skizze des zugehörigen Bereichs auf der reellen Achse anzufertigen.

2.8 Lösungen

Lösung 2.1
Gegebene Wahrscheinlichkeitsverteilung:

x_i	$P(x_i)$	$F(x_i)$
5	0.2	0.2
10	0.4	0.6
15	0.1	0.7
20	0.3	1.0

$x_{\text{Mod}} = 10$
$\tilde{\mu} = 10$
$\mu = 5 \cdot 0.2 + 10 \cdot 0.4 + 15 \cdot 0.1 + 20 \cdot 0.3 = 12.5$

Lösung 2.2
Aufgrund einer repräsentativen Stichprobe wurden für eine bestimmte Automarke folgende Zufriedenheitswerte ermittelt:

Zufriedenheit	Wahrscheinlichkeit	Verteilungsfunktion
1	0.21	0.21
2	0.38	0.59
3	0.18	0.77
4	0.15	0.92
5	0.08	1.00

$\xi_{0.25} = 2$
$\tilde{\mu} = 2$
$\xi_{0.75} = 3$

Lösung 2.3
Eine Unternehmung hat die Möglichkeit, folgende Investition zu tätigen:
Zunächst wäre es nötig, 1000000 Euro für den Erwerb eines Gebäudes aufzubringen. Das Gebäude würde im Laufe der folgenden zehn Jahre gleichbleibende Mieteinnahmen erbringen:
Die jährlichen Einnahmen lägen bei 183000.
Abhängig von Umweltbedingungen und Kostenentwicklung lägen die jährlichen Kosten
- mit einer Wahrscheinlichkeit von 20 % bei 12200 Euro.
- mit einer Wahrscheinlichkeit von 80 % bei 22000 Euro.

Es wird angenommen, dass sowohl jährliche Einnahmen als auch Kosten am Ende jedes Jahres anfallen.

Es wird angenommen, dass Geld prinzipiell sofort zu 4 % zinsbringend angelegt wird.

(a) (1) Mit einer Wahrscheinlichkeit von 20 % würde das Endvermögen wie folgt entstehen:

Jahr	Einnahmen am Ende des Jahres	Nach 10 Jahren verzinster Betrag
1	$183000 - 12200 = 170800$	$170800 \cdot 1.04^9$
2	170800	$170800 \cdot 1.04^8$
3	170800	$170800 \cdot 1.04^7$
4	170800	$170800 \cdot 1.04^6$
5	170800	$170800 \cdot 1.04^5$
6	170800	$170800 \cdot 1.04^4$
7	170800	$170800 \cdot 1.04^3$
8	170800	$170800 \cdot 1.04^2$
9	170800	$170800 \cdot 1.04^1$
10	170800	170800

Summiert man die Beträge der letzten Spalte, so ergibt sich:
Mit einer Wahrscheinlichkeit von 20 % läge das Endvermögen bei 2050643.10 Euro.

(2) Mit einer Wahrscheinlichkeit von 80 % würde das Endvermögen wie folgt entstehen:

Jahr	Einnahmen am Ende des Jahres	Nach 10 Jahren verzinster Betrag
1	$183000 - 22000 = 161000$	$161000 \cdot 1.04^9$
2	161000	$161000 \cdot 1.04^8$
3	161000	$161000 \cdot 1.04^7$
4	161000	$161000 \cdot 1.04^6$
5	161000	$161000 \cdot 1.04^5$
6	161000	$161000 \cdot 1.04^4$
7	161000	$161000 \cdot 1.04^3$
8	161000	$161000 \cdot 1.04^2$
9	161000	$161000 \cdot 1.04^1$
10	161000	161000

Summiert man die Beträge der letzten Spalte, so ergibt sich:
Mit einer Wahrscheinlichkeit von 80 % läge das Endvermögen bei 1932983.25 Euro.

(3) Das zu erwartende Endvermögen liegt bei $0.2 \cdot 2050643.10 + 0.8 \cdot 1932983.25 = 1956515.22$.

(b) Bei Geldanlage der Investitionsmittel zum Zinssatz von 4% auf einem Konto ergäbe sich ein Endbetrag von

$$1000000 \cdot 1.04^{10} = 1480244.28$$

Erwarteter Vorteil des Investitionsprojekts:

$$1956515.22 - 1480244.28 = 476270.94$$

Lösung 2.4
Durch umfangreiche Erhebungen konnte festgestellt werden, Mobiltelefone welcher Größen von Käufern bevorzugt werden:

Länge [cm]	Wahrscheinlichkeit des Kaufs	Verteilungsfunktion
10	0.01	0.01
11	0.03	0.04
12	0.4	0.44
13	0.54	0.98
14	0.01	0.99
15	0.01	1.00

(a) Drei Bereiche für diese Größen, die 95 % der Käuferwünsche enthalten:

$$[\xi_{0.025}, \xi_{0.975}] = [11, 13]$$
$$[\xi_{0.000}, \xi_{0.95}] = [0, 13]$$
$$[\xi_{0.05}, \xi_{1.00}] = [12, 15]$$

(b) Varianz:
$$\begin{aligned}
\mu &= 10 \cdot 0.01 + 11 \cdot 0.03 + 12 \cdot 0.4 + 13 \cdot 0.54 + 14 \cdot 0.01 \\
&\quad + 15 \cdot 0.01 \\
&= 12.54 \\
\sigma^2 &= (10 - 12.54)^2 \cdot 0.01 + (11 - 12.54)^2 \cdot 0.03 \\
&\quad + (12 - 12.54)^2 \cdot 0.4 + (13 - 12.54)^2 \cdot 0.54 \\
&\quad + (14 - 12.54)^2 \cdot 0.01 + (15 - 12.54)^2 \cdot 0.01 \\
&= 0.4484
\end{aligned}$$

(c) Ein Intervall, in dem mindestens mit einer Wahrscheinlichkeit von $\frac{8}{9}$ Werte zu erwarten sind:

$$\sigma = \sqrt{0.4484} = 0.66963$$

$[12.54 - 3 \cdot 0.66963, 12.54 + 3 \cdot 0.66963] = [10.5311, 14.5489]$ ist ein Intervall, in dem diese Zufallsvariable mindestens mit Wahrscheinlichkeit $\frac{8}{9} = 0.\bar{8}$ Werte annimmt.

Lösung 2.5

Gegeben ist folgende Kontingenztafel:

X\Y	1	2	3	Summe
0	0.2	0.1	0	0.3
1	0	0	0.7	0.7
Summe	0.2	0.1	0.7	1.0

(a) Kovarianz und Korrelationskoeffizient:

$$\begin{aligned}
\mu_X &= 0.7 \\
\mu_Y &= 2.5 \\
\text{Cov}(X,Y) &= (-0.7) \cdot (-1.5) \cdot 0.2 + (-0.7) \cdot (-0.5) \cdot 0.1 \\
&\quad + 0.3 \cdot 0.5 \cdot 0.7 \quad = 0.35 \\
\sigma_X^2 &= 0.7^2 \cdot 0.3 + 0.3^2 \cdot 0.7 \quad = 0.21 \\
\sigma_Y^2 &= 1.5^2 \cdot 0.2 + 0.5^2 \cdot 0.1 + 0.5^2 \cdot 0.7 \quad = 0.65 \\
\sqrt{\sigma_X^2 \cdot \sigma_Y^2} &= 0.369 \\
\rho_{XY} &= \frac{\sigma_{XY}}{\sigma_X \cdot \sigma_Y} = 0.947
\end{aligned}$$

(b) X und Y sind nicht unabhängig, weil z. B.

$p_{21} = 0 \neq 0.7 \cdot 0.2 = p_{2\cdot} \cdot p_{\cdot 1}$ ist.

Lösung 2.6

Für den Gewinn X_1 von Gut$_1$ gilt: $E(X_1) = 100$ GE, $\sigma_{X_1}^2 = 100$.

Für den Gewinn X_2 von Gut$_2$ gilt: $E(X_2) = 90$ GE, $\sigma_{X_2}^2 = 49$.

Der Gewinn $W = X_1 + X_2$ aus beiden Gütern erfülle: $\sigma_W^2 = 269$.

(a) Erwartungswert des Gesamtgewinns:
$$\begin{aligned}
E(W) &= E(X_1) + E(X_2) \quad (9.4.1) \\
&= 190
\end{aligned}$$

(b) Korrelation:
$$\begin{aligned}
\text{Var}(X_1 + X_2) &= \text{Var}(X_1) + \text{Var}(X_2) \\
&\quad + 2\,\text{Cov}(X_1, X_2) \quad (9.4.2) \\
269 &= 100 + 49 + 2\,\text{Cov}(X_1, X_2) \\
\text{Cov}(X_1, X_2) &= 60 \\
\rho(X_1, X_2) &= \frac{\text{Cov}(X_1, X_2)}{\sigma_{X_1} \cdot \sigma_{X_2}} \quad (9.3.2) \\
&= \frac{60}{10 \cdot 7} \\
&= 0.857
\end{aligned}$$

Die beiden Gewinne sind stark positiv korreliert.

Lösung 2.7
Ein Produkt werde aus zwei Rohstoffen R_1 und R_2 hergestellt.
Der erwartete Gesamtverbrauch G beider Rohstoffe liege bei $\mu_G = 100$ ME, der
Erwartungswerts von G^2 sei $\mu_{G^2} = 14000$ ME.
Die Varianzen der beiden Rohstoffe seien $\sigma_1^2 = 4000$ und $\sigma_2^2 = 8600$.

(a) 1.2σ-Intervall um den Erwartungswert des Gesamtverbrauchs:
$$\mu_G - 1.2 \cdot \sigma_G = 24.105$$
$$\mu_G + 1.2 \cdot \sigma_G = 175.895$$

(b) Korrelationskoeffizient:
$$\sigma_G^2 = \sigma_{R_1}^2 + \sigma_{R_2}^2 + 2 \cdot \sigma_{R_1 R_2} \quad (9.4.2)$$
$$4000 = 4000 + 8600 + 2 \cdot \sigma_{R_1 R_2}$$
$$\sigma_{R_1 R_2} = -4300$$
$$\rho_{R_1 R_2} = \frac{\sigma_{R_1 R_2}}{\sigma_{R_1} \cdot \sigma_{R_2}} \quad (9.3.2)$$
$$= \frac{-4300}{\sqrt{4000 \cdot 8600}}$$
$$= -0.733$$

Lösung 2.8
A besitzt 20 durchnummerierte T-Shirts, die ungeordnet auf einem Haufen liegen.
Er schließt die Augen und zieht eins der T-Shirts willkürlich heraus.
Die Zufallsvariable, welche die Nummer des gezogenen T-Shirts beschreibt, ist gleichverteilt.

Lösung 2.9
In einer Urne befinden sich fünf weiße und zwanzig schwarze Kugeln.
Ein Zufallsexperiment mit Zurücklegen wird viermal durchgeführt.
Die Anzahl der weißen Kugeln ist binomial verteilt.

Lösung 2.10
Die Wahrscheinlichkeit, dass A beim Dartspiel ins Zentrum trifft, ist $p = 0.1$.
A versucht es 20-mal.
Die Anzahl der Erfolge ist binomial verteilt.

Lösung 2.11
Die Wahrscheinlichkeit, dass B beim Dartspiel ins Zentrum trifft, ist $p = 0.1$.
B versucht es beliebig oft.
Die Anzahl der Versuche bis zum ersten Erfolg ist geometrisch verteilt.

Lösung 2.12
In einer Urne befinden sich fünf weiße und zwanzig schwarze Kugeln.
Ein Zufallsexperiment ohne Zurücklegen wird viermal durchgeführt.
Die Anzahl der weißen Kugeln ist hypergeometrisch verteilt.

Lösung 2.13
Unter $N = 1000$ Studierenden befinden sich $M = 150$ mit Schnupfen.
Eine Teilgruppe von $n = 100$ Studierenden wird ausgewählt.

(a) Wahrscheinlichkeit, dass sich unter diesen 100 Studierenden genau 10 mit Schnupfen befinden:
$$P(X = 10) = \frac{\binom{150}{10} \cdot \binom{850}{90}}{\binom{1000}{100}} = 0.0413$$

(b) Wahrscheinlichkeit p im Einzelversuch, die zu erwartende Anzahl Studierender mit Schnupfen in dieser Gruppe von 100 Personen und Varianz:

$$p = \tfrac{150}{1000} = 0.15$$
$$\mu = E(X) = 100 \cdot 0.15 = 15$$
$$\sigma^2 = \mathrm{Var}(X) = 100 \cdot 0.15 \cdot (1 - 0.15) \cdot \tfrac{1000-100}{1000-1}$$
$$= 11.49$$

Lösung 2.14
In einer Hundeschule werden 25 Hunde unterrichtet. Vier der Hunde haben weißes Fell.
Eine Teilgruppe von zehn Hunden nimmt an einem Agility-Wettbewerb teil.
Die Anzahl der weißen Hunde in der Teilgruppe ist hypergeometrisch verteilt.

Lösung 2.15
Die Wahrscheinlichkeit, dass C beim Dartspiel ins Zentrum trifft, ist $p = 0.01$.
C versucht es 100-mal.
Die Anzahl der Erfolge ist Poisson-verteilt.

Lösung 2.16
Die Wahrscheinlichkeit für die Zeit, die K pro Tag am Billardtisch verbringt, ist gegeben durch folgende Wahrscheinlichkeitsdichte:
$f(x) = \tfrac{1}{60}$ für $x \in [0, 60]$
$f(x) = 0$ sonst
Die Zeit, die K pro Tag Billard spielt, ist gleichverteilt.

Lösung 2.17
Die Lebensdauer eines Laptops liege im Mittel bei 10 Jahren.
Die Lebensdauer ist exponential verteilt.

Lösung 2.18
Das Gewicht von männlichen Kartäuserkatzen werde als normalverteilt angenommen mit Erwartungswert $\mu = 6.5$ kg und Standardabweichung $\sigma = 1$ kg.
Der Aufgabe ist zu entnehmen, dass das Gewicht normalverteilt ist.

Lösung 2.19
Bei einer Stichprobe von 200 Fahrrädern war bei 80 Fahrrädern die Lichtanlage nicht in Ordnung.
Die Häufigkeit des Ereignisses »Lichtanlage ist nicht in Ordnung« ist näherungsweise normalverteilt.

Lösung 2.20
100 Probanden wurden vor und nach Weihnachten gewogen. Die Mittelwerte waren:
Vor Weihnachten: 70 kg
Nach Weihnachten: 72 kg
Die Stichprobenstandardabweichung der Differenzen war $s_d^* = 2$ kg.
Der Mittelwert der Differenz ist t-verteilt mit 99 Freiheitsgraden.

Lösung 2.21
Bei einer Hunderasse seien die Wahrscheinlichkeiten für bestimmte Fellfarben wie folgt verteilt:

Farbe	Wahrscheinlichkeit
weiß	0.1
braun	0.3
schwarz	0.6

Bei einer Stichprobe von 500 Hunden dieser Rasse waren 100 Hunde weiß, 150 braun, 250 schwarz.
Die Frage, ob diese Stichprobe der theoretischen Verteilung entspricht, entscheidet man mit Hilfe einer näherungsweise χ^2-verteilten Testgröße.

Lösung 2.22
300 Hausmäuse, davon 150 Labormäuse, wurden gewogen:

Labormaus \ Gewicht > 35 g	ja	nein	Summe
ja	105	45	150
nein	24	126	150
Summe	129	171	300

Die Frage, ob die Eigenschaften »Labormaus« und »Gewicht > 35 g« unabhängig voneinander sind, entscheidet man mit Hilfe einer näherungsweise χ^2-verteilten Testgröße.

108 Wahrscheinlichkeitsverteilungen

Lösung 2.23
Aus einer zweidimensionalen normalverteilten Stichprobe der Länge $n = 101$, in der die Zahl der Wochentage, an denen jemand ferngesehen hat, gegen das Alter der Befragten aufgetragen ist, ergab sich der Korrelationskoeffizient $r = 0.89$.
Die Frage, ob die beiden zugehörigen Zufallsvariablen X und Y korreliert sind, entscheidet man mit Hilfe einer näherungsweise t-verteilten Testgröße.

Lösung 2.24
X sei binomial verteilt mit $n = 20$ und $p = 0.2$:
(a) Wahrscheinlichkeit, dass X den Wert 4 annimmt:
$$P(X = 4) = \binom{20}{4} \cdot 0.2^4 \cdot 0.8^{16} = 0.2182$$

(b) Wahrscheinlichkeit, dass X höchstens den Wert 2 annimmt und die Wahrscheinlichkeit, dass X einen Wert kleiner als 2 annimmt:
$$\begin{aligned}P(X \leq 2) &= F(2) \\ &= P(X = 0) + P(X = 1) + P(X = 2) \\ &= \binom{20}{0} \cdot 0.2^0 \cdot 0.8^{20} + \binom{20}{1} \cdot 0.2^1 \cdot 0.8^{19} + \binom{20}{2} \cdot 0.2^2 \cdot 0.8^{18} \\ &= 0.2061\end{aligned}$$
$$\begin{aligned}P(X < 2) &= F(2) - P(X = 2) \\ &= P(X = 0) + P(X = 1) \\ &= 0.06918\end{aligned}$$

(c) Wahrscheinlichkeit, dass X einen Wert größergleich 2 annimmt und die Wahrscheinlichkeit, dass X einen Wert größer als 2 annimmt:
$$\begin{aligned}P(X \geq 2) &= 1 - F(2) + P(X = 2) \\ &= 1 - F(1) \\ &= 1 - 0.06918 \\ &= 0.93082\end{aligned}$$
$$\begin{aligned}P(X > 2) &= 1 - F(2) \\ &= 1 - 0.2061 \\ &= 0.7939\end{aligned}$$

(d) Wahrscheinlichkeit, dass X einen Wert annimmt, der größergleich 2 und kleinergleich 19 ist, sowie die Wahrscheinlichkeit, dass X einen Wert annimmt, der größer als 2 und kleiner als 19 ist:
$$\begin{aligned}P(2 \leq X \leq 19) &= F(19) - F(2) + P(X = 2) \\ &= F(19) - F(1) \\ &= (1 - P(X = 20)) - 0.2061 + 0.1369 \\ &= 0.9308\end{aligned}$$

$$P(2 < X < 19) = F(19) - P(X = 19) - F(2)$$
$$= F(18) - F(2)$$
$$= 0.7939$$

(e) Wahrscheinlichkeit, dass X einen Wert annimmt, der kleinergleich 2 oder größergleich 19 ist und die Wahrscheinlichkeit, dass X einen Wert annimmt, der kleiner als 2 oder größer als 19 ist:

$P(X \leq 2$ oder $X \geq 19)$
$$= F(2) + 1 - F(19) + P(X = 19)$$
$$= 1 - P(2 < X < 19)$$
$$= 0.2061$$

$P(X < 2$ oder $X > 19) = F(2) - P(X = 2) + 1 - F(19)$
$$= 1 - P(2 \leq X \leq 19)$$
$$= 0.06919$$

(f) 0.1-Quantil, Erwartungswert und Standardabweichung:

$\tilde{\mu}_{0.1} = 2$ denn $P(X < 2) = 0.06918 < 0.1$
und $P(X \leq 2) = 0.2061 > 0.1$
$\mu = 4$
$\sigma^2 = 3.2$
$\sigma = 1.7889$

(g) Ein Bereich, in dem X mit einer *Mindest*wahrscheinlichkeit von 75 % Werte annimmt:

$P(0.42229 < X < 7.5777) \geq 0.75$

(Tschebyschew-Ungleichung für $a = 2\sigma$)

Lösung 2.25
X sei normalverteilt mit $\mu = 4$ und $\sigma^2 = 3.2$:
(a) Wahrscheinlichkeit, dass X den Wert 4 annimmt: $P(X = 4) = 0$, denn Wahrscheinlichkeiten bestimmter Werte bei stetigen Zufallsvariablen sind null.
(b) Wahrscheinlichkeit, dass höchstens den Wert 2 annimmt und die Wahrscheinlichkeit, dass X einen Wert kleiner als 2 annimmt:

$P(X \leq 2) = \Phi\left(\frac{2-4}{\sqrt{3.2}}\right)$
$= \Phi(-1.12)$
$= 1 - 0.8686$
$= 0.1314$
$P(X < 2) = 0.1314$

110 Wahrscheinlichkeitsverteilungen

(c) Wahrscheinlichkeit, dass X einen Wert größer als 2 annimmt, und die Wahrscheinlichkeit, dass X einen Wert größergleich 2 annimmt:

$$P(X > 2) = 1 - \Phi(-1.12)$$
$$= 1 - 0.1314 \quad = 0.8686$$
$$P(X \geq 2) = 0.8686$$

(d) Wahrscheinlichkeit, dass X einen Wert annimmt, der größergleich 2 und kleinergleich 19 ist, sowie die Wahrscheinlichkeit, dass X einen Wert annimmt, der größer als 2 und kleiner als 19 ist:

$$P(2 \leq X \leq 19) = \Phi\left(\frac{19-4}{\sqrt{3.2}}\right) - \Phi\left(\frac{2-4}{\sqrt{3.2}}\right)$$
$$= \Phi(8.385) - \Phi(-1.12)$$
$$= 1 - 0.1314$$
$$= 0.8686$$
$$P(2 < X < 19) = 0.8686$$

(e) Wahrscheinlichkeit, dass X einen Wert annimmt, der kleinergleich 2 oder größergleich 19 ist und die Wahrscheinlichkeit, dass X einen Wert annimmt, der kleiner als 2 oder größer als 19 ist:

$$P(X \leq 2 \text{ oder } X \geq 19) = 1 - P(2 < X < 19)$$
$$= 0.1314$$
$$P(X < 2 \text{ oder } X > 19) = 1 - P(2 \leq X \leq 19)$$
$$= 0.1314$$

(f) 0.1-Quantil:

$$\tilde{\mu}_{0.1} = 4 + \sqrt{3.2} \cdot z_{0.1}$$
$$= 4 - \sqrt{3.2} \cdot 1.28155 \quad = 1.70749$$

(g) Ein Bereich, in dem X mit einer *Mindest*wahrscheinlichkeit von 75 % Werte annimmt:

$$P(0.42229 < X < 7.5777) \geq 0.75$$

(Tschebyschew-Ungleichung für $a = 2\sigma = 3.5777$)

Lösung 2.26
A besitzt 20 durchnummerierte T-Shirts, die ungeordnet auf einem Haufen liegen. Er schließt die Augen und zieht eins der T-Shirts willkürlich heraus.
X ist gleichverteilt mit $W = \{1, \ldots, 20\}$.
(a) Wahrscheinlichkeit, dass er eins mit einer Nummer kleinergleich 5 nimmt:

$$P(X \leq 5) = F(5)$$
$$= \frac{5-1+1}{20-1+1} = \frac{1}{4}$$

(b) Erwartungswert und Varianz;

$$\mu = \tfrac{20+1}{2} = 10.5$$
$$\sigma^2 = \tfrac{(20-1+1)^2-1}{12} = 33.25$$

Lösung 2.27
In einer Urne befinden sich fünf weiße und zwanzig schwarze Kugeln.
Ein Zufallsexperiment mit Zurücklegen wird viermal durchgeführt.
X ist binomial verteilt mit $p = \tfrac{5}{25} = 0.2$ und $n = 4$.
(a) Wahrscheinlichkeit, mit der bei diesen vier Versuchen genau dreimal eine weiße Kugel gezogen wird:

$$P(X = 3) = \binom{4}{3} \cdot 0.2^3 \cdot 0.8^1 = 0.0256$$

(b) Erwartungswert und Varianz:

$$\mu = 4 \cdot 0.2 = 0.8$$
$$\sigma^2 = 4 \cdot 0.2 \cdot 0.8 = 0.64$$

Lösung 2.28
Die Wahrscheinlichkeit, dass A beim Dartspiel ins Zentrum trifft, ist $p = 0.1$.
A versucht es 20-mal.
X ist binomial verteilt mit $p = 0.1$ und $n = 20$.
(a) Wahrscheinlichkeit, dass A bei diesen zwanzig Versuchen viermal ins Zentrum trifft:

$$P(X = 4) = \binom{20}{4} \cdot 0.1^4 \cdot 0.9^{16} = 0.0898$$

(b) Erwartungswert und Varianz der zugehörigen Zufallsvariablen:

$$\mu = 20 \cdot 0.1 = 2$$
$$\sigma^2 = 20 \cdot 0.1 \cdot 0.9 = 1.8$$

Lösung 2.29
Die Wahrscheinlichkeit, dass B beim Dartspiel ins Zentrum trifft, ist $p = 0.1$.
B versucht es beliebig oft.
X ist geometrisch verteilt mit $p = 0.1$.
(a) Wahrscheinlichkeit, dass B beim zehnten Versuch das erstemal ins Zentrum trifft:

$$P(X = 10) = 0.1 \cdot 0.9^9 = 0.038742$$

(b) Erwartungswert und Varianz der zugehörigen Zufallsvariablen:

$$\mu = \tfrac{1}{0.1} = 10$$
$$\sigma^2 = \tfrac{1-0.1}{0.1^2} = 90$$

Lösung 2.30
In einer Urne befinden sich fünf weiße und zwanzig schwarze Kugeln.
Ein Zufallsexperiment ohne Zurücklegen wird viermal durchgeführt.
X ist hypergeometrisch verteilt mit $N = 25, M = 5, n = 4$.

(a) Wahrscheinlichkeit, mit der bei diesen vier Versuchen genau dreimal eine weiße Kugel gezogen wird:

$$P(X = 3) = \frac{\binom{5}{3} \cdot \binom{20}{1}}{\binom{25}{4}}$$

$$= \frac{10 \cdot 20}{12650} = 0.01581$$

(b) Erwartungswert und Varianz der zugehörigen Zufallsvariablen:

$$\mu = 4 \cdot \tfrac{5}{25} = 0.8$$
$$\sigma^2 = 4 \cdot \tfrac{5}{25} \cdot \left(1 - \tfrac{5}{25}\right) \cdot \tfrac{25-4}{25-1}$$
$$= 4 \cdot 0.2 \cdot 0.8 \cdot 0.875 = 0.56$$

Lösung 2.31
In einer Hundeschule werden 25 Hunde unterrichtet. Vier der Hunde haben weißes Fell.
Eine Teilgruppe von zehn Hunden nimmt an einem Agility-Wettbewerb teil.
X ist hypergeometrisch verteilt mit $N = 25, M = 4, n = 10$.

a) Wahrscheinlichkeit, dass drei dieser Hunde weißes Fell haben:

$$P(X = 3) = \frac{\binom{4}{3} \cdot \binom{21}{7}}{\binom{25}{10}}$$

$$= \frac{4 \cdot 116280}{3268760} = 0.1423$$

b) Erwartungswert und Varianz der zugehörigen Zufallsvariablen.

$$\mu = 10 \cdot \tfrac{4}{25} = 1.6$$
$$\sigma^2 = 10 \cdot \tfrac{4}{25} \cdot \left(1 - \tfrac{4}{25}\right) \cdot \tfrac{25-10}{25-1}$$
$$= 10 \cdot 0.16 \cdot 0.84 \cdot 0.625 = 0.84$$

Lösung 2.32
Die Wahrscheinlichkeit, dass C beim Dartspiel ins Zentrum trifft, ist $p = 0.01$.
C versucht es 100-mal.
X ist Poisson-verteilt mit $\lambda = n \cdot p = 1$.

(a) Wahrscheinlichkeit, dass er er genau viermal ins Zentrum trifft:

$$P(X = 4) = \tfrac{\lambda^4}{4!} \cdot e^{-\lambda} = 0.0153$$

(b) Erwartungswert und Varianz der zugehörigen Zufallsvariable:

$$\mu = \sigma^2 = \lambda = 1$$

(c) Sei $\kappa = P(X - 3 \geq 1.5 \text{ oder } 3 - X \geq 1.5)$.

Berechnen Sie κ.

$$\begin{aligned}
\kappa &= P(X \geq 4.5 \text{ oder } X \leq 1.5) \\
&= (1 - F(4)) + F(1) \\
&= (1 - P(0) - P(1) - P(2) - P(3) - P(4)) + F(1) \\
&= 1 - P(2) - P(3) - P(4) \\
&= 1 - e^{-1} \cdot \left(\tfrac{1}{2} + \tfrac{1}{6} + \tfrac{1}{24}\right) \\
&= 0.739
\end{aligned}$$

Lösung 2.33

A ist ein begeisterter Kletterer. Er hat sich vorgenommen, im Klettergarten Touren vom Schwierigkeitsgrad 5 zu üben.
Bisher bewältigt er 80 % dieser Touren, ohne ins Seil zu fallen.

(a) A nimmt sich einen ganzen Tag Zeit zum Üben, von 8.00 bis 19.00 Uhr.
Er benötigt für eine Tour eine halbe Stunde, wenn er nicht ins Seil fällt, eine Dreiviertelstunde, wenn er ins Seil fällt.
Zu erwartende Häufigkeit, mit der er an diesem Tag ins Seil fällt:
Im Mittel benötigt A pro Tour $\frac{4 \cdot 0.5 + 1 \cdot 0.75}{5} = 0.55$ Stunden.
In den 11 Stunden kann er also vermutlich 20 Touren klettern.
Die Häufigkeit, mit der A ins Seil fällt, ist binomial verteilt mit Erwartungswert an diesem Tag $\mu = 20 \cdot 0.2 = 4$:
Es ist zu erwarten, dass er viermal ins Seil fällt.

(b) Wahrscheinlichkeit, dass er höchstens zweimal ins Seil fällt:

$$\begin{aligned}
P(X \leq 2) &= \binom{20}{0} \cdot 0.2^0 \cdot 0.8^{20} + \binom{20}{1} \cdot 0.2^1 \cdot 0.8^{19} + \\
&\quad \binom{20}{2} \cdot 0.2^2 \cdot 0.8^{18} \\
&= 0.206
\end{aligned}$$

(c) A möchte sich auf eine Klettertour in den Alpen vorbereiten und vertraut sich zur Vorbereitung einem Trainer an. Nach einigen Trainingsstunden ist er so weit, dass er nur noch bei einer von 20 Touren ins Seil fällt.
Seine Freundin möchte mit ihm mal wieder in den Zoo gehen. Der nächste Sonntag hat 16 Stunden Tageslicht. Die beiden einigen sich, dass A mit Tagesanbruch beginnt, Klettern zu üben, aber aufhört, wenn er das erstemal ins Seil fällt und dann mit seiner Freundin in den Zoo geht.
Kann seine Freundin erwarten, dass sie mit ihm noch im Hellen in den Zoo kommt?
Die Anzahl der Klettertouren, bis A das erstemal ins Seil fällt, ist geometrisch verteilt.
Erwartungswert, wann er das erstemal ins Seil fällt:

$$\mu = \tfrac{1}{0.05} = 20$$

Im Mittel benötigt A nun pro Tour $\frac{19 \cdot 0.5 + 1 \cdot 0.75}{20} = 0.5125$ Stunden.
In den 16 Stunden kann er also vermutlich 31.2 Touren klettern.

Es ist zu erwarten, dass er nach 20 Touren ins Seil gefallen ist (dafür würde er $19 \cdot 0.5 + 0.75 = 10.25$ Stunden benötigen). Das Tageslicht reicht für 16 Stunden oder 31 Touren, also kommt seine Freundin vermutlich bei Tageslicht in den Zoo.

(d) A erzählt gern seinen Freunden von seinen Kletterabenteuern.

Sein Freundeskreis besteht zu 40 % aus anderen Kletterern, denen gegenüber er behauptet, diesen Schwierigkeitsgrad perfekt klettern zu können.

Gegenüber seinen anderen Freunden findet er die Abenteuer aufregender, wenn er wahrheitsgemäß erzählt.

A trifft zufällig einen Freund und erzählt ihm von seinem letzten Tag im Klettergarten, an dem er diese Schwierigkeit 20-mal angegangen ist. Wahrscheinlichkeit, dass er nun, nach dem Training, von einem Fehlversuch erzählt:

$P(\text{Fehlversuch}) = 0.05$

$P(\text{Kletterfreund}) = 0.4$

$P(\text{vom Fehlversuch erzählen} \mid \text{Kletterfreund}) = 0$

$P(\text{vom Fehlversuch erzählen} \mid \text{kein Kletterfreund}) = 1$

$P(\text{Fehlversuch}) = 0.05$

Satz von der totalen Wahrscheinlichkeit:

$P(\text{vom Fehlversuch erzählen}) = 0 \cdot 0.4 + 0.05 \cdot 0.6$
$= 0.03$

Lösung 2.34

B möchte ein neues Fahrrad kaufen. Er stöbert im Internet, in Prospekten, er hat schon Stunden in Geschäften verbracht und sich beraten lassen. Da er zunächst keinen speziellen Zweck verfolgt, fällt es ihm schwer herauszufinden, welcher Typ von Fahrrad denn für ihn passend ist: Ein Tourenrad, ein Treckingrad, ein Cross-Rad oder ein Rennrad. Da B zur Zeit eher unsportlich ist, sich aber mehr bewegen möchte, entscheidet er sich für ein Cross-Rad.

Damit das Fahren entspannter, mit dosiertem Kraftaufwand möglich ist und er auch bei Regen und in hügeligem Gelände sicher fährt, ohne mit den Schuhen vom Pedal abzurutschen, riet man ihm zu Klickpedalen, in die sich ein entsprechender Schuh einklicken lässt. Da er aber auch mit normaler Bekleidung Fahrrad fahren möchte, hat er sich für Pedale entschlossen, in die auf der einen Seite die entsprechenden Fahrradschuhe eingeklickt werden können, auf der anderen Seite sind sie aber flach und mit normalen Straßenschuhen benutzbar.

Nun hat B sein Fahrrad erworben. Die Gewöhnung an die Klickpedale war schwierig genug, denn er hatte zunächst Angst, die Füße nicht schnell genug wieder lösen zu können. Aber mit etwas Gewöhnung kommt er nun zurecht.

Allerdings stellt er immer wieder fest, dass bei einem Pedal, wenn er ohne hinzuschauen den Fuß darauf setzt, häufig gerade die falsche Seite nach oben zeigt: Die Pedale verharren in der Regel senkrecht und werden erst durch den Fuß in eine waagerechte Position gebracht. Welche Seite dabei nach oben gedreht wird, scheint völlig vom Zufall abzuhängen.

(a) Anteil, zu dem ein Pedal aller Erwartung nach die Seite oben haben wird, die gerade nicht zum Schuh passt: $p = 0.5$

(b) B hat sich angewöhnt, mit Schwung aufs Fahrrad zu steigen und dann im Rollen die Füße auf die Pedale zu stellen.

Anzahl der Versuche, mit denen B im Mittel rechnen muss, bis das Pedal die richtige Seite nach oben gedreht hat:

$\mu = \frac{1}{0.5} = 2$ geometrisch verteilt

(c) B hat eines sonnigen sonntags morgens die Fahrradkluft angezogen, er möchte eine größere Tour machen.

Um keinesfalls unterwegs Hunger leiden zu müssen, hat er sich vier Brote geschmiert und in Alufolie gepackt: Zwei der Brote sind mit Käse belegt, die anderen beiden mit Schinken.

Wahrscheinlichkeit, dass, wenn er zwei Aulfolie-Pakete herausnimmt, beide Brote mit Schinken belegt sind:

$N = 4$ Brote
$M = 2$ mit Schinken
$n = 2$ herausgegriffen
$k = 2$ mit Schinken
$P(k = 2) = \frac{\binom{2}{2} \cdot \binom{2}{0}}{\binom{4}{2}}$ hypergeometrisch
$= \frac{1}{6}$

(d) B trägt bei ca. 10 % seiner Fahrten spezielle Fahrradkleidung, die ihn auch vor Regen schützt.

In ca. der Hälfte der Fälle regnet es dann tatsächlich.

Wenn er aber keine Regenschutzkleidung trägt, regnet es seiner Erfahrung nach in 70 % der Fälle.

Wahrscheinlichkeit, dass es bei einer seiner Fahrradtouren regnet:

$P(\text{Regenkleidung}) = 0.1$
$P(\text{Regen}|\text{Regenkleidung}) = 0.5$
$P(\text{Regen}|\text{keine Regenkleidung}) = 0.7$

116 Wahrscheinlichkeitsverteilungen

Satz von der totalen Wahrscheinlichkeit:

$$P(\text{Regen}) = P(\text{Regen}|\text{Regenkleidung}) \cdot P(\text{Regenkleidung})$$
$$+ P(\text{Regen}|\text{keine Regenkleidung}) \cdot P(\text{keine Regenkleidung})$$
$$= 0.5 \cdot 0.1 + 0.7 \cdot 0.9$$
$$= 0.68$$

Lösung 2.35

Bislang gibt es gegen AIDS zwar einige Medikamente, die die Krankkeit zurückdrängen, indem sie das Virus mit unterschiedlichen Strategien in seiner Replikation behindern, aber es wird beständig an der Entwicklung neuer Medikamente geforscht.

Wirtszellen des Virus sind T-Helferzellen. Das Virus muss, um in diese Zellen eindringen zu können, mit seinem Protein $gp120$ an das Oberflächenprotein $CD4$ der Wirtszelle und ein weiteres Korezeptor-Protein binden. Im frühen Krankheitsstadium herrschen Virusstämme vor, die den Korezeptor $CCR5$ benutzen. Nach dem Andocken fusioniert das Virus mit der Zellmembran und schleust seine RNA in die T-Helferzelle, die daraufhin beginnt, virale Proteine und RNA herzustellen. Könnte der Vorgang des Andockens an die Wirtszelle behindert werden, so wäre das Virus nicht in der Lage, sich zu vermehren.

Ein Ansatzpunkt für neue Therapien ist daher der Vorgang des Eindringens des Virus in die Wirtszelle: Als Medikament soll ein synthetisch hergestelltes Protein fungieren, das den Korezeptor $CCR5$ blockiert, sodass HIV keine Möglichkeit hat anzukoppeln.

Zur Entwicklung eines solchen synthetischen Proteins wurde in einem biochemischen Labor ein Assay durchgeführt, bei dem 10^{12} randomisiert hergestellte Proteine in eine Lösung mit dem isolierten $CCR5$-Protein gegeben wurden. Als Ergebnis des Assay konnten 15 Proteinkomplexe isoliert werden.

Bei anschließenden Bindungsstudien musste man feststellen, dass nur 3 der 15 Proteine als $CCR5$-Antagonist zu gebrauchen waren: Die übrigen Komplexe waren instabil.

Diese drei $CCR5$-Antagonisten wurden an einen Pharmakonzern verkauft.

(a) Wahrscheinlichkeit, dass ein zufällig unter den ursprünglich 15 immobilisierten Proteinen ausgewähltes Protein an das Target $CCR5$ bindet:

$$P(\text{Bindung}) = \tfrac{3}{15} = \tfrac{1}{5}$$

(b) Hätte man auf die Bindungsstudien verzichtet:
Wahrscheinlichkeit, mit der der Käufer beim Kauf von 3 Proteinen zwei taugliche Binder an $CCR5$ erworben hätte:

$$P(2\ \text{Binder}) = \frac{\binom{3}{2} \cdot \binom{12}{1}}{\binom{15}{3}} = 0.0790$$

(c) Anzahl der Binder, die der Pharmakonzern beim Erwerb dreier der fünfzehn Proteine hätte erwarten können, wenn die ergänzende Bindungsstudie nicht durchgeführt worden wäre:

$\mu = n \cdot \frac{M}{N} = 0.6$

(d) Der Pharmakonzern führte Verträglichkeitstests an Probanden durch. Zwei der drei Proteine bestanden die Tests, allerdings litten die Probanden trotzdem unter starken Nebenwirkungen. Diese traten bei dem aus dem ersten Protein entwickelten Medikament M_1 bei 90 % der Probanden auf, bei dem aus dem zweiten Protein entwickelten Medikament M_2 bei 85 % der Probanden.

Die Herstellung von M_2 erwies sich als kompliziert, da beim gewählten Herstellungsprozess nur bei einem geringen Prozentsatz diejenige Faltung des Proteins erreicht werden konnte, die zur Bindung an das Target $CCR5$ fähig ist.

M_2 wurde seither bei entsprechender Indikation von ca. 20 % der Ärzte verschrieben, M_1 wurde von ca. 80 % der Ärzte verschrieben, da es günstiger angeboten wird.

Wahrscheinlichkeit, dass bei einem Patienten nach Gabe eines der beiden Medikamente die starken Nebenwirkungen auftreten:

$P(\text{Nebenwirkungen}) = 0.8 \cdot 0.9 + 0.2 \cdot 0.85 = 0.89$

Lösung 2.36

Die Wahrscheinlichkeit für die Zeit, die K pro Tag am Billardtisch verbringt, ist gegeben durch folgende Wahrscheinlichkeitsdichte:

$f(x) = \frac{1}{60}$ für $x \in [0, 60]$
$f(x) = 0$ sonst

Dies ist eine stetige Gleichverteilung.

(a) Erwartungswert:

$\mu = \frac{a+b}{2} = 30$

(b) Varianz:

$\sigma^2 = \frac{(b-a)^2}{12} = 300$

(c) Berechnung von Φ:

$$\begin{aligned}
\Phi &= P(|X - 20| \geq 10) \\
&= P(X - 20 \geq 10 \text{ oder } 20 - X \geq 10) \\
&= P(X \geq 30 \text{ oder } X \leq 10) \\
&= (1 - P(X \leq 30)) + P(X \leq 10) \\
&= (1 - F(30)) + F(10) \\
&= 1 - \frac{30-0}{60-0} + \frac{10-0}{60-0} \\
&= 0.\bar{6}
\end{aligned}$$

Lösung 2.37
Die Lebensdauer eines Laptops liege im Mittel bei 10 Jahren.
Exponentialverteilung mit $\lambda = 0.1$.

(a) Wahrscheinlichkeit, dass ein Laptop höchstens acht Jahre hält:
$$P(X \leq 8) = 1 - e^{-\lambda \cdot 8} = 1 - 0.449 = 0.551$$

(b) Wahrscheinlichkeit, dass ein Laptop mindestens 12 Jahre hält:
$$P(X \geq 12) = 1 - (1 - e^{-\lambda \cdot 12}) = 0.301$$

(c) Erwartungswert, Median und Varianz:
$$\mu = \tfrac{1}{\lambda} = 10$$
$$\tilde{\mu} = \tfrac{\ln 2}{\lambda} = 10 \cdot 0.693 = 6.93$$
$$\sigma^2 = \tfrac{1}{\lambda^2} = 100$$

Lösung 2.38
Das Gewicht von männlichen Kartäuserkatzen werde als normalverteilt angenommen mit Erwartungswert $\mu = 6.5$ kg und Standardabweichung $\sigma = 1$ kg.
Die Standardisierung der zugehörigen Zufallsvariable ist $X^* = \tfrac{X-6.5}{1}$.

(a) Wahrscheinlichkeit, dass eine Katze dieser Rasse höchstens 5.5 kg wiegt:
$$\begin{aligned}P(X \leq 5.5) &= \Phi\left(\tfrac{5.5-6.5}{1}\right) = \Phi(-1) \\ &= 1 - \Phi(1) = 1 - 0.8413 \\ &= 0.1587\end{aligned}$$

(b) Wahrscheinlichkeit, dass eine Katze dieser Rasse höchstens 7.5 kg wiegt:
$$P(X \leq 7.5) = \Phi(1) = 0.8413$$

(c) Wahrscheinlichkeit, dass eine Katze dieser Rasse mindestens 7.5 kg wiegt:
$$\begin{aligned}P(X \geq 7.5) &= 1 - P(X \leq 7.5) = 1 - \Phi(1) \\ &= 0.1587\end{aligned}$$

(d) Wahrscheinlichkeit, dass eine Katze dieser Rasse mindestens 5.5 kg wiegt:
$$\begin{aligned}P(X \geq 5.5) &= 1 - P(X \leq 5.5) \\ &= 1 - (1 - \Phi(1)) = 0.8413\end{aligned}$$

(e) Wahrscheinlichkeit, dass eine Katze dieser Rasse um höchstens 1 kg vom Erwartungswert abweicht:
$$\begin{aligned}P(5.5 \leq X \leq 7.5) &= \Phi\left(\tfrac{7.5-6.5}{1}\right) - \Phi\left(\tfrac{5.5-6.5}{1}\right) \\ &= \Phi(1) - \Phi(-1) \\ &= 0.8413 - (1 - 0.8413) = 0.6826\end{aligned}$$

(f) Ein Gewicht G, sodass die Wahrscheinlichkeit, dass eine Katze dieser Rasse höchstens G kg wiegt, gerade 0.98 beträgt:

$$\begin{aligned} G &= \xi_{0.98} = \mu + \sigma \cdot z_{0.98} \\ &= 6.5 + 1 \cdot 2.0538 \quad\quad = 8.5538 \end{aligned}$$

(g) Wie klein müsste σ sein, damit ein solches Gewicht G kleinergleich 7 ist?

$$\begin{aligned} G &= \mu + \sigma \cdot z_{0.98} \\ &= 6.5 + \sigma \cdot 2.0538 \quad \leq 7 \\ \sigma &\leq \tfrac{7-6.5}{2.0538} \quad\quad\quad = 0.24345 \end{aligned}$$

(h) Bestimmung von Π^*:

$$\begin{aligned} \Pi^* &= P(|X - 5| \geq 2) \\ &= P(X - 5 \geq 2 \text{ oder } 5 - X \geq 2) \\ &= P(X \geq 7 \text{ oder } X \leq 3) \\ &= (1 - P(X \leq 7)) + P(X \leq 3) \\ &= 1 - F(7) + F(3) \\ &= 1 - \Phi\left(\tfrac{7-6.5}{1}\right) + \Phi\left(\tfrac{3-6.5}{1}\right) \\ &= 1 - \Phi(0.5) + \Phi(-3.5) \\ &= 1 - \Phi(0.5) + 1 - \Phi(3.5) \\ &= 1 - 0.6915 + 1 - 0.9998 \\ &= 0.3087 \end{aligned}$$

2.9 Bezug zu weiterführenden Anwendungen

Marketingforschung:

Beispielsweise wird der Korrelationskoeffizient aus Abschnitt 2.1.4, S. 50, regelmäßig in der Marktforschung verwendet. Betrachten wir einen Wasserhersteller mit eigener Quelle. Es sei Y_M der Absatz von Mineralwasser sowie X_M die Durchschnittstemperatur im Monat $M \in \{Jan, Feb, \ldots, Dez\}$.

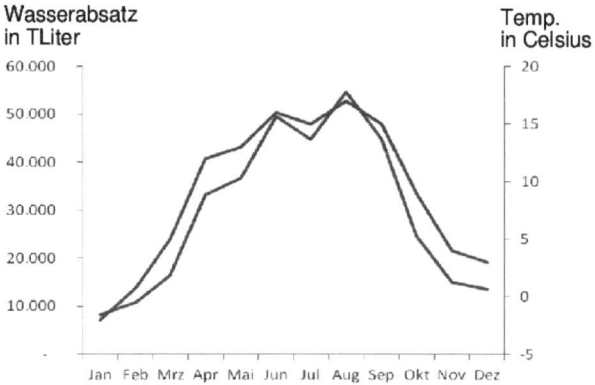

Durchschnittliche Monatstemperaturen und Wasserabsatz im Jahresverlauf: X_M ist die höhere, glattere Kurve, Y_M die untere, schmalere

Der Produzent fragt sich nun, ob die beiden Variablen Temperatur und Wasserabsatz korreliert sind und ob er diese Erkenntnis für strategische Zwecke nutzen kann. Er berechnet einen Korrelationskoeffizienten von

$$\rho(X, Y) = 0,978. \qquad (2.1)$$

Dem Getränkehersteller wird somit klar, was er vermutet hat: Der Wasserabsatz korreliert mit der durchschnittlichen Monatstemperatur. Jedoch weiß er genau, dass der Korrelationskoeffizient noch nicht als Indiz für eine kausale Ursache zwischen Temperatur und Konsum gewertet werden kann. Dazu sind weiterführende Untersuchungen notwendig. Dennoch wird er in Zukunft die Wetterprognosen noch stärker beachten und daraufhin seine Produktion planen.

Werbepsychologie:

Oft wird in der Werbung mit emotionaler Konditionierung gearbeitet. Produkte oder Marken werden durch die Verknüpfung mit stark emotional geladenen Motiven positiv aufgeladen. Die Konditionierung funktioniert je nach Anzahl der Durchgänge unterschiedlich gut. Es wird in diesem Kontext oft geprüft, wie viele Wiederholungen im Schnitt durchgeführt werden müssen, um eine nachhaltige, positive Aufladung des Produkts bzw. der Marke zu erzielen.

3 Einfache statistische Schätz- und Testverfahren

3.1 Einführung in die schließende Statistik

Stichprobenverfahren In der Praxis ist häufig kein vollständiges Wissen über eine Zufallsvariable vorhanden: Es kann sein, dass man nicht weiß, wie sie verteilt ist, oder dass zwar die prinzipielle Verteilung, nicht aber die sie bestimmenden Parameter wie etwa die Wahrscheinlichkeit einer binomial verteilten Zufallsvariable, der Erwartungswert oder die Varianz einer normalverteilten Zufallsvariable bekannt sind.

Dann werden die fehlenden Informationen aufgrund einer Stichprobe geschätzt. Anschließend stellen sich Fragen nach der Genauigkeit dieser Schätzungen und nach möglichen Schlussfolgerungen für die Grundgesamtheit. Drei Arten von Fragestellungen werden im Folgenden behandelt:

1. Das Schätzen von Parametern aus der Stichprobe.
2. Auffinden von Sicherheitsbereichen, in denen mit hoher Sicherheit ein Parameter tatsächlich liegt.
3. Tests, ob die Schätzung aus der Stichprobe eine Behauptung mit geringer Restunsicherheit *widerlegt*.

Beispiele:

1. Schätzen des Erwartungswerts μ durch den Stichprobenmittelwert $\bar{x}$.
   Schätzen des Parameters λ einer Exponentialverteilung als $\lambda \approx \frac{1}{\bar{x}}$.

2. Auffinden von Intervallen um das Stichprobenmittel $\bar{x}$, sodass man weiß, dass in solchen Intervallen der Erwartungswert μ der Zufallsvariable mit einer Sicherheit von 95 % tatsächlich liegt.

   Auffinden von Intervallen um die relative Häufigkeit r_n eines Ereignisses A, sodass man weiß, dass in solchen Intervallen die Wahrscheinlichkeit $p = p(A)$ mit einer Sicherheit von 99 % tatsächlich liegt.

3. Test, ob das Stichprobenmittel mit einer Restunsicherheit von 5 % dagegen spricht, dass der Erwartungswert der Zufallsvariable μ größer oder kleiner als eine vorgegebene Zahl ist.
   Test, ob die Häufigkeiten der möglichen Werte einer Zufallsvariable in einer Stichprobe mit einer Restunsicherheit von 1 % dagegen sprechen, dass die zugehörige Größe gleichverteilt ist.

122 Einfache statistische Schätz- und Testverfahren

Beim Ziehen einer Stichprobe ist es häufig – nach der Klärung einiger Fragen zur Durchführung – nötig, dass die Zufallsvariablen, die zu der Stichprobe gehören, unabhängig und identisch verteilt sind. In diesem Fall heißt die Stichprobe *einfach*.

Eine Größe, die aus den Daten einer Stichprobe berechnet wird, heißt eine *Statistik* (eine *Schätzfunktion* oder eine *Testfunktion*). Die Verteilung einer Statistik sollte bekannt sein, damit sie für ein statistisches Verfahren genutzt werden kann.

Beispiele:
- Die Statistik $\overline{X} = \frac{1}{n} \cdot \sum_{i=1}^{n} X_i$ ist bei hinreichend großer Stichprobe näherungsweise normal- oder t-verteilt.
- Die Statistik $S^2 = \frac{1}{n-1} \cdot \sum_{i=1}^{n} (S_i - \overline{X})^2$ ist für eine normalverteilte Zufallsvariable, deren Erwartungswert und Varianz unbekannt sind, Chi-Quadrat-verteilt.
- Die Statistik R_n der relativen Häufigkeit eines Ereignisses ist bei hinreichend großer Stichprobe näherungsweise normalverteilt.

Konkreter:

[1] Die *Parameterschätzung* (Punktschätzung):
Eine geeignete Schätzfunktion für einen Parameter sollte einige Bedingungen erfüllen:
- Sie muss von dem zu schätzenden Parameter abhängen.
- Sie sollte *erwartungstreu* (*unverzerrt*) sein:
  Der Erwartungswert des Schätzers sollt (zumindest näherungsweise) mit dem Erwartungswert der zu schätzenden Größe übereinstimmen.
- Sie sollte *konsistent* sein:
  Für größer werdende Stichprobenlänge sollte die Schätzung immer genauer werden.
- Sie sollte *effizient* sein:
  Unter den erwartungstreuen Schätzfunktionen sollte sie minimale Varianz haben.

[2] Der *Sicherheitsbereich*:
Ein Bereich, in dem mit vorgegebener (hoher) Sicherheit ein gesuchter Parameter tatsächlich liegt, wird *Vertrauensintervall* oder *Konfidenzintervall* des Parameters genannt.

Die Sicherheit, die vorgegeben wird, heißt *Vertrauensniveau* oder *Konfidenzniveau* und wird häufig mit $1 - \alpha$ bezeichnet.

Solche Vertrauensintervalle sind durch Quantile gegeben:
- $[\xi_{\frac{\alpha}{2}}, \xi_{1-\frac{\alpha}{2}}]$ zweiseitiges Konfidenzintervall
- $]-\infty, \xi_{1-\alpha}]$
- $[\xi_\alpha, \infty[$ $\Big\}$ einseitige Konfidenzintervalle

Dies sind jeweils Intervalle, in denen bei einem Zufallsexperiment der Wert einer Zufallsvariablen mit einer Sicherheit von $1 - \alpha$ angenommen wird.

[3] Der statistische *Test:*
Jeder statistische Test, den wir durchführen, läuft nach demselben Muster ab:
1. Die *Nullhypothese* wird aufgestellt:
   Es wird die Frage geklärt, ob die Behauptung H_0 mit hoher Sicherheit widerlegt werden kann.
   Die *Alternative* wird aufgestellt: H_1 drückt häufig die eigentliche Vermutung aus.
2. Das *Signifikanzniveau* α ist die Restunsicherheit bei Ablehnung der Nullhypothese.
3. Eine standardisierte Testgröße wird aus der Stichprobe berechnet. Sie wird nach der Verteilung, der sie folgt, benannt und erhält den Index ber für »berechnet«. Die Testgrößen heißen also z. B. z_{ber}, t_{ber}, χ^2_{ber}
4. Die Testgröße wird mit einem Konfidenzintervall derjenigen Verteilung verglichen, die unter Annahmen der Nullhypothese gilt.

Falls diese Testgröße außerhalb eines $(1-\alpha)$-Vertrauensintervalls liegt, kann die Nullhypothese zum gegebenen Signifikanzniveau abgelehnt werden.

Bemerkungen:
Es ist üblich, in den Schritten 3. und 4. statt der eigentlich interessierenden Größe, die aus der Stichprobe berechnet wird, eine standardisierte Testgröße zu ermitteln, um sie direkt mit standardisierten Quantilen vergleichen zu können.

Die angestrebte Argumentationslinie ist folgende:
Wenn die Nullhypothese richtig ist, überdecken zu gegebener hoher Sicherheit zugehörige Konfidenzintervalle den Wert der Teststatistik. Wenn also dieser Stichprobenwert nicht darin liegt, kann H_0 nicht korrekt sein.

Bemerkung:
Einige Statistikprogramme geben als Antwort auf eine Testanfrage einen *P-Wert* zurück: Der *P*-Wert ist das niedrigste Niveau α, zu dem die Nullhypothese noch zurückgewiesen werden kann.
Die Nullhypothese kann also zum Niveau α verworfen werden, wenn der P-Wert kleinergleich α ist.

Irrtumswahrscheinlichkeiten
Fehlentscheidungen sind auf zwei Arten möglich:

Fehler erster Art:
Es wird gegen H_0 entschieden, obwohl H_0 richtig ist.

Beispiel:
Ein zu erwartendes Endvermögen *ist* 1945000, aber die Behauptung $H_0 : \mu = 1945000$ wird verworfen.
Die Wahrscheinlichkeit, diesen Fehler zu machen, ist das Signifikanzniveau α.

Sie ist gut abschätzbar, da ja Hypothese H_0 gilt, also eine Aussage über die Verteilung der Stichprobenfunktion bekannt ist.

Fehler zweiter Art:
Es wird für H_0 entschieden, obwohl H_0 unrichtig ist.

Beispiel:
Ein zu erwartendes Endvermögen ist *nicht* 1945000, aber Behauptung

$H_0 : \mu = 1945000$ wird nicht verworfen.

Die Wahrscheinlichkeit, diesen Fehler zu machen, nennt man β (beta). Er ist schwieriger abschätzbar, weil man häufig nicht weiß, wie die betrachtete Stichprobenfunktion verteilt ist, wenn die Nullhypothese H_0 nicht gilt.

Meist ist es nicht möglich, beide Fehler klein zu halten; da die Ablehnung der Nullhypothese angestrebt ist und mit hoher Sicherheit korrekt sein soll, wird meist ein kleines Signifikanzniveau α angestrebt.

Bemerkung:
Falls die Nullhypothese nicht wie gewünscht abgelehnt werden kann, ist der Sprachgebrauch:
»Die Nullhypothese kann nicht zum Signifikanzniveau α abgelehnt werden.«
Bei dieser Vorgehensweise ist es nicht möglich, die Nullhypothese anzunehmen, denn das wird nicht überprüft.

Bemerkungen:
(1) Einige Schätzgrößen hängen von einem zusätzlichen Parameter, der »Zahl der Freiheitsgrade« ab. Diese entspricht der Differenz aus der Zahl zunächst frei wählbarer Einzelinformationen und der Zahl der geschätzten Parameter.

Ist zum Beispiel eine unabhängige Stichprobe der Länge n gegeben, so hat dieser Satz von Werten zunächst n Freiheitsgrade: Alle n Werte sind frei wählbar.

Wird aus der Stichprobe der Mittelwert berechnet, dann stellt das eine Bedingung an die Stichprobe:

Die Summe aller Stichprobenwerte beläuft sich auf das n-fache dieses Mittelwerts $\bar{x}$, sodass etwa der letzte Stichprobenwert erfüllen muss:
$x_n = n \cdot \bar{x} - \sum_{i=1}^{n-1} x_i$
Nur noch $n-1$ Werte sind frei wählbar, die Zahl der Freiheitsgrade ist auf $n-1$ reduziert.

(2) Jede Konfidenzintervallberechnung, jeder Test ist an Voraussetzungen gebunden. Diese *müssen* überprüft werden.

Wenn Sie ein Statistik-Programm benutzen, sollten Sie in jedem Einzelfall feststellen, ob die Voreinstellungen zu Ihrer Aufgabe passen.

3.2 Erwartungswert bei bekannter und unbekannter Varianz

3.2.1 Schätzung des Erwartungswerts

|1| *Punktschätzung* des Erwartungswerts:

Gegeben:
Eine Stichprobe $(x_1, x_2, \ldots, x_n)$ der Länge n.
Voraussetzungen:
Die Stichprobe ist *einfach*, das heißt unabhängig und identisch verteilt.
Gesucht:
Der Erwartungswert μ der Größe.

Punktschätzung:
Der Erwartungswert wird durch den Mittelwert der Stichprobe geschätzt:
$\mu \approx \overline{X} = \frac{1}{n} \cdot \sum_{i=1}^{n} X_i$

Beispiel:
(Investitionsrechnung) (vgl. Aufgabe 2.3, S. 90)

> Das mittlere Endvermögen lag bei bei einer Stichprobe der Länge 100 bei $\bar{x} = 1956515.22$ Euro.
>
> *Im Unterschied zum letzten Mal nehmen wir nun an, dass wir die Wahrscheinlichkeiten, mit denen jährliche Kosten auftreten, nicht kennen, sondern schätzen müssen.*

Eine Unternehmung hat die Möglichkeit, folgende Investition zu tätigen:
Zunächst wäre es nötig, 1000000 Euro für den Erwerb eines Gebäudes aufzubringen. Das Gebäude würde im Laufe der folgenden zehn Jahre gleichbleibende Mieteinnahmen erbringen:

– Die jährlichen Einnahmen lägen bei 183000.
– Bei 20 Gebäuden ähnlicher Art und Größe lagen die jährlichen Kosten bei 12200 Euro.
– Bei 80 Gebäuden ähnlicher Art und Größe lagen die jährlichen Kosten bei 22000 Euro.

Vermögenswerte können zu einem Zinssatz von 4 % zinsbringend angelegt werden.
Schätzen Sie das zu erwartende Endvermögen.

Lösung:
Die Häufigkeitsverteilung der Endvermögen X ist (vgl. Lösung 2.3, S.101):

Endvermögen	Anteil
1932983.25	0.8
2050643.10	0.2

Daraus ergibt sich als Schätzung des zu erwartenden Endvermögens
$\mu \approx \bar{x} = 1932983.25 \cdot 0.8 + 2050643.10 \cdot 0.2 = 1956515.22$

3.2.2 Vertrauensintervall und Test bei bekannter Varianz

Voraussetzungen:
Die Grundgesamtheit sei normalverteilt oder die Stichprobenlänge $n \geq 30$.

$\boxed{2}$ *Konfidenzintervall bei bekannter Varianz:*

Gegeben:
Eine einfache Stichprobe $(x_1, x_2, \ldots, x_n)$ der Länge n
Der Mittelwert $\bar{x}$ der Stichprobe
Die Varianz $\sigma_0^2 = \sigma_X^2$ der Grundgesamtheit

Gesucht:
(Asymptotische) Konfidenzintervalle für μ zum Konfidenzniveau $1 - \alpha$ mit $0 < \alpha \leq 0.5$

Intervallschätzung:
Zweiseitiges $(1 - \alpha)$-Konfidenzintervall:
$[\bar{x} - z_{1-\frac{\alpha}{2}} \cdot \frac{\sigma_0}{\sqrt{n}}, \ \bar{x} + z_{1-\frac{\alpha}{2}} \cdot \frac{\sigma_0}{\sqrt{n}}]$
Einseitige $(1 - \alpha)$-Konfidenzintervalle:
$[\bar{x} - z_{1-\alpha} \cdot \frac{\sigma_0}{\sqrt{n}}, \ \infty[$
$]-\infty, \bar{x} + z_{1-\alpha} \cdot \frac{\sigma_0}{\sqrt{n}}]$

Begründung:
Der Mittelwert ist näherungsweise normalverteilt (vgl. 2.5.3, S. 76).
Die Quantile des Mittelwerts sind mit den Quantilen z_q der Standardnormalverteilung durch die Formel der Standardisierung verbunden:
$z_q = \frac{(\text{Quantil des Mittelwerts})_q - \mu_{\overline{X}}}{\sigma_{\overline{X}}}$
Die Quantile der Standardnormalverteilung sind in tabellierter Form verfügbar (s. Anhang): Es ist jeweils eine Spalte mit $1 - \alpha$ überschrieben, in der die gewählte Wahrscheinlichkeit zu finden ist; in der nebenliegenden Spalte ist das entsprechende z-Quantil angegeben, in der Tabelle $z_{1-\alpha}$ genannt.

Für das zweiseitige Konfidenzintervall:
Somit nimmt der Mittelwert $\bar{X}$ mit einer Wahrscheinlichkeit von $1-\alpha$ einen Wert zwischen dem

(Quantil des Mittelwerts)$_{\frac{\alpha}{2}}$ $= \mu_{\overline{X}} + z_{\frac{\alpha}{2}} \cdot \sigma_{\overline{X}}$

und dem

(Quantil des Mittelwerts)$_{1-\frac{\alpha}{2}}$ $= \mu_{\overline{X}} + z_{1-\frac{\alpha}{2}} \cdot \sigma_{\overline{X}}$

an. Der Erwartungswert des Mittelwerts ist $\mu_{\overline{X}} = \mu_X$ (s. Kapitel 2, S. 76). Die Varianz des Mittelwerts $\sigma_{\overline{X}}^2$ ist gerade das $\frac{1}{n}$-fache der Varianz der Zufallsvariable X, sodass für die Standardabweichung gilt: $\sigma_{\overline{X}} = \frac{1}{\sqrt{n}} \cdot \sigma_0$ (s. Kapitel 2, S. 76).

$\mu_X + z_{\frac{\alpha}{2}} \cdot \frac{\sigma_0}{\sqrt{n}} \leq \bar{x} \leq \mu_X + z_{1-\frac{\alpha}{2}} \cdot \frac{\sigma_0}{\sqrt{n}}$ gilt also mit einer Sicherheit von $1 - \alpha$.

Da $z_{\frac{\alpha}{2}} = -z_{1-\frac{\alpha}{2}}$ ist, ergibt Auflösen nach μ_X:

$\bar{x} - z_{1-\frac{\alpha}{2}} \cdot \frac{\sigma_0}{\sqrt{n}} \leq \mu_X \leq \bar{x} + z_{1-\frac{\alpha}{2}} \cdot \frac{\sigma_0}{\sqrt{n}}$ gilt mit einer Sicherheit von $1 - \alpha$.

Für die einseitigen Konfidenzintervalle:
Mit einer Sicherheit von $1 - \alpha$ ist eine Realisierung des Mittelwerts kleinergleich

(Quantil des Mittelwerts)$_{1-\alpha} = \mu_X + z_{1-\alpha} \cdot \sigma_{\overline{X}}$, also der Erwartungswert $\mu_X \geq \bar{x} - z_{1-\alpha} \cdot \sigma_{\overline{X}} = \bar{x} - z_{1-\alpha} \cdot \frac{\sigma_0}{\sqrt{n}}$.

Mit einer Sicherheit von $1 - \alpha$ ist eine Realisierung des Mittelwerts größergleich

(Quantil des Mittelwerts)$_\alpha = \mu_X + z_\alpha \cdot \sigma_{\overline{X}}$, also der Erwartungswert $\mu_X \leq \bar{x} - z_\alpha \cdot \sigma_{\overline{X}} = \bar{x} + z_{1-\alpha} \cdot \sigma_{\overline{X}} = \bar{x} + z_{1-\alpha} \cdot \frac{\sigma_0}{\sqrt{n}}$ wegen der Symmetrie der Normalverteilung.

Am Beispiel:

Investitionsrechnung: (vgl. Aufgabe 2.3, S. 90)

Das mittlere Endvermögen lag bei bei einer Stichprobe der Länge 100 bei $\bar{x} = 1956515.22$ Euro.

Angenommen, es sei bekannt, dass die Standardabweichung der Endvermögen $\sigma_0 = 47301.04$ beträgt.

Bestimmen Sie ein zweiseitiges 95 %-Konfidenzintervall für das im Mittel zu erwartende Endvermögen.

Lösung:

Der Mittelwert ist näherungsweise normalverteilt, da die Stichprobenlänge n größergleich 30 ist und die Varianz von X bekannt ist (s. S. 126).

Die Varianz des Mittelwerts ist $\sigma_{\bar{X}}^2 = \frac{1}{n}\sigma_0^2 = 4730.104^2$ (s. 2.5.3, s. 76).
Die Standardabweichung des Mittelwerts ist $\sigma_{\bar{X}} = \frac{1}{\sqrt{n}}\sigma_0 = 4730.104$.
Für ein zweiseitiges 95 %-Konfidenzintervall werden das 0.025-Quantil und das 0.975-Quantil der Standardnormalerteilung benötigt (s. S. 126):

$z_{0.025} = -1.95996$

$z_{0.975} = 1.95996$

Untere Grenze eines 95 %-Konfidenzintervalls für den Erwartungswert ist

$\bar{x} + z_{0.025} \cdot \frac{\sigma_0}{\sqrt{n}} = 1956515.22 - 1.95996 \cdot 4730.104 = 1947244.41$

Obere Grenze eines 95 %-Konfidenzintervalls für den Erwartungswert ist

$\bar{x} + z_{0.975} \cdot \frac{\sigma_0}{\sqrt{n}} = 1956515.22 + 1.95996 \cdot 4730.104 = 1965786.04$

Ein zweiseitiges 95 %-Konfidenzintervall für das zu erwartende Endvermögen ist
[1947244.41, 1965786.04]

[3] *Test zur Lage eines Erwartungswerts bei bekannter Varianz:*

Gegeben:

Eine einfache Stichprobe $(x_1, x_2, \ldots, x_n)$ der Länge n

Der Mittelwert $\bar{x}$ der Stichprobe

Die Varianz σ_0 der Grundgesamtheit

Gesucht:

Entscheidung, ob eine Behauptung zum Erwartungswert aufgrund der Stichprobe mit einer vorgegebenen Restunsicherheit von α ($0 < \alpha \leq 0.5$) widerlegt werden kann.

Testdurchführung:
1. Nullhypothese und Alternative werden aufgestellt:
   a) $H_0 : \mu = \mu_0$, $H_1 : \mu \neq \mu_0$ oder
   b) $H_0 : \mu \leq \mu_0$, $H_1 : \mu > \mu_0$ oder
   c) $H_0 : \mu \geq \mu_0$, $H_1 : \mu < \mu_0$.
2. Das Signifikanzniveau α wird festgelegt.
3. Die zu berechnende standardisierte Testgröße ist $z_{\text{ber}} = \frac{\bar{x}-\mu_0}{\sigma_0} \cdot \sqrt{n}$
4. H_0 wird zum Signifikanzniveau α abgelehnt, falls für z_{ber} gilt:

   Fall a): $|z_{\text{ber}}| > z_{1-\frac{\alpha}{2}}$

   Fall b): $z_{\text{ber}} > z_{1-\alpha}$

   Fall c): $z_{\text{ber}} < -z_{1-\alpha}$

Begründung:

Da die Standardabweichung des Mittelwerts $\sigma_{\bar{X}} = \frac{\sigma_0}{\sqrt{n}}$ ist, ist die Testgröße Z_{ber} näherungsweise normalverteilt mit Varianz = 1. Falls die Nullhypothese gilt, ist in Fall a) der Erwartungswert $z_{\text{ber}} = 0$, in Fall b) ist der Erwartungswert von z_{ber} negativ, in Fall c) ist er positiv.

Wenn z_{ber} die passende Bedingung aus 4. erfüllt, liegt diese Testgröße also außerhalb eines $(1-\alpha)$-Vertrauensintervalls: Der aus der Stichprobe berechnete Wert spricht mit einer Restunsicherheit von α dagegen, dass die zugehörige Nullhypothese gilt.

Am Beispiel:

Investitionsrechnung (vgl. Aufgabe 2.3, S. 90)

Das mittlere Endvermögen lag bei bei einer Stichprobe der Länge 100 bei $\bar{x} = 1956515.22$ Euro.

Angenommen, es sei bekannt, dass die Standardabweichung der Endvermögen $\sigma_0 = 47301.04$ beträgt.

Testen Sie, ob Sie die Behauptung, das zu erwartende Endvermögen liege bei 1945000 Euro, zum Signifikanzniveau 0.05 ablehnen können.

Lösung:

1. $H_0: \mu = 1945000.00$
   $H_1: \mu \neq 1945000.00$
2. $\alpha = 0.05$
3. $z_{\text{ber}} = \frac{\bar{x}-1945000.00}{\sigma_0} \cdot \sqrt{n} = \frac{1956515.22-1945000.00}{47301.04} \cdot \sqrt{100}$
   $= 2.4344539$
4. $z_{0.975} = 1.95996$

Da der Betrag der Testgröße größer als das 0.95-Quantil der Standardnormalverteilung ist: $|2.4344539| > 1.95996$, kann die Nullhypothese zum Signifikanzniveau 0.05 abgelehnt werden.

Bemerkung:
Die Nullhypothese kann zum Signifikanzniveau 0.05 abgelehnt werden, da der Mittelwert $\bar{x} = 1956515.22$ nicht in dem Konfidenzintervall

$[1945000 - 1.95996 \cdot \frac{47301.04}{\sqrt{100}}, 1945000 + 1.95996 \cdot \frac{47301.04}{\sqrt{100}}] = [1935729.19, 1954270.82]$

liegt, das sich ergäbe, wenn H_0 gälte.

Dass die Nullhypothese zum Signifikanzniveau 0.05 abgelehnt werden kann, ist auch gleichbedeutend damit, dass die Vergleichszahl 1945000.00 nicht in dem aus der Stichprobe berechneten 95%-Vertrauensintervall des Erwartungswerts $\mu_{\bar{X}}$ liegt.

3.2.3 Vertrauensintervall und Test bei unbekannter Varianz

Voraussetzungen:
Die Grundgesamtheit sei normalverteilt oder die Stichprobenlänge $n \geq 30$.

$\boxed{2}$ *Konfidenzintervall bei unbekannter Varianz:*
Gegeben:
Eine einfache Stichprobe $(x_1, x_2, \ldots, x_n)$ der Länge n
Der Mittelwert $\bar{x}$ der Stichprobe
Die Varianz s^2 oder Standardabweichung s der Stichprobe
Gesucht:
(Asymptotische) Konfidenzintervalle für μ zum Konfidenzniveau $1-\alpha$ mit $0 < \alpha \leq 0.5$

Intervallschätzung:
Zweiseitiges $(1-\alpha)$-Konfidenzintervall:

$$[\bar{x} - t_{n-1;1-\frac{\alpha}{2}} \cdot \frac{s}{\sqrt{n}}, \ \bar{x} + t_{n-1;1-\frac{\alpha}{2}} \cdot \frac{s}{\sqrt{n}}]$$

Die Quantile der t-Verteilung sind in tabellierter Form verfügbar (s. Anhang): Die Zahl der Freiheitsgrade entspricht dem Zeilenindex, die Wahrscheinlichkeit ist in der Tabelle $1-\alpha$ genannt und ist in der Spaltenüberschrift angegeben.

Einseitige $(1-\alpha)$-Konfidenzintervalle:

$$[\bar{x} - t_{n-1;1-\alpha} \cdot \frac{s}{\sqrt{n}}, \ \infty[$$
$$]-\infty, \bar{x} + t_{n-1;1-\alpha} \cdot \frac{s}{\sqrt{n}}]$$

Begründung:
Der Mittelwert ist näherungsweise t-verteilt mit $n-1$ Freiheitsgraden.
Der Erwartungswert des Mittelwerts ist $\mu_{\bar{X}} = \mu_X$.
Die Varianz des Mittelwerts ist $\sigma^2_{\bar{X}} = \frac{1}{n}\sigma_0^2$ (s. 2.5.3, S. 76), sie wird geschätzt über die Stichprobenvarianz:

$$\sigma^2_{\bar{X}} \approx \frac{1}{n} \cdot s^2_X$$
$$\sigma_{\bar{X}} \approx \frac{s_X}{\sqrt{n}}$$

Da auch die t-Verteilung symmetrisch um den Nullpunkt ist, gilt analog dem Fall bekannter Varianz (s. 3.2.2, S. 126) mit einer Sicherheit von $1-\alpha$:

$$\bar{x} + t_{n-1;1-\frac{\alpha}{2}} \cdot \frac{s}{\sqrt{n}} \leq \mu_X \leq \bar{x} + t_{n-1;1-\frac{\alpha}{2}} \cdot \frac{s}{\sqrt{n}} \quad \text{beziehungsweise}$$
$$\mu_X \geq \bar{x} - t_{n-1;1-\alpha} \cdot \frac{s}{\sqrt{n}} \quad \text{beziehungsweise}$$
$$\mu_X \leq \bar{x} + t_{n-1;1-\alpha} \cdot \frac{s}{\sqrt{n}}$$

Bemerkung:
Für $n > 30$ ist $t_{n;1-\alpha} \approx z_{1-\alpha}$, sodass anstelle der Quantile der t-Verteilung näherungsweise auch diejenigen der Standardnormalverteilung genutzt werden können.

Am Beispiel:
Investitionsrechnung (vgl. Aufgabe 2.3, S. 90):
Das mittlere Endvermögen lag bei bei einer Stichprobe der Länge 100 bei $\bar{x} = 1956515.22$ Euro.
Bestimmen Sie ohne Kenntnis der Standardabweichung σ_0 der Endvermögen ein zweiseitiges 95%-Konfidenzintervall für das im Mittel zu erwartende Endvermögen.

Lösung:
Der Mittelwert ist näherungsweise t-verteilt, da die Stichprobenlänge n größergleich 30 ist und die Varianz von X unbekannt ist.
Die Varianz des Mittelwerts ist $\sigma_{\bar{X}}^2 = \frac{1}{n}\sigma_0^2$ (s. 2.5.3, S. 76), sie wird geschätzt über die Stichprobenvarianz:

$$\sigma_{\bar{X}}^2 \approx \frac{1}{n} \cdot s_X^2$$
$$= \frac{1}{100} \cdot \frac{1}{99} \cdot \left(80 \cdot (1932983.25 - 1956515.22)^2 + 20 \cdot (2050643.10 - 1956515.22)^2\right)$$
$$= 22373883.3164$$
$$\sigma_{\bar{X}} \approx \frac{s_X}{\sqrt{n}} = 4730.104$$

Für ein zweiseitiges 95%-Konfidenzintervall werden das 0.025-Quantil und das 0.975-Quantil der t-Verteilung mit 99 Freiheitsgraden benötigt:
$$t_{99;0.025} = -1.984$$
$$t_{99;0.975} = 1.984$$

Untere Grenze eine 95%-Konfidenzintervalls für den Erwartungswert ist
$$\bar{x} + t_{99;0.025} \cdot \frac{s_X}{\sqrt{n}} = 1956515.22 - 1.984 \cdot 4730.104 = 1947130.69$$

Obere Grenze eine 95%-Konfidenzintervalls für den Erwartungswert ist
$$\bar{x} + t_{99;0.975} \cdot \frac{s_X}{\sqrt{n}} = 1956515.22 + 1.984 \cdot 4730.104 = 1965899.75$$

Ein zweiseitiges 95%-Konfidenzintervall für das zu erwartende Endvermögen ist
[1947130.69, 1965899.75]

3 *Test zur Lage eines Erwartungswerts bei unbekannter Varianz:*
Gegeben:
Eine einfache Stichprobe $(x_1, x_2, \ldots, x_n)$ der Länge n
Der Mittelwert $\bar{x}$ der Stichprobe
Die Varianz s^2 oder die Standardabweichung s der Stichprobe
Gesucht:
Entscheidung, ob eine Behauptung zum Erwartungswert aufgrund der Stichprobe mit einer vorgegebenen Restunsicherheit von α ($0 < \alpha \leq 0.5$) widerlegt werden kann.

Testdurchführung:
1. Nullhypothese und Alternative werden aufgestellt:

   a) $H_0 : \mu = \mu_0$, $H_1 : \mu \neq \mu_0$ oder
   b) $H_0 : \mu \leq \mu_0$, $H_1 : \mu > \mu_0$ oder
   c) $H_0 : \mu \geq \mu_0$, $H_1 : \mu < \mu_0$.

2. Das Signifikanzniveau α wird festgelegt.
3. Die Testgröße ist $t_{\text{ber}} = \frac{\bar{x} - \mu_0}{s} \cdot \sqrt{n}$
4. H_0 wird zum Signifikanzniveau α abgelehnt, falls für t_{ber} gilt:

   Fall a): $|t_{\text{ber}}| > t_{n-1; 1-\frac{\alpha}{2}}$
   Fall b): $t_{\text{ber}} > t_{n-1; 1-\alpha}$
   Fall c): $t_{\text{ber}} < -t_{n-1; 1-\alpha}$

Begründung:
Die Standardabweichung des Mittelwerts $\sigma_{\overline{X}} = \frac{\sigma_0}{\sqrt{n}}$ wird geschätzt über die Stichprobenstandardabweichung $\frac{s}{\sqrt{n}}$; damit ist die Testgröße T_{ber} näherungsweise t-verteilt mit Varianz $= 1$. Falls die Nullhypothese gilt, ist in Fall a) der Erwartungswert $= 0$, in Fall b) ist der Erwartungswert von T_{ber} negativ, in Fall c) ist er positiv.

Wenn t_{ber} die passende Bedingung aus 4. erfüllt, liegt diese Testgröße also außerhalb eines $(1 - \alpha)$-Vertrauensintervalls: Der aus der Stichprobe berechnete Wert spricht mit einer Restunsicherheit von α dagegen, dass die zugehörige Nullhypothese gilt.

Bemerkung:
Die Quantile der t-Verteilungen zu Wahrscheinlichkeiten > 0.5 sind größer als die der Standardnormalverteilung. Daher sind Konfidenzintervalle von t-Verteilungen weiter als die der Standardnormalverteilung: Da man über die Varianz σ_0^2 der Zufallsvariablen im Ungewissen ist, muss man ein weiteres Intervall in Kauf nehmen, um dieselbe Sicherheit zu bekommen. Tests sind schwieriger erfolgreich durchzuführen.

Grobe Skizze:

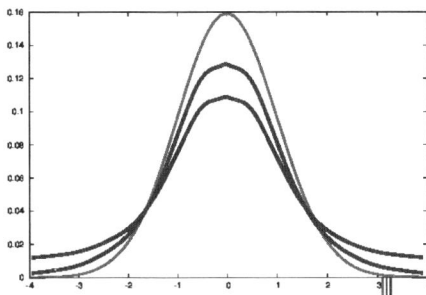

Höchster, schmaler Graph: Normalverteilung
Mittlerer Graph: t-Verteilung zu 200 Freiheitsgraden
Niedrigster, weiter Graph: t-Verteilung zu 100 Freiheitsgraden

Eingezeichet ist außerdem jeweils das 0.999-Quantil:
Das innerste dieser Quantile gehört zur Normalverteilung

Beispiel:
Investitionsrechnung (vgl. Aufgabe 2.3, S. 90)
Das mittlere Endvermögen lag bei bei einer Stichprobe der Länge 100 bei $\bar{x} = 1956515.22$ Euro.
Testen Sie ohne Kenntnis der Standardabweichung σ_0, ob Sie die Behauptung, das zu erwartende Endvermögen liege bei 1945000 Euro, zum Signifikanzniveau 0.05 ablehnen können.

Lösung:

1. $H_0: \mu = 1945000.00$
   $H_1: \mu \neq 1945000.00$
2. $\alpha = 0.05$
3. $t_{\text{ber}} = \frac{\bar{x} - 1945000.00}{s} \cdot \sqrt{n} = \frac{1956515.22 - 1945000.00}{47301.04} \cdot \sqrt{100}$
   $= 2.4344539$ ist.
4. $t_{99;0.975} = 1.984$

Da der Betrag der Testgröße größer als das 0.95-Quantil der t-Verteilung mit 99 Freiheitsgraden ist: $|2.4344539| > 1.984$, kann die Nullhypothese zum Signifikanzniveau 0.05 abgelehnt werden.

Bemerkung:
Auch hier ist die Tatsache, dass die Nullhypothese zum Signifikanznveau 0.05 abgelehnt werden kann, gleichbedeutend damit, dass
- einerseits der Mittelwert nicht in dem Konfidenzintervall liegt, das sich ergäbe, wenn H_0 gälte;
- andererseits die Vergleichszahl 1 945 000.00 nicht im 95 %-Vertrauensintervall des Erwartungswerts $\mu_{\overline{X}}$ liegt.

3.2.4 Vergleich zweier Erwartungswerte

Seien X und Y zwei Zufallsvariablen.

Voraussetzungen:
Die Grundgesamtheit sei normalverteilt oder die Stichprobenlänge $n \geq 30$.

Stichproben von X und Y heißen *verbunden*, falls Realisierungen *beider* Zufallsvariablen an *denselben* Individuen gemessen werden.

Bei verbundenen Stichproben, unbekannter Varianz $\sigma_d = \sigma_X - \sigma_Y$ der Differenzdaten

Bei einer verbundenen Stichprobe kann für Aussagen über die Differenz der Erwartungswerte einfach die Stichprobe der Differenzen benutzt werden: Man verwendet den Mittelwert der Differenzen als Schätzung des Erwartungswerts μ_d der Differenz und die Stichprobenvarianz s_d^2 der Differenzen zur Schätzung der Differenz-Varianz beider Größen.

[2] *Konfidenzintervall der Differenz der Erwartungswerte bei unbekannter Varianz:*

Gegeben:
Eine verbundene Stichprobe $((x_1, y_1), \ldots, (x_n, y_n))$ der Länge n
Der Mittelwert d der Differenzen
Die Stichprobenvarianz s_d^2 oder -standardabweichung s_d der Differenzen
Gesucht:
(Asymptotische) Konfidenzintervalle für μ_d zum Konfidenzniveau $1 - \alpha$ mit $0 < \alpha \leq 0.5$

Intervallschätzung:
Zweiseitiges $(1 - \alpha)$-Konfidenzintervall:
$[d - t_{n-1;1-\frac{\alpha}{2}} \cdot \frac{s_d}{\sqrt{n}}, \; d + t_{n-1;1-\frac{\alpha}{2}} \cdot \frac{s_d}{\sqrt{n}}]$
Einseitige $(1 - \alpha)$-Konfidenzintervalle:
$[d - t_{n-1;1-\alpha} \cdot \frac{s_d}{\sqrt{n}}, \; \infty[$
$]-\infty, d + t_{n-1;1-\alpha} \cdot \frac{s_d}{\sqrt{n}}]$

Erwartungswert bei bekannter und unbekannter Varianz

3 *Test zur Lage der Differenz der Erwartungswerte bei unbekannter Varianz:*
Gegeben:
Eine verbundene Stichprobe $((x_1, y_1), \ldots, (x_n, y_n))$ der Länge n
Der Mittelwert d der Differenzen
Die Stichprobenvarianz s_d^2 oder -standardabweichung s_d der Differenzen
Gesucht:
Entscheidung, ob eine Behauptung zum Erwartungswert der Differenz aufgrund der Stichprobe mit einer vorgegebenen Restunsicherheit von α ($0 < \alpha \leq 0.5$) widerlegt werden kann.

Testdurchführung:
1. Nullhypothese und Alternative werden aufgestellt:

   a) $H_0 : \mu_d = \mu_0,\quad H_1 : \mu_d \neq \mu_0$ oder
   b) $H_0 : \mu_d \leq \mu_0,\quad H_1 : \mu_d > \mu_0$ oder
   c) $H_0 : \mu_d \geq \mu_0,\quad H_1 : \mu_d < \mu_0$.

2. Das Signifikanzniveau α wird festgelegt.
3. Die Testgröße ist $t_{\text{ber}} = \frac{d - \mu_0}{s} \cdot \sqrt{n}$
4. H_0 wird zum Signifikanzniveau α abgelehnt, falls für t_{ber} gilt:

   Fall a): $|t_{\text{ber}}| > t_{n-1; 1-\frac{\alpha}{2}}$
   Fall b): $t_{\text{ber}} > t_{n-1; 1-\alpha}$
   Fall c): $t_{\text{ber}} < -t_{n-1; 1-\alpha}$

Ausflug: Situation bei nicht verbundenen Stichproben der Längen n_1 und n_2

Im Fall nicht verbundener Stichproben sind die zu berechnenden Größen deutlich komplizierter. An dieser Stelle soll nur kurz darauf verwiesen werden.

Bei bekannten Varianzen
An die Stelle der t-Quantile treten die z-Quantile der Standardnormalverteilung, an die Stelle von $\frac{s_d}{\sqrt{n}}$ tritt die Varianz von $X - Y$.

Rechnung liefert: $\text{Var}(X - Y) = \frac{\sigma_X^2}{n_1} + \frac{\sigma_Y^2}{n_2}$

Bei unbekannten, gleichen Varianzen
Zu benutzen sind die Quantile der t-Verteilung mit $n_1 + n_2 - 2$ Freiheitsgraden. Aus den Stichprobenvarianzen $s_X{}^2$ und $s_Y{}^2$ wird die Standardabweichung berechnet:

$$s_d = \sqrt{\frac{(n_1 + n_2) \cdot ((n_1 - 1) \cdot s_X{}^2 + (n_2 - 1) \cdot s_Y{}^2)}{n_1 \cdot n_2 \cdot (n_1 + n_2 - 2)}}$$

Bei unbekannten, ungleichen Varianzen
Es sind wieder die Quantile der t-Verteilung gefragt.
Die Zahl der Freiheitsgrade berechnet sich zu

$$f = \frac{\left(\frac{s_X^2}{n_1} + \frac{s_Y^2}{n_2}\right)^2}{\frac{1}{n_1-1}\left(\frac{s_X^2}{n_1}\right)^2 + \frac{1}{n_2-1}\left(\frac{s_Y^2}{n_2}\right)^2}$$

Die Stichprobenvarianzen s_X^2 und s_Y^2 liefern die Größe

$$\sqrt{\frac{s_X^2}{n_1} + \frac{s_Y^2}{n_2}}$$

3.2.5 Ausflug: Vergleich mehrerer Erwartungswerte

Einfache Varianzanalyse

Für die Beantwortung der Frage, ob die Erwartungswerte mehrerer Grundgesamtheiten alle gleich sind oder ob es Unterschiede gibt, ist ein Modell erforderlich, das zwischen den Effekten, die die Grundgesamtheiten voneinander unterscheiden und den Abweichungen innerhalb jeder Grundgesamtheit unterscheidet.

Diese Varianzanalyse ist ein sehr komplexes Thema und geht über diese Einführung hinaus. Hier soll nur ein kurzer Einblick in dies für die Praxis wichtige Thema gegeben werden.

Es seien n Daten erhoben, die aus m Grundgesamtheiten stammen; die Daten zur j-ten Grundgesamtheit werden bezeichnet mit x_{ij}.

Das zugrundeliegende Modell nimmt an, dass die Daten vom Erwartungswert aufgrund von Unterschieden zwischen den Grundgesamtheiten und Schwankungen innerhalb der Grundgesamtheiten abweichen und drückt sich mathematisch wie folgt aus:

$$x_{ij} = \mu + \underbrace{(\mu_j - \mu)}_{\text{Effekt der Zugehörigkeit zur Grundgesamtheit}} + \underbrace{(x_{ij} - \mu_j)}_{\text{Abweichungen innerhalb der Grundgesamtheit}}$$

Es soll der Einfluss des Faktors »Zugehörigkeit zur Grundgesamtheit« (unabhängige Variable) auf die gemessene abhängige Variable, die sich in den Daten ausdrückt, untersucht werden.

Die Nullhypothese lautet, dass die Erwartungswerte all dieser Grundgesamtheiten gleich sind und Unterschiede zwischen den Messwerten der Grundgesamtheiten durch Zufall entstanden sind. Die Alternative ist also, dass es Unterschiede zwischen den Erwartungswerten dieser Grundgesamtheiten gibt, die nicht zufallsbedingt sind.
Falls die Nullhypothese aufgrund von Daten zu einem gewählten Signifikanzniveau abgelehnt werden kann, bleibt noch zu klären, welche der Erwartungswerte dieser Grundgesamtheiten sich signifikant unterscheiden. Die Beantwortung dieser Frage wäre durch einen multiplen Mittelwertvergleich zu lösen, wird aber hier nicht behandelt.

Falls die Nullhypothese gilt, sind die Effekte der Zugehörigkeit zu den Grundgesamtheiten nicht groß, verglichen mit den Abweichungen innerhalb der Grundgesamtheiten.

Der Test baut auf diesem Ansatz auf:

Es werden die mittleren Abweichungen zwischen und innerhalb der Grundgesamtheiten berechnet:

$$q_{zw} = \sum_j n_j \cdot (\bar{x}_j - \bar{x})^2$$
$$q_{in} = \sum_j \sum_i (x_{ij} - \bar{x}_j)^2$$

Die Testgröße setzt diese beiden Zahlen ins Verhältnis und berücksichtigt dabei Anzahlen von Freiheitsgraden:

$$f_{\text{ber}} = \frac{q_{zw}/(m-1)}{q_{in}/(n-m)}$$

Diese Testgröße ist F-verteilt. Die F-Verteilung verfügt über zwei Freiheitsgrade; diese sind hier $f_1 = m - 1$, $f_2 = n - m$.

Die Nullhypothese kann zu einem Signifikanzniveau α abgelehnt werden, wenn die Testgröße größer als das $(1 - \alpha)$-Quantil der zugehörigen F-Verteilung ist: Dann dominiert die mittlere Abweichung q_{zw} zwischen den Grundgesamtheiten gegenüber der mittleren Abweichung q_{in} innerhalb der Grundgesamtheiten.

> [3] *Test auf Gleichheit der Erwartungswerte:*
> *Gegeben:*
> Eine Stichprobe x_{ij} der Länge n von Daten aus m Grundgesamtheiten
> Die Zufallsvariablen $X_1, \ldots, X_m$ seien unabhängig.
> Die Zufallsvariablen $X_1, \ldots, X_m$ seien normalverteilt.
> Es sei bekannt, dass alle beteiligten Zufallsvariablen $X_1, \ldots, X_m$ dieselbe (unbekannte) Varianz besitzen.

Voraussetzungen:
Jede der Grundgesamtheiten ist normalverteilt.
Die Varianzen der Grundgesamtheiten sind gleich.
Die Zufallsvariablen sind unabhängig.

Gesucht:
Entscheidung, ob die Behauptung, die Erwartungswerte $\mu_{X_1},\ldots,\mu_{X_m}$ seien gleich, aufgrund der Stichprobe mit einer vorgegebenen Restunsicherheit von α ($0 < \alpha \leq 0.5$) widerlegt werden kann.

Testdurchführung:
Zunächst muss mittels Vorprüfungen festgestellt werden, ob alle Voraussetzungen erfüllt sind:

(a) Test auf Normalität
(b) Test auf Gleichheit der Varianzen
(c) Test auf Unabhängigkeit

Test auf Gleichheit der Erwartungswerte:

1. $H_0:\quad \mu_1 = \cdots = \mu_m$
   $H_1:\quad$ Das ist nicht der Fall.
2. Festlegung des Signifikanzniveaus α
3. Die Testgröße ist $f_{\text{ber}} = \frac{q_{zw}/(m-1)}{q_{in}/(n-m)}$
4. H_0 wird zum Signifikanzniveau α abgelehnt, falls gilt:
   $f_{\text{ber}} > f_{n-1;n-m;1-\alpha}$

Die Werte der F-Verteilung finden sich in geeigneten Tabellenwerken. Da dieses Buch das Thema nur kurz berührt, wird auf den Abdruck im Anhang verzichtet.

Beispiel:
Es soll die Frage beantwortet werden, ob die Höhe einer Belohnung einen Einfluss auf die Schnelligkeit, mit der Aufgaben gelöst werden, hat. Ein Experiment mit $n = 48$ Probanden wurde durchgeführt.
Die Probanden wurden zufällig in $m = 4$ gleich große Gruppen unterteilt:

In der ersten Gruppe gab es keine Belohnung für die Schnelligkeit der Lösung einer Aufgabe.

In der zweiten Gruppe wurde der Proband, der die gestellte Aufgabe am schnellsten löste, mit 10 Euro belohnt.

In der dritten Gruppe wurde der Proband, der die gestellte Aufgabe am schnellsten löste, mit 20 Euro belohnt.

In der vierten Gruppe wurde der Proband, der die gestellte Aufgabe am schnellsten löste, mit 30 Euro belohnt.

Das Ergebnis stellt sich tabellarisch wie folgt dar:

Zeit [min.]	Belohnung [Euro]			
	00	10	20	30
23	1			
22				
21				
20				
19	1	2		
18	1			
17	2		1	
16	3	1		
15		1	1	1
14	2	2		
13	1	1		
12	1	1		1
11			1	
10		1	1	1
9		1	3	
8		1	2	1
7		1	1	2
6				2
5			1	2
4				1
3			1	1
2				

Vorprüfungen:

(a) *Normalverteilung der Populationen:* Bei je nur 12 Daten ist ein statistischer Test auf Normalverteilung nicht möglich.

Augenschein: Die Populationsverteilungen sind *nicht schief*, eine Normalverteilung ist zumindest möglich.

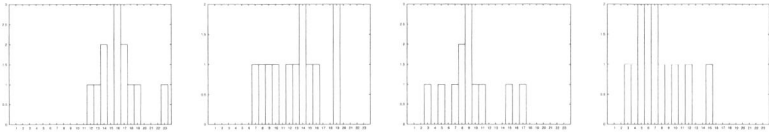

(b) *Gleichheit der Varianzen:*
Ergebnis eines hier nicht gezeigten Tests:
Unterschiede der Gruppenvarianzen sind statistisch nicht signifikant.
(c) *Unabhängigkeit:*
Unabhängigkeit war gewährleistet durch die Testdurchführung.

Die unabhängige Variable (der Faktor) ist die Belohnungshöhe.

Die abhängige Variable ist die Lösungszeit.

1. $H_0: \mu_1 = \mu_2 = \mu_3 = \mu_4$
   Unterschiede zwischen den Gruppenmittelwerten sind durch Zufall entstanden
   $H_1:$ Das gilt nicht
   Unterschiede zwischen den Gruppenmittelwerten sind nicht alle zufallsbedingt

2. Es sei $\alpha = 0.05$.

3. $q_{zw} = \sum_j n_j \cdot (\bar{x}_j - \bar{x})^2 = 566.75$
   $q_{in} = \sum_j \sum_i (x_{ij} - \bar{x}_j)^2 = 565.1\overline{6}$
   $f_{\text{ber}} = \dfrac{q_{zw}/(m-1)}{q_{in}/(n-m)} = 14.707$

4. $f_1 = 3$
   $f_2 = 44$
   $f_{3;44;1-\alpha} = 2.83$ (vgl. Testdurchführung, Punkt 4., S. 138)

Da $f_{\text{ber}} > f_{3;44;1-\alpha}$ ist, kann die Nullhypothese zum Signifikanzniveau 0.05 abgelehnt werden:
Mit 5 % Unsicherheit kann man sagen, dass die Erwartungswerte in diesen vier Gruppen unterschiedlich sind.
Es bleibt zu untersuchen, zwischen *welchen* Gruppen ein signifikanter Mittelwertunterschied besteht.

3.3 Wahrscheinlichkeit binomial verteilter Zufallsvariablen

[1] *Punktschätzung der Wahrscheinlichkeit:*

Gegeben:

Die Ergebnisse eines Zufallsexperiments der Länge n mit zwei möglichen Ausgängen $A, \overline{A}$
Die Zufallsvariable X zähle die Häufigkeit des Ereignisses A.
Realisierung von X ist absolute Häufigkeit $h_n(A)$.

Gesucht:
Die Wahrscheinlichkeit $p = P(A)$ der Ereignisses A.

Punktschätzung:
Die Wahrscheinlichkeit wird durch die relative Häufigkeit in der Stichprobe geschätzt:
$p(A) \approx r_n = \frac{h_n(A)}{n}$

2 | *Konfidenzintervall:*

Gegeben:
Die Schätzung der Wahrscheinlichkeit $p = P(A)$ durch die relative Häufigeit $r_n(A)$ in einer Stichprobe

Voraussetzung:
Die Stichprobenläne sei so groß, dass gilt: $n > \frac{9}{p \cdot (1-p)}$
(aufgrund von Voruntersuchungen zur Wahrscheinlichkeit p)

Gesucht:
(Asymptotische) Konfidenzintervalle für p zum Konfidenzniveau $1 - \alpha$ mit $0 < \alpha < 0.5$

Intervallschätzung:
Zweiseitiges $(1-\alpha)$-Konfidenzintervall:
$$\left[r_n - z_{1-\frac{\alpha}{2}} \cdot \sqrt{\frac{r_n(1-r_n)}{n}}, r_n + z_{1-\frac{\alpha}{2}} \cdot \sqrt{\frac{r_n(1-r_n)}{n}} \right]$$

Einseitige $(1-\alpha)$-Konfidenzintervalle:
$$\left[r_n - z_{1-\alpha} \cdot \sqrt{\frac{r_n(1-r_n)}{n}}, \infty \right[$$
$$\left] 0, r_n + z_{1-\alpha} \cdot \sqrt{\frac{r_n(1-r_n)}{n}} \right]$$

Begründung:
Da X binomial verteilt mit Parametern n und p ist, sind der Erwartungswert $\mu_X = n \cdot p$ und die Varianz $\sigma_X^2 = n \cdot p \cdot (1-p)$. Daher ist die standardisierte Größe $X^* = \frac{X - n \cdot p}{\sqrt{n \cdot p \cdot (1-p)}}$.

Für sie sind $(1-\alpha)$-Konfidenzintervalle die Intervalle $[-z_{1-\frac{\alpha}{2}}, z_{1-\frac{\alpha}{2}}]$, $[-z_{1-\alpha}, \infty[$ und $]0, +z_{1-\alpha}]$.

Die Wahrscheinlichkeit p wird geschätzt über die relative Häufigkeit, sodass eine Realisierung x von X etwa für den zweiseitigen Fall mit Wahrscheinlichkeit $1 - \alpha$ näherungsweise erfüllt:

$$-z_{1-\frac{\alpha}{2}} \leq \frac{x-n\cdot r_n}{\sqrt{n\cdot r_n(1-r_n)}} \leq z_{1-\frac{\alpha}{2}}$$

$$-z_{1-\frac{\alpha}{2}} \cdot \sqrt{n\cdot r_n(1-r_n)} \leq x - n\cdot r_n \leq z_{1-\frac{\alpha}{2}} \cdot \sqrt{n\cdot r_n(1-r_n)}$$

$$n\cdot r_n - z_{1-\frac{\alpha}{2}} \cdot \sqrt{n\cdot r_n(1-r_n)} \leq x \leq n\cdot r_n + z_{1-\frac{\alpha}{2}} \cdot \sqrt{n\cdot r_n(1-r_n)}$$

Ein Intervall, in dem die *relative* Häufigkeit einen Wert mit einer Sicherheit von $1-\alpha$ annimmt, ist daher

$$\left[r_n - z_{1-\frac{\alpha}{2}} \cdot \sqrt{\frac{r_n(1-r_n)}{n}}, \; r_n + z_{1-\frac{\alpha}{2}} \cdot \sqrt{\frac{r_n(1-r_n)}{n}} \right]$$

3 *Test zur Lage einer Wahrscheinlichkeit:*

Gegeben:

Die Schätzung der Wahrscheinlichkeit $p = P(A)$ durch die relative Häufigeit $r_n(A)$ in einer Stichprobe

Voraussetzung:

Die Stichprobenläne sei so groß, dass gilt: $n > \frac{9}{p\cdot(1-p)}$

(aufgrund von Voruntersuchungen zur Wahrscheinlihckeit p)

Gesucht:

Entscheidung, ob eine Behauptung zur Wahrscheinlichkeit $p = P(A)$ aufgrund der Stichprobe mit einer vorgegebenen Restunsicherheit von α ($0 < \alpha \leq 0.5$) widerlegt werden kann.

Testdurchführung:

1. Nullhypothese und Alternative werden aufgestellt:
    a) $H_0 : p = p_0$, $H_1 : p \neq p_0$ oder
    b) $H_0 : p \leq p_0$, $H_1 : p > p_0$ oder
    c) $H_0 : p \geq p_0$, $H_1 : p < p_0$.

2. Das Signifikanzniveau α wird festgelegt.

3. Die standardisierte Testgröße ist $z_{\text{ber}} = \sqrt{n} \cdot \frac{r_n - p_0}{\sqrt{p_0 \cdot (1-p_0)}}$

4. H_0 wird zum Signifikanzniveau α abgelehnt, falls

    Fall a): $|z_{\text{ber}}| > z_{1-\frac{\alpha}{2}}$
    Fall b): $z_{\text{ber}} > z_{1-\alpha}$
    Fall c): $z_{\text{ber}} < -z_{1-\alpha}$

Begründung beispielhaft für Fall a) der Gleichheit:

Wenn tatsächlich die Wahrscheinlichkeit p gleich dem Wert p_0 ist, ist die Größe $\frac{X - n\cdot p_0}{\sqrt{n\cdot p_0 \cdot (1-p_0)}}$ näherungsweise standardnormalverteilt; hier sei weiterhin X die absolute Häufigkeit des Ereignisses A.

Drückt man nun X durch die relative Häufigkeit R_n aus, so ergibt sich aus $X = n \cdot R_n$:

$\frac{n \cdot R_n - n \cdot p_0}{\sqrt{n \cdot p_0 \cdot (1-p_0)}} = \sqrt{n} \cdot \frac{R_n - p_0}{\sqrt{p_0 \cdot (1-p_0)}}$ ist näherungsweise standardnormalverteilt.

Damit gelten für die Testgröße $z_{\text{ber}} = \sqrt{n} \cdot \frac{r_n - p_0}{\sqrt{p_0 \cdot (1-p_0)}}$ die Quantile der Standardnormalverteilung.

Bemerkung:
Die hier vorgestellten Varianten sind die einfachsten, aber auch gröbsten. Insbesondere Konfidenzintervalle der Wahrscheinlichkeit können auch genauer ermittelt werden (vgl. hierzu weiterführende Literatur zur Statistik).

Beispiel:
2011 gab es in Deutschland 662685 Lebendgeburten, darunter 224744 nichteheliche (Quelle: Statistisches Jahrbuch 2013)

Schätzen Sie die Wahrscheinlichkeit p, dass ein zufällig ausgewähltes Neugeborenes nicht-ehelich war und bestimmen Sie ein zweiseitiges Konfidenzintervall für p zum Niveau 0.996.

Lösung:

$p \approx r_n = \frac{224744}{662685} = 0.339$ Schätzung von p

$\frac{r_n \cdot (1-r_n)}{n} = \frac{0.339 \cdot 0.661}{662685} = 3.382 \cdot 10^{-7}$

$z_{0.998} = 2.8782$

$r_n - z_{1-\frac{\alpha}{2}} \cdot \sqrt{\frac{r_n(1-r_n)}{n}} = 0.339 - 2.8782 \cdot \sqrt{3.382 \cdot 10^{-7}}$
$= 0.337$

$r_n + z_{1-\frac{\alpha}{2}} \cdot \sqrt{\frac{r_n(1-r_n)}{n}} = 0.341$

Ein zweiseitiges Konfidenzintervall zum Niveau 0.996 ist also das Intervall $[0.337, 0.341]$.

3.4 Parameter λ einer Poissonverteilung

|3| *Punktschätzung des Parameters:*

Gegeben:
Eine Poisson-verteilte Zufallsvariable
Eine Stichprobe $(x_1, x_2, \ldots, x_n)$

Gesucht:

der Paramter λ der Verteilung

Punktschätzung:

$\lambda \approx \bar{x} = \frac{1}{n} \cdot \sum_{i=1}^{n} x_i$

3.5 Parameter λ einer Exponentialverteilung

|3| *Punktschätzung des Parameters:*

Gegeben:

Eine exponentialverteilte Zufallsvariable
Eine Stichprobe $(x_1, x_2, \ldots, x_n)$

Gesucht:

Der Paramter λ der Verteilung

Punktschätzung:

$\lambda \approx \frac{1}{\bar{x}} = \frac{n}{\sum_{i=1}^{n} x_i}$

3.6 Test von mehreren Wahrscheinlichkeiten

Test, ob mehrere Wahrscheinlichkeiten vorgegebenen Werten entsprechen

Benötigt wird eine vollständige Ereignisdisjunktion $A_1, \ldots, A_r$, d. h. es handelt sich um paarweise unvereinbare Ereignisse, von denen bei jeder Versuchsdurchführung genau eins eintritt.

Seien $p_1, \ldots, p_r$ vorgegebene theoretische Wahrscheinlichkeitswerte für diese Ereignisse $A_1, \ldots, A_r$.

Geprüft werden soll, ob mit einer Restunsicherheit von α die Wahrscheinlichkeiten der Ereignisse $A_1, \ldots, A_r$ den vorgegebenen Werten entsprechen. Wenn das so wäre, würden in einer Stichprobe der Länge n die absoluten Häufigkeiten h_i der Ereignisse A_i nicht stark von den theoretischen Werten $n \cdot p_i$ abweichen.

|3| *Test von mehreren Wahrscheinlichkeiten*

Gegeben:

Eine Stichprobe der Länge n
Die absoluten Häufigkeiten $h_1, \ldots, h_r$ der Ereignisse $A_1, \ldots, A_r$

Voraussetzungen:
Die Stichprobenlänge muss so groß sein, dass gilt:

$n \cdot p_i \geq 1$ für alle $i = 1, \ldots, r$
$n \cdot p_i \geq 5$ für mindestens 80 % der p_i

Gesucht:
Entscheidung, ob die Behauptung, alle Wahrscheinlichkeiten der Ereignisse A_i würden mit den theoretischen Wahrscheinlichkeiten p_i übereinstimmen, aufgrund der Stichprobe mit einer vorgegebenen Restunsicherheit von α ($0 < \alpha \leq 0.5$) widerlegt werden kann.

Testdurchführung:
1. Nullhypothese und Alternative werden aufgestellt:

   $H_0: \quad P(A_1) = p_1, \quad \ldots, \quad P(A_r) = p_r$
   $H_1: \quad$ Das ist nicht der Fall.

2. Das Signifikanzniveau α wird festgelegt.
3. Die standardisierte Testgröße ist

   $$\chi^2_{\text{ber}} = \sum_{i=1}^{r} \frac{(h_i - n \cdot p_i)^2}{n \cdot p_i} = \frac{1}{n} \cdot \sum_{i=1}^{r} \frac{h_i^2}{p_i} - n$$

4. H_0 wird zum Signifikanzniveau α abgelehnt, falls gilt:

   $$\chi^2_{\text{ber}} > \chi^2_{r-1;1-\alpha}$$

Beispiel:
Es soll getestet werden, ob bei einem bestimmten Roulette-Spiel alle 37 Zahlen gleich wahrscheinlich sind.

Annahme: Eine Testreihe der Länge $n = 400$ wird durchgeführt.
Bestimmen Sie, ob diese Stichprobenlänge für die Durchführung des Tests ausreichend ist.
Ermitteln Sie eine Bedingung an die absoluten Häufigkeiten des Vorkommens der Zahlen von 1 bis 37, die zur Ablehnung der Nullhypothese zum Signifikanzniveau von 0.05 führt.
Das 0.95-Quantil zu 36 Freiheitsgraden ist $\chi^2_{36;0.95} = 50.998$.

Lösung:
Wegen der Bedingung $n \cdot p_i \geq 5$ ist eine Testreihe mindestens der Länge $n = 5 \cdot 37 = 185$ nötig; die Stichprobenlänge von 400 ist also ausreichend.

$\chi^2_{\text{ber}} \quad = \frac{1}{400} \cdot \sum_{i=1}^{37} \frac{h_i^2}{1/37} - 400 \quad = \frac{37}{400} \cdot \sum_{i=1}^{37} h_i^2 - 400$

$\chi^2_{36;0.95} \quad = 50.998$

Die Bedingung $\chi^2_{\text{ber}} > \chi^2_{36;0.95}$ ist erfüllt, wenn gilt:

$\sum_{i=1}^{37} h_i^2 > (400 + 50.998) \cdot \frac{400}{37} = 4875.65$

3.7 Unabhängigkeitstest

Test, ob zwei Zufallsvariablen unabhängig sind

Eine zweidimensionale Stichprobe wurde erhoben.
Die Nullhypothese besagt, dass die beiden Zufallsvariablen unabhängig sind.
Zur Testdurchführung werden der Wertebereich von X in m disjunkte Klassen eingeteilt, der Wertebereich von Y wird in l disjunkte Klassen eingeteilt. Dies muss so geschehen, dass folgende Voraussetzungen erfüllt sind:

Voraussetzungen:
$n \geq 200$
In der Kontingenztafel der Klassenhäufigkeiten sind alle Einträge ≥ 5.

Falls die Zufallsvariablen unabhängig sind, würden in einer Stichprobe alle Anteile r_{jk} ungefähr mit den Produkten der entsprechenden Randhäufigkeiten $r_{j\bullet} \cdot r_{\bullet k}$ übereinstimmen.

Für die absoluten Häufigkeiten hieße das: h_{jk} würde von $\frac{h_{j\bullet} \cdot h_{\bullet k}}{n}$ nicht stark abweichen.

Rechnung ergibt die Testgröße $\chi^2_{\text{ber}} = n \cdot \left(\sum_{j=1}^{m} \sum_{k=1}^{k} \frac{h_{jh}^2}{h_{j\bullet} \cdot h_{\bullet k}} - 1 \right)$.

Die Anzahl der Freiheitsgrade beträgt $(m-1) \cdot (l-1)$, sodass sich folgende Testdurchführung ergibt:

|3| *Unabhängigkeitstest* allgemein

Gegeben:
Eine zweidimensionale Stichprobe der Länge n
Eine Klasseneinteilung der Ergebnisse
Die zugehörige Kontingenztafel

	K_{Y1}	...	K_{Yl}	Zeilensumme
K_{X1}	h_{11}	...	h_{1l}	$h_{1\bullet}$
⋮	⋮		⋮	
K_{Xm}	h_{21}	...	h_{22}	$h_{m\bullet}$
Spaltensumme	$h_{\bullet 1}$	...	$h_{\bullet l}$	n

Voraussetzungen:

$n \geq 200$

In der Kontingenztafel seien alle Einträge ≥ 5.

Gesucht:

Entscheidung, ob die Behauptung, die Zufallsvariablen X und Y seien unabhängig, aufgrund der Stichprobe mit einer vorgegebenen Restunsicherheit von α ($0 < \alpha \leq 0.5$) widerlegt werden kann.

Testdurchführung:

1. Nullhypothese und Alternative werden aufgestellt:

   H_0 : X und Y sind unabhängig.
   H_1 : Das ist nicht der Fall.

2. Das Signifikanzniveau α wird festgelegt.
3. Die standardisierte Testgröße ist

$$\chi^2_{\text{ber}} := n \cdot \left(\sum_{j=1}^{m} \sum_{k=1}^{k} \frac{h_{jh}^2}{h_{j\bullet} \cdot h_{\bullet k}} - 1 \right)$$

4. H_0 wird zum Signifikanzniveau α abgelehnt, falls gilt:

$$\chi^2_{\text{ber}} > \chi^2_{(m-1)\cdot(l-1); 1-\alpha}$$

Falls die Zufallsvariablen X und Y je nur zwei mögliche Ausgänge haben, vereinfacht sich der Test:

X habe Ausprägungen A und $\overline{A}$, Y habe Ausprägungen B und $\overline{B}$.

Die Testgröße vereinfacht sich dann zu $\quad \chi^2_{\text{ber}} = \frac{n \cdot (h_{11}h_{22} - h_{12}h_{21})^2}{h_{1\bullet} h_{2\bullet} h_{\bullet 1} h_{\bullet 2}}$

Die Zahl der Freiheitsgrade beträgt 1.

3 *Unabhängigkeitstest* im Fall einer Vierfeldertafel

Gegeben:

Eine zweidimensionale Stichprobe der Länge n

Die Kontingenztafel der Stichprobe

	A	$\overline{A}$	Zeilensumme
B	h_{11}	h_{12}	$h_{1\bullet}$
$\overline{B}$	h_{21}	h_{22}	$h_{2\bullet}$
Spaltensumme	$h_{\bullet 1}$	$h_{\bullet 2}$	n

Voraussetzungen:

$n \geq 200$

In der Kontingenztafel seien alle Einträge ≥ 5.

Gesucht:

Entscheidung, ob die Behauptung, die Zufallsvariablen X und Y seien unabhängig, aufgrund der Stichprobe mit einer vorgegebenen Restunsicherheit von α ($0 < \alpha \leq 0.5$) widerlegt werden kann.

Testdurchführung:
1. Nullhypothese und Alternative werden aufgestellt:

    H_0 : X und Y sind unabhängig.

    H_1 : Das ist nicht der Fall.

2. Das Signifikanzniveau α wird festgelegt.
3. Die standardisierte Testgröße ist

$$\chi^2_{\text{ber}} := \frac{n \cdot (h_{11} h_{22} - h_{12} h_{21})^2}{h_{1\bullet} h_{2\bullet} h_{\bullet 1} h_{\bullet 2}}$$

4. H_0 wird zum Signifikanzniveau α abgelehnt, falls gilt:

$$\chi^2_{\text{ber}} > \chi^2_{1; 1-\alpha}$$

Bemerkung:
Der Unabhängigkeitstest hat eine kompliziertere Testgröße, wenn es um den Vergleich von mehr als zwei Zufallsvariablen geht.

Beispiel:

An $h_{1\bullet} = 100$ Patienten wurde Medikament$_1$ getestet, bei $h_{11} = 60$ Patienten schlug es an.
An $h_{2\bullet} = 100$ Patienten wurde Medikament$_2$ getestet, bei $h_{21} = 70$ Patienten schlug es an.

Sind die beiden Medikamente zum Signifikanzniveau $\alpha = 0.05$ gleich wirksam?

Lösung:
Seien p_1 und p_2 die Wahrscheinlichkeiten für Wirksamkeit.

Kontingenztafel:

	wirksam	nicht wirksam	Zeilensumme
1. Grundgesamtheit	60	40	100
2. Grundgesamtheit	70	30	100
Spaltensumme	130	70	200

1. $H_0: \quad p_1(A) = p_2(A)$
   $H_1: \quad p_1(A) \neq p_2(A)$
2. $\alpha = 0.05$
3. $h_{11} = 60, h_{22} = 30, h_{12} = 40, h_{21} = 70$.
   $\chi^2_{\text{ber}} = \frac{200 \cdot (60 \cdot 30 - 40 \cdot 70)^2}{100 \cdot 100 \cdot 130 \cdot 70} = 2.1978$
4. $\chi^2_{1;0.95} = 3.841$

H_0 wird zum Signifikanzniveau α abgelehnt, falls $\chi^2_{\text{ber}} > \chi^2_{1;1-\alpha}$
Das ist nicht der Fall: H_0 kann nicht abgelehnt werden.

3.8 Ausflug: Ergänzende Tests, die in der Praxis von großer Bedeutung sind

3.8.1 Test des Korrelationskoeffizienten

[3] *Test des Korrelationskoeffizienten*

Gegeben:
Eine zweidimensionale Stichprobe der Länge n
Der Korrelationskoeffizient r_{xy} der Stichprobe

Voraussetzung:
Die zugehörige zweidimensionale Zufallsvariable (X, Y) sei normalverteilt.

Gesucht:
Entscheidung, ob die Behauptung, der Korrelationskoeffizient sei gleich null, aufgrund der Stichprobe mit einer vorgegebenen Restunsicherheit von α ($0 < \alpha \leq 0.5$) widerlegt werden kann.

Testdurchführung:
1. Nullhypothese und Alternative werden aufgestellt:
   $H_0: \quad \rho = 0$
   $H_1: \quad \rho \neq 0$
2. Das Signifikanzniveau α wird festgelegt.
3. Die standardisierte Testgröße ist $t_{\text{ber}} = \frac{r_{xy}}{\sqrt{1-r_{xy}^2}} \cdot \sqrt{n-2}$
4. H_0 wird zum Signifikanzniveau α abgelehnt, falls $|t_{\text{ber}}| > t_{n-2;1-\frac{\alpha}{2}}$

Beispiel:

(a) Bei einer Stichprobe der Länge $n = 27$ einer zweidimensionalen normalverteilten Zufallsgröße ergab sich als Korrelationskoeffizient $r_{xy} = 0.6$.

Testen Sie zum Signifikanzniveau von 0.002, ob die beiden Zufallsvariablen korreliert sind.

(b) Wie groß muss der Betrag des Korrelationskoeffizienten einer Stichprobe vom Umfang $n = 27$ mindestens sein, damit bei einem Signifikanzniveau von 0.002 angenommen werden kann, dass die beiden Zufallsvariablen nicht korreliert sind?

Lösung:

(a) 1. $H_0: \rho = 0$
$H_1: \rho \neq 0$

2. $\alpha = 0.002$

3. $n = 27$
$r_{xy} = 0.6$
$t_{\text{ber}} = \dfrac{r_{xy}}{\sqrt{1-r_{xy}^2}} \cdot \sqrt{n-2} = 3.75$

4. $t_{25;0.999} = 3.450$

Da $|t_{\text{ber}}| > t_{99;0.99}$, kann H_0 zum Signifikanzniveau 0.002 abgelehnt werden: Mit einer Restunsicherheit von 0.2 % ist anzunehmen, dass die beiden Zufallsvariablen nicht korreliert sind.

(b) 1. $H_0: \rho = 0$
$H_1: \rho \neq 0$

2. $\alpha = 0.002$

3. $t_{\text{ber}} = \dfrac{r_{xy}}{\sqrt{1-r_{xy}^2}} \cdot \sqrt{n-2}$
$= \dfrac{r_{xy}}{\sqrt{1-r_{xy}^2}} \cdot 5$

4. $t_{25;0.999} = 3.450$

$|t_{\text{ber}}| > t_{25;0.999} \quad\Leftrightarrow$

$\left|\dfrac{r_{xy}}{\sqrt{1-r_{xy}^2}} \cdot 5\right| > t_{25;0.999} = 3.450 \quad\Leftrightarrow$

$\dfrac{r_{xy}^2}{1-r_{xy}^2} > \left(\dfrac{3.450}{5}\right)^2 = 0.476 \quad\Leftrightarrow$

$r_{xy}^2 > 0.476 - r_{xy}^2 \cdot 0.476 \quad\Leftrightarrow$

$1.476 \cdot r_{xy}^2 > 0.476 \quad\Leftrightarrow$

$|r_{xy}| > 0.5679$

Der Betrag des Korrelationskoeffizienten muss mindestens 0.5679 betragen.

3.8.2 Test einer Varianz bei Normalverteilung

Voraussetzungen:

Die Grundgesamtheit sei normalverteilt.

$\boxed{3}$ *Test einer Varianz*

Gegeben:
Eine einfache Stichprobe $(x_1, \ldots, x_n)$ der Länge n
Die Varianz s^2 der Stichprobe

Gesucht:
Entscheidung, ob eine Behauptung zur Varianz aufgrund der Stichprobe mit einer vorgegebenen Restunsicherheit von α ($0 < \alpha \leq 0.5$) widerlegt werden kann.

Testdurchführung:
1. Nullhypothese und Alternative werden aufgestellt:
   a) $H_0 : \sigma^2 = \sigma_0^2$, $H_1 : \sigma^2 \neq \sigma_0^2$ oder
   b) $H_0 : \sigma^2 \leq \sigma_0^2$, $H_1 : \sigma^2 > \sigma_0^2$ oder
   c) $H_0 : \sigma^2 \geq \sigma_0^2$, $H_1 : \sigma^2 < \sigma_0^2$.
2. Das Signifikanzniveau α wird festgelegt.
3. Die standardisierte Testgröße ist $\chi^2_{\text{ber}} = \frac{(n-1) \cdot s^2}{\sigma_0^2}$
4. H_0 wird zum Signifikanzniveau α abgelehnt, falls für χ^2_{ber} gilt:

   Fall a): $\chi^2_{\text{ber}} > \chi^2_{n-1;\frac{\alpha}{2}}$ oder $\chi^2_{\text{ber}} < \chi^2_{n-1;1-\frac{\alpha}{2}}$

   Fall b): $\chi^2_{\text{ber}} > \chi^2_{n-1;1-\alpha}$

   Fall c): $\chi^2_{\text{ber}} < \chi^2_{n-1;\alpha}$

Beispiel:
Die Häufigkeit, mit der Studierende in einem warmen Sommer ins Freibad gehen, werde als normalverteilt angenommen.
31 Studierende wurden danach befragt: Es ergaben sich ein Mittelwert von 5 Freibadbesuchen bei einer Stichprobenvarianz von 3.

(a) Schätzen Sie die Varianz der Grundgesamtheit.
(b) Testen Sie, ob die Behauptung, die Varianz läge mindestens bei 5.5, aufgrund der Stichprobe zu einem Signifikanzniveau von 0.05 zurückgewiesen werden kann.

Lösung:

(a) $s^2 = 4$
ist ein tauglicher Schätzer für die Varianz der Grundgesamtheit.

(b) $H_0 : \sigma^2 \geq 5.5$
$H_1 : \sigma^2 < 5.5$
$\alpha = 0.05$
$\chi^2_{\text{ber}} = \frac{30 \cdot 3}{5.5} = 16.\overline{36}$
$\chi^2_{30;0.05} = 18.493$

Da $\chi^2_{\text{ber}} < \chi^2_{30;0.05}$ ist, kann die Nullhypothese zum Signifikanzniveau 0.05 abgelehnt werden:
Mit einer Unsicherheit von 5 % kann man davon ausgehen, dass die Varianz der Grundgesamtheit kleiner als 5.5 ist.

3.8.3 Test für Parameter einer Regressionsgeraden

Voraussetzungen:
Die Zufallsvariable Y sei (näherungsweise) normalverteilt.

$\boxed{3}$ *Test der Koeffizienten der Regressionsgeraden*

Gegeben:

Eine zweidimensionale Stichprobe der Länge n

Achsenabschnitt a und Steigung b der Regressionsgeraden

Schätzwerte s_a^2 und s_b^2 der Varianzen der Regressionskoeffizienten a und b aus der Stichprobe. Diese Größen wurden bisher nicht behandelt.
Es gilt:

$s_a^2 = \frac{1}{n-2} \cdot \sum_{i=1}^{n}(y_i - \hat{y}_i)^2 \cdot \frac{\sum_{i=1}^{n} x_i^2}{n \cdot \sum_{i=1}^{n}(x_i - \bar{x})^2}$

$s_b^2 = \frac{1}{n-2} \cdot \sum_{i=1}^{n}(y_i - \hat{y}_i)^2 \cdot \frac{1}{\sum_{i=1}^{n} x_i^2}$

Gesucht:

Entscheidung, ob Behauptungen zu den Größen der Regressionskoeffizienten a und b aufgrund der Stichprobe mit einer vorgegebenen Restunsicherheit von α ($0 < \alpha \leq 0.5$) widerlegt werden kann.

Testdurchführung:
1. Nullhypothese und Alternative werden aufgestellt:
2. (A) Für den Regressionskoeffizienten a:
   a) $H_0 : a = a_0$, $H_1 : a \neq a_0$ oder
   b) $H_0 : a \leq a_0$, $H_1 : a > a_0$ oder
   c) $H_0 : a \geq a_0$, $H_1 : a < a_0$.

   (B) Für den Regressionskoeffizienten b:
   (a) $H_0 : b = b_0$, $H_1 : b \neq b_0$ oder
   (b) $H_0 : b \leq b_0$, $H_1 : b > b_0$ oder
   (c) $H_0 : b \geq b_0$, $H_1 : b < b_0$.
3. Das Signifikanzniveau α wird festgelegt.
4. Die standardisierte Testgröße ist
   (a) $t_{\text{ber}} = \dfrac{a-a_0}{s_a^2}$
   (b) $t_{\text{ber}} = \dfrac{b-b_0}{s_b^2}$
5. H_0 wird zum Signifikanzniveau α abgelehnt, falls für t_{ber} gilt:

   Fall a): $|t_{\text{ber}}| > t_{n-2;1-\frac{\alpha}{2}}$
   Fall b): $t_{\text{ber}} > t_{n-2;1-\alpha}$
   Fall c): $t_{\text{ber}} < -t_{n-2;1-\alpha}$

Beispiel:
Zehn Personen wurden nach ihrer Körpergröße (x) und ihrem Gewicht (y) befragt:

Größe [m]	1.60	1.65	1.70	1.75	1.80	1.82	1.68	1.64	1.74	1.78
Gewicht [kg]	50	52	60	66	68	70	55	53	62	65

(a) Bestimmen Sie die Regressionsgerade.
(b) Bestimmen Sie, welche Gewichte aus der Regressionsgeraden für die gemessenen Körpergrößen geschätzt werden.
(c) Testen Sie zum Signifikanzniveau von 0.05, ob die Steigung der Regressionsgeraden kleiner als 96.74 ist.
(d) Testen Sie zum selben Signifikanzniveau, ob der Achsenabschnitt der Regressionsgeraden kleiner als -104.3 ist.

Lösung:

(a) Regressionsgerade:

$$\bar{x} = 1.716$$
$$\bar{y} = 60.1$$
$$s_x^2 = 0.00542666666667$$
$$s_y^2 = 51.8777777778$$
$$s_{xy} = 0.520444444444$$
$$a = -104.47297$$
$$b = 95.904996$$
$$f(x) = -104.47 + 95.90 \cdot x$$

(b) Die geschätzten Gewichte $\hat{y}_i = -104.47 + 95.90 \cdot x_i$ sind:

48.98   53.77   58.57   63.36   68.16   70.07   56.65   52.81   62.40   66.24

(c) Test für die Steigung b:
Es ergibt sich folgende Varianz s_b^2:

$$s_b^2 = 0.07493$$
$$H_0 : b \geq 96.74$$
$$H_1 : b < 96.74$$
$$t_{\text{ber}} = -11.144$$
$$t_{8;0.95} = 1.86$$

Da $t_{\text{ber}} < -t_{8;0.95}$ ist, kann H_0 zum Signifikanzniveau von 0.05 abgelehnt werden:
Aufgrund der Daten kann gesagt werden, dass die Steigung der Regressionsgeraden mit einer Sicherheit von 95 % kleiner als 96.74 ist.

(d) Test für den Achsenabschnitt a:
Es ergibt sich folgende Varianz s_a^2:

$$s_a^2 = 133.47362$$
$$H_0 : a \geq -105.8$$
$$H_1 : a < -105.8$$
$$t_{\text{ber}} = -0.0013$$

Da $t_{\text{ber}} > -t_{8;0.95}$ ist, kann H_0 zum Signifikanzniveau von 0.05 nicht abgelehnt werden:
Es kann nicht aufgrund der Daten gesagt werden, dass der Achsenabschnitt der Regressionsgeraden mit einer Sicherheit von 95 % kleiner als $-105,8$ ist.

3.9 Rezeptartige Lösungswege

Aufgabe: Schließende Statistik verstehen

In der Praxis ist häufig nicht genügend Vorwissen über eine Zufallsvariable vorhanden.
Zur Ermittlung noch unbekannter Eigenschaften und zur fundierten Entscheidung über eine interessierende Größe wird eine Stichprobe durchgeführt, aus der ergänzende Parameter oder Eigenschaften geschätzt werden.
Bei dieser Vorgehensweise gibt es drei Grundaufgaben:

1. Schätzen eines Parameters aus der Stichprobe (Formeln 5.2 in Formelsammlung)
2. Ermitteln von Bereichen (»Konfidenzintervallen«), von denen bekannt ist, dass in solchen Bereichen ein gesuchter Parameter mit vorgegebener Sicherheit tatsächlich liegt (Formeln 5.3.1, 5.3.2, 5.4.1)

Die Sicherheit, mit der der gesuchte Parameter in solchen Intervallen liegt, heißt Konfidenzniveau. Es wird häufig mit $1 - \alpha$ bezeichnet, wobei die kleine Größe α die Restunsicherheit angibt.
Solche Konfidenzintervalle sind durch Quantile gegeben:

$$\left.\begin{array}{l} [\xi_{\frac{\alpha}{2}}, \xi_{1-\frac{\alpha}{2}}] \\ ]-\infty, \xi_{1-\alpha}] \\ [\xi_\alpha, \infty[\end{array}\right\} \text{ sind } (1-\alpha)\text{-Konfidenzintervalle.}$$

Diese Quantile erhält man häufig durch Einsetzen der entsprechenden Quantile der standardisierten Zufallsvariablen in die Formel der Standardisierung und Auflösen nach X (vgl. Formel 2.6 zur Standardisierung und Formel 4.8.8 zur Normalverteilung).

3. Testen, ob eine Behauptung über die Zufallsvariable (die »Nullhypothese«) mit vorgegebener Sicherheit widerlegt werden kann (Formeln 5.3.3, 5.3.4, 5.4.2, 5.5, 5.6).

Die Restunsicherheit bei Ablehnen der Nullhypothese heißt Signifikanzniveau.
Die Nullhypothese kann zum Signifikanzniveau α abgelehnt werden, wenn der aus der Stichprobe berechnete Wert der Testgröße nicht in einem passenden $(1-\alpha)$-Konfidenzintervall liegt.
Hierbei ist zwischen zwei möglichen Fehlern aufgrund der Datenlage zu unterscheiden:
Beim Fehler 1. Art wird die Nullhypothese zu Unrecht abgelehnt.
Beim Fehler 2. Art wird die Nullhypothese zu Unrecht nicht abgelehnt.
Da es häufig nicht möglich ist, beide Fehler klein zu halten – und da man in der Lage sein muss zu rechtfertigen, wenn man die Nullhypothese ablehnt –, beschränkt man sich in der Regel darauf, den Fehler 1. Art (das Risiko des fälschlichen Ablehnens der Nullhypothese) zu kontrollieren: Die Wahrscheinlichkeit, dass ein Fehler 1. Art gemacht wird, ist das Signifikanzniveau, häufig α genannt.

156 Einfache statistische Schätz- und Testverfahren

Wenn die Nullhypothese zum Signifikanzniveau α abgelehnt werden kann, nimmt man an, dass die Alternative gilt. Wenn die Nullhypothese nicht abgelehnt werden kann, ist es allerdings nicht möglich, sie anzunehmen: Diese Frage wird nicht geprüft.

Zur Durchführung eines statistischen Verfahrens wird häufig eine Zufallsvariable ausgewählt, deren Realisierung in der Stichprobe berechnet wird. Damit aus der Realisierung dieser Zufallsvariablen (»Statistik« genannt) Schlussfolgerungen gezogen werden können, sollte die Statistik geeignete Eigenschaften (etwa Erwartungstreue, Konsistenz, Effizienz) besitzen (vgl. Kapitel 3.1, S. 122), ihre Verteilung sollte bekannt sein und häufig muss die Stichprobe einfach (unabhängig, identisch verteilt, s. Kapitel 3.2.1, S. 125) und hinreichend groß sein.

Der P-Wert, den einige Statistikprogramme als Testantwort zurückgeben, ist das kleinste Signifikanzniveau, zu dem die Nullhypothese zurück-gewiesen werden kann.

Einige Statistiken sind von einer zusätzlichen Zahl, der Zahl der Freiheitsgrade, abhängig. Diese entspricht der Anzahl frei wählbarer Parameter, nachdem die Schätzungen erfolgt sind. Sie ist beim Bilden von Konfidenzintervallen vorgegeben.

Aufgabe: Schätzung des Erwartungswerts einer Zufallsvariablen
Gegeben: Stichprobe und deren Mittelwert
Gesucht: Schätzung des Erwartungswerts der Zufallsvariablen
Lösungsweg:
Formeln 5.2
Der Erwartungswert wird durch den Mittelwert $\bar{x}$ der Stichprobe geschätzt.

Aufgabe: Schätzung der Wahrscheinlichkeit einer binomial verteilten Zufallsvariablen
Gegeben: Stichprobe und daraus die relative Häufigkeit eines Ereignisses A
Gesucht: Wahrscheinlichkeit des Ereignisses A
Lösungsweg:
Formeln 5.2
Die Wahrscheinlichkeit $p = P(A)$ wird geschätzt durch die relative Häufigkeit des Ereignisses in der Stichprobe.

Aufgabe: Schätzung des Parameters einer Poissonverteilung
Gegeben:
Stichprobe und daraus der Mittelwert
Gesucht:
Parameter der poissonverteilten Zufallsvariablen

Lösungsweg:
Formeln 5.2
Der Parameter λ wird geschätzt durch den Mittelwert der Stichprobe.

Aufgabe: Schätzen des Parameters einer Exponentialverteilung
Gegeben: Stichprobe und daraus der Mittelwert
Gesucht: Parameter der exponential verteilten Zufallsvariablen
Lösungsweg:
Formeln 5.2
Der Parameter λ wird geschätzt durch $\frac{1}{\text{Mittelwert der Stichprobe}}$.

Aufgabe: Aus einer Stichprobe ein $(1 - \alpha)$-Konfidenzintervall für den Erwartungswert einer näherungsweise normalverteilten Zufallsvariablen bestimmen, deren Varianz bekannt ist
Gegeben:
– Varianz σ^2 oder Standardabweichung σ der Zufallsvariablen
– Mittelwert $\bar{x}$ einer Stichprobe gegebener Länge n
– Vertrauensniveau $1 - \alpha$

Gesucht:
(a) $(1 - \alpha)$-Konfidenzintervall für den Erwartungswert
(b) Stichprobenlänge, sodass im Falle desselben Mittelwerts der Schätzfehler (etwa) höchstens 0.1 beträgt
 (In Analogie: Varianz, sodass ...)
(c) Abschätzung, bei welchem Vertrauensniveau zu diesen Parametern $\bar{x}$ und n ein Schätzfehler von (etwa) höchstens 0.1 entsteht

Lösungsweg:
Formeln 5.3.1
(A) Bei zweiseitigem Konfidenzintervall: $1 - \frac{\alpha}{2}$ berechnen
(B) Bei einseitigem Konfidenzintervall: Analog mit $1 - \alpha$
Der Stichproben-Mittelwert ist näherungssweise normalverteilt.
Passendes Quantil der Standardnormalverteilung in der Tabelle nachschauen
(a) Untere Intervallgrenze:
 Mittelwert $-$
 (Quantil der Standardnormalverteilung)$\cdot \frac{\text{Standardabweichung}}{\sqrt{\text{Stichprobenlänge}}}$
 Obere Intervallgrenz:
 Mittelwert $+$
 (Quantil der Standardnormalverteilung)$\cdot \frac{\text{Standardabweichung}}{\sqrt{\text{Stichprobenlänge}}}$

(b) In einer der beiden Intervallgrenzen muss das Symbol für n stehenbleiben.
Etwa die obere Intervallgrenze muss kleinergleich (Mittelwert $+ 0.1$) sein.
Diese Ungleichung löst man nach n auf.
(In Analogie: Man löst nach σ^2 ... auf)

(c) Etwa: Die obere Intervallgrenze soll $=$ Mittelwert $+0.1$ sein.
Diese Gleichung löst man nach dem Quantil der Standardnormalverteilung auf. Man schaut in der Tabelle nach, wie groß $1 - \frac{\alpha}{2}$ sein muß, um auf diesen Wert zu gelangen.
Dann löst man nach $1 - \alpha$ auf.

s. Aufgabe 3.3, S. 166

Aufgabe: Test zum Erwartungswert einer näherungsweise normalverteilten Zufallsvariablen, wenn die Varianz bekannt ist

Gegeben:
– Varianz σ^2 oder Standardabweichung σ der Zufallsvariablen
– Mittelwert $\bar{x}$ einer Stichprobe gegebener Länge n
– Fragestellung bezüglich des Erwartungswerts:
  Der Erwartungswert ist kleiner/kleinergleich/größer/größergleich/gleich/ungleich einem gegebenen Wert μ_0, mit einer Restunsicherheit α bei Ablehnung der Behauptung.
– Signifikanzniveau α

Gesucht:
(a) Entscheidung, ob die zugehörige Nullhypothese zu gegebenem Signifikanzniveau α abgelehnt werden kann.
(b) Bestimmung des Mindestabstands des gegebenen Werts μ_0 vom Mittelwert der Stichprobe, der ermöglicht, dass die Nullhypothese abgelehnt werden kann,
oder
Bestimmung der Mindest-Stichprobenlänge n, die ermöglicht, dass bei sonst selben Parametern die Nullhypothese abgelehnt werden kann (*Beachte:* Dies kann nicht zur Planung einer Stichprobe herangezogen werden, da sich bei einer neuen Stichprobe vermutlich ein anderer Mittelwert ergibt.),
oder
Bestimmung der Varianz, sodass bei sonst selben Parametern die Nullhypothese abgelehnt werden kann,
oder
Abschätzung, weldes das kleinste Signifikanzniveau ist, zu dem bei diesen Parametern die Nullhypothese abgelehnt werden kann.

Lösungsweg:
Formeln 5.3.3
(A) Bei zweiseitiger Fragestellung: $1 - \frac{\alpha}{2}$ berechnen
(B) Bei einseitiger Fragestellung: Analog mit $1 - \alpha$

(a) Nullhypothese und Alternative korrekt aufstellen: Die Nullhypothese enthält prinzipiell den Fall der Gleichheit.
Passendes Quantil der Standardnormalverteilung in der Tabelle nachschauen.
Testgröße ausrechnen und mit dem Quantil vergleichen.
Entscheidung.
(b) Zur Ablehnung von H_0 muss die Testgröße $< -z_{1-\alpha}$ oder $> z_{1-\alpha}$ sein.
Man lässt das Symbol für die gesuchte Größe in dieser Beziehung stehen und setzt alle anderen Werte ein.
Anschließend löst man die Beziehung nach diesem Symbol auf.
Zur Ermittlung des kleinst möglichen Signifikanzniveaus, sodass die Nullhypothese abgelehnt werden kann, schaut man in der Tabelle nach, welcher Wert $1 - \alpha$ zu der ermittelten Größe von z passt; dann ist α das Signifikanzniveau.

s. Aufgabe 3.4, S. 166

Aufgabe: Aus einer Stichprobe ein $(1 - \alpha)$-Konfidenzintervall für den Erwartungswert einer näherungsweise normalverteilten Zufallsvariablen bestimmen, deren Varianz nicht bekannt ist

Gegeben:
- Mittelwert $\bar{x}$ einer Stichprobe gegebener Länge n
- Stichprobenvarianz s^2 oder Stichprobenstandardabweichung s
- Vertrauensniveau $1 - \alpha$

Gesucht:
(a) $(1 - \alpha)$-Konfidenzintervall für den Erwartungswert
(b) Stichprobenlänge, sodass der Schätzfehler höchstens 0.1 beträgt
 (In Analogie: Stichprobenvarianzarianz, sodass ...)
(c) Stichprobenstandardabweichung s, sodass der Schätzfehler höchstens 0.1 beträgt
(d) Abschätzung, bei welchem Vertrauensniveau zu diesen Parametern $\bar{x}, n$ und s ein Schätzfehler von höchsts 0.2 entsteht

Lösungsweg:
Formeln 5.3.2
(A) Bei zweiseitigem Konfidenzintervall: $1 - \frac{\alpha}{2}$ berechnen
(B) Bei einseitigem Konfidenzintervall: Analog mit $1 - \alpha$
Der Stichproben-Mittelwert ist t-verteilt.

160 Einfache statistische Schätz- und Testverfahren

Passendes Quantil der t-Verteilung zu $n - 1$ Freiheitsgraden in der Tabelle nachschauen.

(a) Untere Intervallgrenze:
Mittelwert − (Quantil der t-Verteilung)$\cdot \frac{s}{\sqrt{\text{Stichprobenlänge}}}$
Obere Intervallgrenze:
Mittelwert + (Quantil der t-Verteilung)$\cdot \frac{s}{\sqrt{\text{Stichprobenlänge}}}$

(b) In einer der beiden Intervallgrenzen lässt man das Symbol für n stehen.
Etwa die obere Intervallgrenze muss kleinergleich (Mittelwert + 0.1) sein.
Diese Ungleichung löst man nach n auf.

(c) In einer der beiden Intervallgrenzen lässt man das Symbol für s stehen.
Etwa die obere Intervallgrenze muss kleinergleich (Mittelwert + 0.1) sein.
Diese Ungleichung löst man nach s auf.

(d) Etwa: Obere Intervallgrenze = Mittelwert $+ 0.2$
Diese Gleichung löst man nach dem Quantil der t-Verteilung auf.
Man schaut in der Tabelle nach, wie groß $1 - \frac{\alpha}{2}$ sein muss, um auf diesen Wert zu gelangen.
Man löst nach $1 - \alpha$ auf.

Bemerkung:
Falls die Stichprobenlänge hinreichend groß ist ($n \geq 30$ ist ausreichend), können anstelle der Quantile der t-Verteilung auch die der Standardnormalverteilung benutzt werden.

| s. Aufgabe 3.7, S. 167 | s. Aufgabe 3.8, S. 167 |

Aufgabe: Test zum Erwartungswert einer näherungsweise normalverteilten Zufallsvariablen, wenn die Varianz nicht bekannt ist

Gegeben:
– Mittelwert $\bar{x}$ einer Stichprobe gegebener Länge n
– Stichprobenvarianz s^2 oder Stichprobenstandardabweichung s
– Fragestellung bezüglich des Erwartungswerts:
Der Erwartungswert ist kleiner/kleinergleich/größer/größergleich/gleich/ungleich einem gegebenen Wert μ_0, mit einer Restunsicherheit α bei Ablehnung der Behauptung.
– Signifikanzniveau α

Gesucht:
(a) Entscheidung, ob die zugehörige Nullhypothese zu gegebenem Signifikanzniveau α abgelehnt werden kann.
(b) Bestimmung des Mindestabstands des gegebenen Werts μ_0 vom Mittelwert der Stichprobe, der ermöglicht, dass die Nullhypothese abgelehnt werden kann, *oder*

Bestimmung einer Mindest-Stichprobenlänge n, sodass bei sonst selben Parametern die Nullhypothese abgelehnt werden kann (*Beachte:* Dies kann nicht zur Planung einer Stichprobe herangezogen werden, da bei einer neuen Stichprobe vermutlich ein anderer Mittelwert berechnet wird.),
oder
Stichprobenvarianz, sodass bei sonst selben Parametern die Nullhypothese abgelehnt werden kann,
oder
Abschätzung, weldes das kleinste Signifikanzniveau ist, zu dem bei diesen Parametern die Nullhypothese abgelehnt werden kann.

Lösungsweg:
Formeln 5.3.4
(A) Bei zweiseitiger Fragestellung: $1 - \frac{\alpha}{2}$ berechnen
(B) Bei einseitiger Fragestellung: Analog mit $1 - \alpha$

(a) Nullhypothese und Alternative korrekt aufstellen: Die Nullhypothese enthält prinzipiell den Fall der Gleichheit.
Passendes Quantil der t-Verteilung zu $n - 1$ Freiheitsgraden in der Tabelle nachschauen.
Testgröße ausrechnen und mit dem Quantil vergleichen.
Entscheidung.
(b) Zur Ablehnung von H_0 muss die Testgröße $< -t_{n-1;1-\frac{\alpha}{2}}$ oder $> t_{n-1;1-\frac{\alpha}{2}}$ sein.
Man lässt das Symbol für die gesuchte Größe in dieser Beziehung stehen und setzt alle anderen Werte ein.
Sucht man nach einer Mindeststichprobenlänge, so verändert sich das Quantil $t_{n-1;1-\alpha}$, mit dem die Testgröße verglichen wird, mit der Stichprobenlänge n.
Anschließend löst man die Beziehung nach diesem Symbol auf.
Zur Ermittlung des kleinst möglichen Signifikanzniveaus, sodass die Nullhypothese abgelehnt werden kann, schaut man in der Tabelle nach, welcher Wert $1 - \alpha$ zu der ermittelten Größevon z passt; dann ist α das Signifikanzniveau.

Bemerkung:
Falls die Stichprobenlänge hinreichend groß ist ($n \geq 30$ ist ausreichend), können anstelle der Quantile der t-Verteilung auch die der Standardnormalverteilung benutzt werden.

s. Aufgabe 3.9, S. 168

Aufgabe: Vergleich zweier Erwartungswerte bei verbundenen Stichproben
Zum Vergleich zweier Erwartungswerte bei verbundenen Stichproben wird die Zufallsvariable betrachtet, die der Differenz der Stichprobenwerte entspricht. Für sie geht man so vor wie für eine eindimensionale Stichprobe:
Der Erwartungswert wird geschätzt durch die Differenz der Mittelwerte.
Das Konfidenzintervall der Differenz der Erwartungswerte ist gerade das Konfidenzintervall des Erwartungswerts der Differenz.
Bei einem Test der Differenz der Erwartungswerte wird die entsprechende Behauptung über den Erwartungswert der Differenz getestet.

| s. Aufgabe 3.10, S. 168 | s. Aufgabe 3.11, S. 168 |

Aufgabe: Aus einer Stichprobe ein $(1 - \alpha)$-Konfidenzintervall für die Wahrscheinlichkeit einer binomial verteilten Zufallsvariablen bestimmen
Gegeben: Aus einer Stichprobe die Häufigkeit, mit der ein Ereignis eintraf
Gesucht:
(a) $(1 - \alpha)$-Konfidenzintervall für die Wahrscheinlichkeit des Ereignisses.
(b) Stichprobenlänge, sodass bei einer Stichprobe mit dieser relativen Häufigkeit des Ereignisses der Schätzfehler höchstens 0.1 beträgt (*Beachte:* Dies kann nicht zur Planung einer Stichprobe herangezogen werden, da bei einer neuen Stichprobe vermutlich eine andere relative Häufigkeit berechnet wird.),
oder
Stichprobenlänge, sodass bei einer beliebigen neuen Stichprobe der Schätzfehler höchstens 0.1 beträgt,
oder
(c) Konfidenzniveau, sodass bei sonst gleichen Parametern der Schätzfehler höchstens 0.1 beträgt.

Lösungsweg:
Formeln 5.4.1
(A) Bei zweiseitigem Konfidenzintervall: $1 - \frac{\alpha}{2}$ berechnen
(B) Bei einseitigem Konfidenzintervall: Analog mit $1 - \alpha$

(a) Passendes Quantil der Standardnormalverteilung in der Tabelle nachschauen
Untere Intervallgrenze:
Relative Häufigkeit r_n − (Quantil der Standardnormalverteilung)·$\sqrt{\frac{r_n \cdot (1-r_n)}{n}}$
Obere Intervallgrenze:
Relative Häufigkeit r_n + (Quantil der Standardnormalverteilung)·$\sqrt{\frac{r_n \cdot (1-r_n)}{n}}$
(b) Etwa in der Formel für die obere Intervallgrenze lässt man das Symbol für die gesuchte Größe stehen und setzt die anderen Größen ein.
Diese Größe soll $\leq r_n + 0.1$ sein.

Zur Planung der Länge einer neuen Stichprobe:
Bei einer beliebigen Stichprobe ist die Aussagekraft am geringsten, wenn $r_n = 0.5$ ist.
Diesen schwierigsten Fall setzt man in die Formel für die obere Intervallgrenze ein.

(c) Für ein zweiseitiges Konfidenzintervall:

Etwa die obere Grenze des Konfidenzintervalls darf nur um 0.1 größer sein als die untere, das heißt:

$$r_n + z_{1-\frac{\alpha}{2}} \sqrt{\frac{r_n \cdot (1-r_n)}{n}} = r_n + 0.1$$
$$z_{1-\frac{\alpha}{2}} = 0.1 \cdot \sqrt{\frac{n}{r_n \cdot (1-r_n)}}$$

Die Zahl rechts kann ausgerechnet werden; anschließend ermittelt man mit Hilfe der Tabelle der Verteilungsfunktion der Standardnormalverteilung die Größe $1 - \frac{\alpha}{2}$ und daraus $1 - \alpha$.
Für den Fall eines einseitigen Konfidenzintervalls geht man analog bezüglich der Intervallgrenze vor.

s. Aufgabe 3.12, S. 169

Aufgabe: Test zur Lage der Wahrscheinlichkeit einer binomial verteilten Zufallsvariablen

Gegeben:
– Aus einer Stichprobe die Häufigkeit, mit der ein Ereignis eintraf
– Fragestellung bezüglich der Wahrscheinlichkeit des Ereignisses:
  Die Wahrscheinlichkeit ist kleiner/kleinergleich/größer/größergleich/gleich/ungleich einem gegebenen Wert p_0, mit einer Restunsicherheit α bei Ablehnung der Behauptung
– Signifikanzniveau α

Gesucht:
(a) Entscheidung, ob die zugehörige Nullhypothese zu gegebenem Signifikanzniveau α abgelehnt werden kann.
(b) Bestimmung des notwendigen Abstands von p_0 zu r_n, sodass bei sonst selben Parametern die Nullhypothese abgelehnt werden kann,
  oder
  Bestimmung einer Mindest-Stichprobenlänge n, sodass bei sonst selben Parametern die Nullhypothese abgelehnt werden kann (*Beachte:* Dies kann nicht zur Planung einer Stichprobe herangezogen werden, da bei einer neuen Stichprobe vermutlich eine andere relative Häufigkeit berechnet wird.),
  oder
  Abschätzung, welches das kleinste Signifikanzniveau ist, zu dem bei diesen Parametern die Nullhypothese abgelehnt werden kann.

164 Einfache statistische Schätz- und Testverfahren

Lösungsweg:
Formeln 5.4.2
(A) Bei zweiseitigem Konfidenzintervall: $1 - \frac{\alpha}{2}$ berechnen
(B) Bei einseitigem Konfidenzintervall: Analog mit $1 - \alpha$

(a) Nullhypothese und Alternative korrekt aufstellen.
Passendes Quantil der Standardnormalverteilung in der Tabelle nachschauen
Testgröße τ ausrechnen und mit dem Quantil vergleichen.
Entscheidung.
(b) Zur Ablehnung von H_0 muss die Testgröße $< -z_{1-\alpha}$ oder $> z_{1-\alpha}$ sein.
Man lässt das Symbol für die gesuchte Größe in dieer Beziehung stehen und setzt die anderen Größen ein.
Anschließend löst man die Beziehung nach der gesuchten Größe auf.
Zur Ermittlung des kleinst möglichen Signifikanzniveaus, sodass die Nullhypothese abgelehnt werden kann, schaut man in der Tabelle nach, welcher Wert $1 - \alpha$ zu der ermittelten Größe von z passt; dann ist α das Signifikanzniveau.

s. Aufgabe 3.13, S. 169

Aufgabe:
Test, ob mehrere Wahrscheinlichkeiten vorgegebenen Werten entsprechen
Gegeben:
– vollständige Ereignisdisjunktion durch r Ereignisse:
  Ereignisse, die miteinander unvereinbar sind und alle zusammen den Bereich der möglichen Ergebnisse eines Zufallsexperiments überdecken
– Für jedes dieser Ereignisse eine theoretische Wahrscheinlichkeit
– Für jedes dieser Ereignisse die Häufigkeit, die bei einem Zufalssexperiment auftrat
– Signifikanzniveau α

Gesucht:
Entscheidung, ob aufgrund dieses Zufalsexperiments zu gegebenem Signifikanzniveau α angenommen werden kann, dass die tatsächlichen Wahrscheinlichkeiten nicht den vorgegebenen entsprechen

Lösungsweg:
Formeln 5.5
Nullhypothese und Alternative korrekt aufstellen:
– Die Nullhypothese besagt, dass die theoretischen Wahrscheinlichkeiten die richtigen sind.
– Die Alternative besagt, dass das nicht der Fall ist.

Passendes Quantil der Chi-Quadrat-Verteilung mit $r - 1$ Freiheitsgraden in der Tabelle nachschauen:
Hier wird das $(1 - \alpha)$-Quantil benutzt, denn die Fragestellung, ob der Unterschied zwischen theoretisch möglichen Wahrscheinichkeiten und tatsächlich gemessenen relativen Häufigkeiten zu groß ist, ist einseitig.
Testgröße χ^2_{ber} ausrechnen und mit dem Quantil vergleichen.
Entscheidung.

s. Aufgabe 3.15, S. 169

Aufgabe: Test, ob zwei Zufallsvariablen unabhängig sind
Gegeben:
- Vierfeldertafel mit absoluten Häufigkeiten
  (a) für das Eintreffen eines Ereignisses A in zwei Experimenten
    oder
  (b) für das Eintreffen zweier Ereignisse A, B in einem Experiment
- Signifikanzniveau α

Gesucht:
Entscheidung, ob die zugehörigen Zufallsvariablen zu gegebenem Signifikanzniveau α unabhängig sind, mit einer Restunsicherheit α bei Ablehnung der Behauptung

Lösungsweg:
Formel 5.6.1
- Die Nullhypothese besagt, dass die beiden zugehörigen Zufallsvariablen unabhängig sind.
- Die Alternative besagt, dass sie abhängig sind.

Passendes Quantil der Chi-Quadrat-Verteilung mit 1 Freiheitsgrad in der Tabelle nachschauen:
Hier wird das $(1 - \alpha)$-Quantil benutzt, denn die Fragestellung ist einseitig, ob die Testgröße zu groß ist.
Testgröße χ^2_{ber} ausrechnen und mit dem Quantil vergleichen.
Entscheidung.

s. Aufgabe 3.16, S. 170   s. Aufgabe 3.17, S. 170

3.10 Übungsaufgaben

Vertrauensintervall und Test für den Erwartungswert bei bekannter Varianz

Aufgabe 3.1
Für die Reißfestigkeit von Schnürriemen ist bekannt, dass sie näherungsweise normalverteilt mit Standardabweichung $\sigma = 12$ Newton ist.
Bei einer Stichprobe der Länge $n = 901$ wurde der Mittelwert $\bar{x} = 100$ Newton ermittelt.
Berechnen Sie ein zweiseitiges zentriertes 95 %-Konfidenzintervall für die Reißfestigkeit.

Aufgabe 3.2
Für die Reißfestigkeit von Schnürriemen sei bekannt, dass sie näherungsweise normalverteilt mit Standardabweichung $\sigma = 12$ Newton ist.
Bei einer Stichprobe der Länge $n = 901$ wurde der Mittelwert $\bar{x} = 100$ Newton ermittelt.
(a) Testen Sie zum Signifikanzniveau $\alpha = 0.05$, ob der Erwartungswert gleich 101 ist.
(b) Ermitteln Sie, wie weit die Zahl μ_0 vom Mittelwert $\bar{x}$ mindestens abweichen muss, damit H_0 abgelehnt werden kann.
(c) Bestimmen Sie, wie groß die Länge n einer Stichprobe mit diesem Mittelwert mindestens sein muss, damit die Nullhypothese abgelehnt werden kann.

Aufgabe 3.3
Das Gewicht von männlichen Kartäuserkatzen werde als normalverteilt angenommen mit Standardabweichung $\sigma = 1$ kg.
Bei einer Stichprobe der Länge 50 ergab sich ein mittleres Gewicht von 6.5 kg.
(a) Bestimmen Sie ein zweiseitiges Konfidenzintervall des Erwartungswerts zum Konfidenzniveau 0.95.
(b) Ermitteln Sie eine minimale Stichprobenlänge für einen Schätzfehler von 0.1.
(c) Berechnen Sie ein Vertrauensniveau, sodass der Schätzfehler höchstens 0.1 beträgt.

Aufgabe 3.4
Das Gewicht von männlichen Kartäuserkatzen werde als normalverteilt angenommen mit Standardabweichung $\sigma = 1$ kg.
Bei einer Stichprobe der Länge 50 ergab sich ein mittleres Gewicht von 6.5 kg.
(a) Testen Sie zum Signifikanzniveau 0.05, ob man als Gewicht einer solchen Katze mindestens $\mu_0 = 6.7$ kg erwarten kann bzw. ob das Gewicht einer solchen Katze bei weniger als 6.7 kg zu erwarten ist.
(b) Bestimmen Sie eine Mindestgröße des gegebenen Werts μ_0, die ermöglicht, dass die Nullhypothese abgelehnt werden kann.

(c) Bestimmen Sie eine Mindest-Stichprobenlänge n, die ermöglicht, dass bei sonst selben Parametern die Nullhypothese aus (a) abgelehnt werden kann.
(d) Finden Sie das kleinste Signifikanzniveau, zu dem bei diesen Parametern die Nullhypothese abgelehnt werden kann.

Vertrauensintervall und Test für den Erwartungswert bei unbekannter Varianz

Aufgabe 3.5
Für die Reißfestigkeit von Schnürriemen ist bekannt, dass sie näherungsweise normalverteilt ist.
Bei einer Stichprobe der Länge $n = 901$ wurde der Mittelwert $\bar{x} = 100$ Newton und die Standardabweichung 12 Newton ermittelt.
Berechnen Sie ein zweiseitiges zentriertes 95 %-Konfidenzintervall für die Reißfestigkeit.

Aufgabe 3.6
Für die Reißfestigkeit von Schnürriemen sei bekannt, dass sie näherungsweise normalverteilt ist.
Bei einer Stichprobe der Länge $n = 901$ wurden der Mittelwert $\bar{x} = 100$ Newton und die Standardabweichung 12 Newton ermittelt.
(a) Testen Sie zum Signifikanzniveau $\alpha = 0.05$, ob der Erwartungswert gleich 101 ist.
(b) Ermitteln Sie, wie weit die Zahl μ_0 vom Mittelwert $\bar{x}$ mindestens abweichen muss, damit H_0 abgelehnt werden kann.

Aufgabe 3.7
Das Gewicht von männlichen Kartäuserkatzen werde als normalverteilt angenommen.
Bei einer Stichprobe der Länge 50 ergaben sich ein mittleres Gewicht von 6.5 kg und eine Stichprobenstandardabweichung $s = 1$ kg.
(a) Ermitteln Sie ein zweiseitiges Konfidenzintervall des Erwartungswerts zum Konfidenzniveau 0.95.
(b) Bestimmen Sie die maximale Stichprobenstandardabweichung s für einen Schätzfehler von 0.2.
(c) Berechnen Sie ein Vertrauensniveau, sodass der Schätzfehler höchstens 0.2 beträgt.

Aufgabe 3.8
Das Gewicht von männlichen Kartäuserkatzen werde als normalverteilt angenommen.
Eine Stichprobe der Länge 10 ergab folgende Ergebnisse (in kg):

5.5 6.4 6.6 5.8 5.9 7.0 7.1 7.2 7.2 6.4

(a) Berechnen Sie anhand dieser konkreten Stichprobe geeignete Schätzer für den Erwartungswert und die Varianz des Gewichts dieser Katzen in der Gesamtheit.
(b) Berechnen Sie zum Konfidenzniveau $1 - \alpha = 0{,}95$ ein zweiseitiges Konfidenzintervall für das Gewicht dieser Katzen in der Gesamtheit.

Aufgabe 3.9
Das Gewicht von männlichen Kartäuserkatzen werde als normalverteilt angenommen.
Bei einer Stichprobe der Länge 50 ergaben sich ein mittleres Gewicht von 6.5 kg und eine Stichprobenstandardabweichung $s = 1$ kg.
(a) Testen Sie zum Signifikanzniveau 0.05, ob man als Gewicht einer solchen Katze mindestens 6.7 kg erwarten kann beziehungsweise ob das Gewicht einer solchen Katze bei weniger als 6.7 kg zu erwarten ist
(b) Bestimmen Sie den Mindestabstand des gegebenen Werts μ_0 von 6.5, der ermöglicht, dass die Nullhypothese abgelehnt werden kann.
(c) Suchen Sie das kleinste Signifikanzniveau, zu dem bei diesen Parametern die Nullhypothese abgelehnt werden kann.

Aufgabe 3.10
100 Probanden wurden vor und nach Weihnachten gewogen. Die Mittelwerte waren:
Vor Weihnachten: 70 kg
Nach Weihnachten: 72 kg
Die Stichprobenstandardabweichung der Differenzen war $s_d = 2$ kg.
Es wird angenommen, dass diese Mittelwerte näherungsweise normalverteilt sind.
Bestimmen Sie ein zweiseitiges 0.98-Vertrauensintervall für die Differenz der Erwartungswerte.

Aufgabe 3.11
100 Probanden wurden vor und nach Weihnachten gewogen. Die Mittelwerte waren:
Vor Weihnachten: 70 kg
Nach Weihnachten: 72 kg
Die Stichprobenstandardabweichung der Differenzen war $s_d = 2$ kg.
(a) Testen Sie zum Signifikanzniveau $\alpha = 0.002$, ob die Erwartungswerte der Gewichte vor und nach Weihnachten gleich sind.
(b) Testen Sie zum Signifikanzniveau $\alpha = 0.001$, ob der Erwartungswert der Gewichte nach Weihnachten größer ist als vor Weihnachten.

Vertrauensintervall und Test für die Wahrscheinlichkeit einer binomial verteilten Zufallsvariable

Aufgabe 3.12
Bei einer Stichprobe von 200 Fahrrädern war bei 80 Fahrrädern die Lichtanlage nicht in Ordnung.
(a) Bestimmen Sie ein zweiseitiges 0.98-Konfidenzintervall für die Wahrscheinlichkeit, dass bei einem Fahrrad die Lichtanlage nicht in Ordnung ist.
(b) Ermitteln Sie eine Mindeststichprobenlänge, sodass bei ansonsten selben Parametern der Schätzfehler höchstens 0.1 beträgt.
(c) Berechnen Sie eine Mindeststichprobenlänge, sodass bei beliebigem Anteil an Fahrrädern mit defekter Lichtanlage der Schätzfehler höchstens 0.1 beträgt.
(d) Ermitteln Sie das größte Konfidenzniveau, zu dem der Schätzfehler höchstens 0.1 beträgt.

Aufgabe 3.13
Bei einer Stichprobe von 200 Fahrrädern war bei 80 Fahrrädern die Lichtanlage nicht in Ordnung.
(a) Entscheiden Sie, ob die Behauptung, diese Wahrscheinlichkeit sei höchstens 0.35, zum Signifikanzniveau 0.02 abgelehnt werden kann.
(b) Bestimmen Sie den notwendigen Abstand von p_0 zu $r_n = \frac{80}{200}$, sodass bei sonst selben Parametern die Nullhypothese abgelehnt werden kann.
(c) Bestimmen Sie eine Mindest-Stichprobenlänge n, sodass bei sonst selben Parametern die Nullhypothese abgelehnt werden kann.
(d) Schätzen Sie ab, weldes das kleinste Signifikanzniveau ist, zu dem bei diesen Parametern die Nullhypothese abgelehnt werden kann.

Aufgabe 3.14
Bei einer Stichprobe von 200 Fahrrädern vor der Uni Köln war bei 80 Fahrrädern die Lichtanlage nicht in Ordnung.
Bei einer Stichprobe von 250 Fahrrädern in der Innenstadt von Köln war bei 80 Fahrrädern die Lichtanlage nicht in Ordnung.
Entscheiden Sie zum Signifikanzniveau von 1 %, ob die Wahrscheinlichkeit einer defekten Lichtanlage bei Fahrrädern von Studierenden höher ist als in der Gesamtbevölkerung.

Test von mehreren Wahrscheinlichkeiten

Aufgabe 3.15
Bei einer Hunderasse seien die Wahrscheinlichkeiten für bestimmte Fellfarben wie folgt verteilt:

Farbe	Wahrscheinlichkeit
weiß	0.1
braun	0.3
schwarz	0.6

Bei einer Stichprobe von 500 Hunden dieser Rasse waren 100 Hunde weiß, 150 braun, 250 schwarz.
Testen Sie zum Signifikanzniveau 0.01, ob diese Stichprobe der theoretischen Verteilung entspricht.

Unabhängigkeitstest

Aufgabe 3.16
300 Hausmäuse, davon 150 Labormäuse, wurden gewogen:

Labormaus \ Gewicht > 35 g	ja	nein	Summe
ja	105	45	150
nein	24	126	150
Summe	129	171	300

Testen Sie zum Signifikanzniveau 0.005, ob die Eigenschaften »Labormaus« und »Gewicht > 35 g« unabhängig voneinander sind.

Aufgabe 3.17
Bei einem diagnostischen Test für eine Krankheit seien die Häufigkeiten für ein positives Testergebnis wie folgt verteilt:

Befund	Testergebnis	
	+	-
krank (+)	530	8
gesund (-)	15	447

Testen Sie zum Signifikanzniveau 0.001, ob die Eigenschaften »krank« und »Test positiv« unabhängig voneinander sind.

Korrelationstest

Aufgabe 3.18
Gegeben ist die Kontingenztafel einer Stichprobe der Länge 101, in der die Zahl der Wochentage, an denen jemand ferngesehen hat, gegen das Alter des Befragten aufgetragen ist. Daraus ergab sich als Korrelationskoeffizient $r = 0.89$.
Testen Sie zum Signifikanzniveau von 2%, ob der so gemessene Fernsehkonsum mit dem Alter eines Menschen korreliert ist.

3.11 Lösungen

Lösung 3.1
Für die Reißfestigkeit von Schnürriemen ist bekannt, dass sie näherungsweise normalverteilt mit Standardabweichung $\sigma = 12$ Newton ist.
Bei einer Stichprobe der Länge $n = 901$ wurde der Mittelwert $\bar{x} = 100$ Newton ermittelt.
Zweiseitiges zentriertes 95 %-Konfidenzintervall für die Reißfestigkeit:

$\bar{x} \qquad = 100$

$\sigma \qquad = 12$

$\frac{\sigma}{\sqrt{n}} \qquad = \frac{12}{\sqrt{901}} = \frac{12}{30.0167} = 0.3998$

$\alpha \qquad = 0.05$

$1 - \frac{\alpha}{2} \qquad = 0.975$

$z_{1-\frac{\alpha}{2}} \qquad = z_{0.975} = 1.959960$

$z_{1-\frac{\alpha}{2}} \cdot \frac{\sigma}{\sqrt{n}} \quad = 1.95996 \cdot 0.3998 = 0.7835$

Ein zweiseitiges zentriertes 95 %-Konfidenzintervall ist

$[\bar{x} - z_{1-\frac{\alpha}{2}} \cdot \frac{\sigma}{\sqrt{n}}, \bar{x} + z_{1-\frac{\alpha}{2}} \cdot \frac{\sigma}{\sqrt{n}}] \;=\; [100 - 0.7835, 100 + 0.7835]$
$\qquad\qquad\qquad\qquad\qquad\qquad\;\;= [99.2165, 100.7835]$

Bemerkung:
Einseitige 95 %-Konfidenzintervallle sind

$]-\infty, \bar{x} + z_{0.95} \cdot \frac{\sigma}{\sqrt{n}}) =]-\infty, 100 + 1.64485 \cdot 0.3998] =]-\infty, 100.6576]$

und

$[\bar{x} - z_{0.95} \cdot \frac{\sigma}{\sqrt{n}}, +\infty[= [100 - 1.64485 \cdot 0.3998, +\infty[= [99.3424, +\infty[$

In jedem der drei Intervalle liegt die erwartete Reißfestigkeit mit einer Sicherheit von 95 %.

Lösung 3.2
Für die Reißfestigkeit von Schnürriemen sei bekannt, dass sie näherungsweise normalverteilt mit Standardabweichung $\sigma = 12$ Newton ist.
Bei einer Stichprobe der Länge $n = 901$ wurde der Mittelwert $\bar{x} = 100$ Newton ermittelt.
(a) Test zum Signifikanzniveau $\alpha = 0.05$, ob der Erwartungswert gleich 101 ist:
 1. $H_0: \quad \mu \;\;= \;\;101$
    $H_1: \quad \mu \;\;\neq\;\; 101$
 2. $\alpha \qquad\;\; = \;\; 0.05$
    $1 - \frac{\alpha}{2} \;\;= \;\; 0.975$

172 Einfache statistische Schätz- und Testverfahren

3. $z_{\text{ber}} = \frac{\bar{x}-101}{\sigma} \cdot \sqrt{n}$

   $= \frac{-1}{12} \cdot 30.01666$

   $= -2.5014$

4. $z_{1-\frac{\alpha}{2}} = 1.959960$

   Da $|z_{\text{ber}}| > z_{1-\frac{\alpha}{2}}$, kann H_0 abgelehnt werden: Der Erwartungswert ist mit 95 % Sicherheit $\neq 101$.

(b) Abschätzung von μ_0:
Damit H_0 abgelehnt werden kann, muss gelten:

$|z_{\text{ber}}| = \left|\frac{\bar{x}-\mu_0}{\sigma} \cdot \sqrt{n}\right| > z_{1-\frac{\alpha}{2}}$

$z_{\text{ber}} = \frac{\bar{x}-\mu_0}{\sigma} \cdot \sqrt{n} < -z_{1-\frac{\alpha}{2}}$ oder $\frac{\bar{x}-\mu_0}{\sigma} \cdot \sqrt{n} > z_{1-\frac{\alpha}{2}}$

$\frac{100-\mu_0}{12} \cdot 30.0167 < -1.95996$ oder $\frac{100-\mu_0}{12} \cdot 30.0167 > 1.95996$

$\mu_0 - 100 > 1.95996 \cdot 0.3998$ oder $100 - \mu_0 > 1.95996 \cdot 0.3998$

$\mu_0 - 100 > 0.7835$ oder $100 - \mu_0 > 0.7835$

$|\mu_0 - 100| > 0.7835$

(c) Abschätzung der Stichprobenlänge:
Damit H_0 abgelehnt werden kann, muss gelten:

$|z_{\text{ber}}| = \left|\frac{\bar{x}-\mu_0}{\sigma} \cdot \sqrt{n}\right| > z_{1-\frac{\alpha}{2}}$

$z_{\text{ber}} = \frac{\bar{x}-\mu_0}{\sigma} \cdot \sqrt{n} < -z_{1-\frac{\alpha}{2}}$ oder $\frac{\bar{x}-\mu_0}{\sigma} \cdot \sqrt{n} > z_{1-\frac{\alpha}{2}}$

$-\frac{1}{12} \cdot \sqrt{n} < -1.95996$

$n > (1.95996 \cdot 12)^2 = 553.2$

Lösung 3.3

Das Gewicht von männlichen Kartäuserkatzen werde als normalverteilt angenommen mit Standardabweichung $\sigma = 1$ kg.
Bei einer Stichprobe der Länge 50 ergab sich ein mittleres Gewicht von 6.5 kg.

(a) Zweiseitiges Konfidenzintervall des Erwartungswerts zum Konfidenzniveau 0.95:

$n = 50$

$\bar{x} = 6.5$

$\sigma = 1$

$\alpha = 0.05$

$1 - \frac{\alpha}{2} = 0.975$

$z_{1-\frac{\alpha}{2}} = 1.95996$

$$\bar{x} - z_{1-\frac{\alpha}{2}} \cdot \frac{\sigma}{\sqrt{n}} = 6.223$$
$$\bar{x} + z_{1-\frac{\alpha}{2}} \cdot \frac{\sigma}{\sqrt{n}} = 6.777$$
Intervallgrenzen

Zweiseitiges Konfidenzintervall zum Konfidenzniveau 0.95 ist $[6.223, 6.777]$.

(b) Minimale Stichprobenlänge für einen Schätzfehler von 0.1:

$$6.5 + 1.9599 \cdot \frac{1}{\sqrt{n}} \leq 6.5 + 0.1$$
$$1.95996 \leq 0.1 \cdot \sqrt{n}$$
$$1.95996^2 \leq 0.01 \cdot n$$
$$384.14 \leq n$$

Bei einer Stichprobenlänge von $n = 385$ wäre bei sonst gleichen Parametern der Schätzfehler nicht größer als 0.1.

(c) Vertrauensniveau, sodass der Schätzfehler höchstens 0.1 beträgt:

$$6.5 + z_{1-\frac{\alpha}{2}} \cdot \frac{1}{\sqrt{50}} \leq 6.6$$
$$z_{1-\frac{\alpha}{2}} \leq 0.1 \cdot \sqrt{50} = 0.7071$$
$$1 - \frac{\alpha}{2} \leq 0.76$$
$$0.24 \leq \frac{\alpha}{2}$$
$$0.48 \leq \alpha$$
$$1 - \alpha \leq 0.52$$

Lösung 3.4

Das Gewicht von männlichen Kartäuserkatzen werde als normalverteilt angenommen mit Standardabweichung $\sigma = 1$ kg.
Bei einer Stichprobe der Länge 50 ergab sich ein mittleres Gewicht von 6.5 kg.

$n = 50$
$\bar{x} = 6.5$
$\sigma = 1$
$\alpha = 0.05$

(a) Test zum Signifikanzniveau 0.05, ob man als Gewicht einer solchen Katze mindestens $\mu_0 = 6.7$ kg erwarten kann bzw. ob das Gewicht einer solchen Katze bei weniger als 6.7 kg zu erwarten ist:

$H_0: \mu \geq 6.7$
$H_1: \mu < 6.7$
$z_{\text{ber}} = \frac{\bar{x} - \mu_0}{\sigma} \cdot \sqrt{n}$
$\quad = -1.4142$
$z_{1-\alpha} = 1.64485$

Da z_{ber} nicht $< -z_{1-\alpha}$ ist, kann H_0 nicht zum Signifikanzniveau 0.05 abgelehnt werden.

174 Einfache statistische Schätz- und Testverfahren

(b) Mindestgröße des gegebenen Werts μ_0, die ermöglicht, dass die Nullhypothese abgelehnt werden kann:
Zur Ablehnung von H_0 muss gelten:

$$
\begin{aligned}
z_{\text{ber}} &< -z_{1-\alpha} \\
\frac{\bar{x}-\mu_0}{\sigma} \cdot \sqrt{n} &< -1.64485 \\
6.5 - \mu_0 &< -1.64485 \cdot \frac{1}{\sqrt{50}} \\
\mu_0 &> 6.5 + 1.64485 \cdot \frac{1}{\sqrt{50}} = 6.7326
\end{aligned}
$$

Zur Ablehnung von H_0 muss $\mu_0 > 6.7326$ sein.

(c) Mindest-Stichprobenlänge n, die ermöglicht, dass bei sonst selben Parametern die Nullhypothese aus (a) abgelehnt werden kann:
Zur Ablehnung von H_0 muss gelten:

$$
\begin{aligned}
z_{\text{ber}} &< -z_{1-\alpha} \\
\frac{\bar{x}-\mu_0}{\sigma} \cdot \sqrt{n} &< -1.64485 \\
\sqrt{n} &> 1.64485 \cdot \frac{1}{0.2} \\
n &> 67.64
\end{aligned}
$$

Zur Ablehnung von H_0 muss $n \geq 68$ sein.

(d) Abschätzung des kleinsten Signifikanzniveaus, zu dem bei diesen Parametern die Nullhypothese abgelehnt werden kann:
Zur Ablehnung von H_0 muss gelten:

$$
\begin{aligned}
z_{\text{ber}} &< -z_{1-\alpha} \\
\frac{\bar{x}-\mu_0}{\sigma} \cdot \sqrt{n} &< -z_{1-\alpha} \\
-1.4142 &< -z_{1-\alpha} \\
1.4142 &> z_{1-\alpha} \\
0.920 &= 1-\alpha \quad \text{erfüllt: } z_{0.920} = 1.40507 < 1.4142
\end{aligned}
$$

Das mittels der gegebenen Tabelle kleinste Signifikanzniveau, zu dem die Nullhypothese abgelehnt werden kann, liegt bei $\alpha = 0.08$.

Lösung 3.5

Für die Reißfestigkeit von Schnürriemen ist bekannt, dass sie näherungsweise normalverteilt ist.
Bei einer Stichprobe der Länge $n = 901$ wurde der Mittelwert $\bar{x} = 100$ Newton und die Standardabweichung 12 Newton ermittelt.
Zweiseitiges zentriertes 95 %-Konfidenzintervall für die Reißfestigkeit:

$$
\begin{aligned}
\bar{x} &= 100 \\
s &= 12
\end{aligned}
$$

$\frac{s}{\sqrt{n}}$ $= \frac{12}{\sqrt{901}} = 0.3998$

α $= 0.05$

$1 - \frac{\alpha}{2}$ $= 0.975$

$t_{900;1-\frac{\alpha}{2}}$ $= t_{900;0.975} = 1.963$

$t_{900;1-\frac{\alpha}{2}} \cdot \frac{s}{\sqrt{n}}$ $= 1.963 \cdot 0.3998 = 0.7848$

Ein zweiseitiges zentriertes 95 %-Konfidenzintervall ist

$[\bar{x} - t_{900;1-\frac{\alpha}{2}} \cdot \frac{s}{\sqrt{n}}, \bar{x} + t_{900;1-\frac{\alpha}{2}} \cdot \frac{s}{\sqrt{n}}]$ $= [100 - 0.7848, 100 + 0.7848]$
$= [99.2152, 100.7848]$

Lösung 3.6
Für die Reißfestigkeit von Schnürriemen sei bekannt, dass sie näherungsweise normalverteilt ist.
Bei einer Stichprobe der Länge $n = 901$ wurden der Mittelwert $\bar{x} = 100$ Newton und die Standardabweichung 12 Newton ermittelt.

(a) Test zum Signifikanzniveau $\alpha = 0.05$, ob der Erwartungswert gleich 101 ist:

1. $H_0:$ $\mu = 101$
   $H_1:$ $\mu \neq 101$

2. α $= 0.05$
   $1 - \frac{\alpha}{2}$ $= 0.975$

3. t_{ber} $= \frac{\bar{x}-101}{s} \cdot \sqrt{n} = \frac{-1}{12} \cdot 30.0167 = -2.5014$

4. $t_{900;1-\frac{\alpha}{2}}$ $= 1.963$

Da $|t_{\text{ber}}| > t_{900;1-\frac{\alpha}{2}}$, kann H_0 abgelehnt werden: Der Erwartungswert ist mit 95 % Sicherheit $\neq 101$.

(b) Abschätzung von μ_0, damit H_0 abgelehnt werden kann:
Damit H_0 abgelehnt werden kann, muss gelten:

$|t_{\text{ber}}|$ $= \left|\frac{\bar{x}-\mu_0}{s} \cdot \sqrt{n}\right| > t_{n-1;1-\frac{\alpha}{2}}$

t_{ber} $= \frac{\bar{x}-\mu_0}{s} \cdot \sqrt{n} < -t_{n-1;1-\frac{\alpha}{2}}$ oder $\frac{\bar{x}-\mu_0}{s} \cdot \sqrt{n} > t_{n1;1-\frac{\alpha}{2}}$

$\frac{100-\mu_0}{12} \cdot 30.0167 < -1.963$ oder $\frac{100-\mu_0}{12} \cdot 30.0167 > 1.963$

$\mu_0 - 100 > 1.963 \cdot 0.3998$ oder $100 - \mu_0 > 1.963 \cdot 0.3998$

$\mu_0 - 100 > 0.7848$ oder $100 - \mu_0 > 0.7848$

$|\mu_0 - 100| > 0.7848$

Lösung 3.7

Das Gewicht von männlichen Kartäuserkatzen werde als normalverteilt angenommen.
Bei einer Stichprobe der Länge 50 ergaben sich ein mittleres Gewicht von 6.5 kg und eine Stichprobenstandardabweichung $s = 1$ kg.

(a) Zweiseitiges Konfidenzintervall des Erwartungswerts zum Konfidenzniveau 0.95:

$$n = 50$$
$$\bar{x} = 6.5$$
$$s = 1$$
$$\alpha = 0.05$$
$$1 - \frac{\alpha}{2} = 0.975$$
$$t_{49;1-\frac{\alpha}{2}} = 2.010$$

$$\left. \begin{array}{l} \bar{x} - t_{49;1-\frac{\alpha}{2}} \cdot \frac{s}{\sqrt{n}} = 6.2157 \\ \bar{x} + t_{49;1-\frac{\alpha}{2}} \cdot \frac{s}{\sqrt{n}} = 6.7843 \end{array} \right\} \text{Intervallgrenzen}$$

Zweiseitiges Konfidenzintervall zum Konfidenzniveau 0.95 ist [6.2157, 6.7843].

(b) Maximale Stichprobenstandardabweichung s für einen Schätzfehler von 0.2:

$$6.5 + 2.010 \cdot \frac{s}{\sqrt{50}} \leq 6.5 + 0.2$$
$$2.010 \cdot s \leq 0.2 \cdot \sqrt{50}$$
$$s \leq 0.2 \cdot \frac{\sqrt{50}}{2.010}$$
$$= 0.7036$$

(c) Vertrauensniveau, sodass der Schätzfehler höchstens 0.2 beträgt:

$$6.5 + t_{49;1-\frac{\alpha}{2}} \cdot \frac{1}{\sqrt{50}} \leq 6.7$$
$$t_{49;1-\frac{\alpha}{2}} \leq 0.2 \cdot \sqrt{50} = 1.4142$$
$$1 - \frac{\alpha}{2} \leq 0.900$$

denn $t_{49;0.900} = 1.299$, während $t_{49;0.950} = 1.677$ zu groß ist

$$0.1 \leq \frac{\alpha}{2}$$
$$0.2 \leq \alpha$$
$$1 - \alpha \leq 0.80$$

Lösung 3.8

Das Gewicht von männlichen Kartäuserkatzen werde als normalverteilt angenommen.
Eine Stichprobe der Länge 10 ergab folgende Ergebnisse (in kg):

5.5 6.4 6.6 5.8 5.9 7.0 7.1 7.2 7.2 6.4

(a) Schätzer für Erwartungswert und Varianz der Katzengewichte:

$n = 10$

$\bar{x} = 6.51$

ist ein geeigneter Schätzer für den Erwartungswert.

$s^2 = 0.385\bar{4}$

ist ein geeigneter Schätzer für die Varianz.

(b) Zweiseitiges 95 %-Konfidenzintervall für das Gewicht dieser Katzen in der Gesamtheit:

$s = 0.6208$

$t_{9;0.975} = 2.261$

$6.51 - t_{9;0.975} \cdot \frac{0.6208}{\sqrt{10}} = 6.0661$

$6.51 + t_{9;0.975} \cdot \frac{0.6208}{\sqrt{10}} = 6.9539$

[6.0661, 6.9539] ist ein zweiseitiges 95 %-Konfidenzintervall für das Gewicht dieser Katzen (in kg).

Lösung 3.9

Das Gewicht von männlichen Kartäuserkatzen werde als normalverteilt angenommen.
Bei einer Stichprobe der Länge 50 ergaben sich ein mittleres Gewicht von 6.5 kg und eine Stichprobenstandardabweichung $s = 1$ kg.

(a) Test zum Signifikanzniveau 0.05, ob man als Gewicht einer solchen Katze mindestens 6.7 kg erwarten kann beziehungsweise ob das Gewicht einer solchen Katze bei weniger als 6.7 kg zu erwarten ist:

$H_0 : \mu \geq 6.7$

$H_1 : \mu < 6.7$

$n = 50$

$\bar{x} = 6.5$

$s = 1$

$\alpha = 0.05$

$t_{\text{ber}} = \frac{\bar{x} - \mu_0}{\sigma} \cdot \sqrt{n}$

$= -1.4142$

$t_{49;0.95} = 1.677$

Da t_{ber} nicht $< -t_{49;1-\alpha}$ ist, kann H_0 nicht zum Signifikanzniveau 0.05 abgelehnt werden.

(b) Mindestabstand des gegebenen Werts μ_0 von 6.5, der ermöglicht, dass die Nullhypothese abgelehnt werden kann:
Zur Ablehnung von H_0 muss (aufgrund unserer Tabelle) gelten:

178 Einfache statistische Schätz- und Testverfahren

$$
\begin{aligned}
t_{\text{ber}} &< -t_{49;1-\alpha} \\
\frac{\bar{x}-\mu_0}{\sigma} \cdot \sqrt{n} &< -1.677 \\
6.5 - \mu_0 &< -1.677 \cdot \frac{1}{\sqrt{50}} = -0.2372
\end{aligned}
$$

Zur Ablehnung von H_0 muss der Abstand von μ_0 zum Mittelwert mindestens 0.2372 betragen.

(c) Kleinstes Signifikanzniveau, zu dem bei diesen Parametern die Nullhypothese abgelehnt werden kann:
Zur Ablehnung von H_0 muss gelten:

$$
\begin{aligned}
t_{\text{ber}} &< -t_{49;1-\alpha} \\
\frac{\bar{x}-\mu_0}{\sigma} \cdot \sqrt{n} &< -t_{49;1-\alpha} \\
-1.4142 &< -t_{49;1-\alpha} \\
t_{49;1-\alpha} &< 1.4142
\end{aligned}
$$

Da $t_{49;0.9} = 1.299 < 1.4142$, aber

$$
\begin{aligned}
t_{49;0.95} &= 1.677 > 1.4142: \\
0.9 &= 1-\alpha \quad \text{ist die größte Zahl der Tabelle } 1-\alpha \\
&\qquad \text{mit } t_{49;0.9} < 1.4142
\end{aligned}
$$

Das mittels der gegebenen Tabelle kleinste Signifikanzniveau, zu dem die Nullhypothese abgelehnt werden kann, liegt bei $\alpha = 0.1$.

Lösung 3.10

100 Probanden wurden vor und nach Weihnachten gewogen. Die Mittelwerte waren:
Vor Weihnachten: 70 kg
Nach Weihnachten: 72 kg
Die Stichprobenstandardabweichung der Differenzen war $s_d = 2$ kg.
Es wird angenommen, dass diese Mittelwerte näherungsweise normalverteilt sind.
Zweiseitiges 0.98-Vertrauensintervall für die Differenz der Erwartungswerte:

$$
\begin{aligned}
n &= 100 \\
\bar{d} &= 2 \\
s_d &= 2 \\
\alpha &= 0.02 \\
1 - \tfrac{\alpha}{2} &= 0.99 \\
t_{99;1-\frac{\alpha}{2}} &= 2.365 \\
\bar{d} - t_{99;1-\frac{\alpha}{2}} \cdot \tfrac{s_d}{\sqrt{n}} &= 1.527 \\
\bar{d} + t_{99;1-\frac{\alpha}{2}} \cdot \tfrac{s_d}{\sqrt{n}} &= 2.473
\end{aligned}
$$

Das gesuchte Konfidenzintervall ist $[1.527, 2.473]$.

Lösung 3.11
100 Probanden wurden vor und nach Weihnachten gewogen. Die Mittelwerte waren:
Vor Weihnachten: 70 kg
Nach Weihnachten: 72 kg
Die Stichprobenstandardabweichung der Differenzen war $s_d = 2$ kg.
(a) Test zum Signifikanzniveau $\alpha = 0.002$, ob die Erwartungswerte der Gewichte vor und nach Weihnachten gleich sind:

$$H_0: \mu_d = \mu_{nach-vor} = 0$$
$$H_1: \mu_d = \mu_{nach-vor} \neq 0$$
$$t_{ber} = \frac{\bar{d}}{s_d} \cdot \sqrt{n} = 10.0$$
$$t_{99;1-\frac{\alpha}{2}} = 3.175$$

H_0 kann zum Signifikanzniveau 0.002 abgelehnt werden, da $t_{ber} \notin [-t_{99;1-\frac{\alpha}{2}}, t_{99;1-\frac{\alpha}{2}}]$.

(b) Test zum Signifikanzniveau $\alpha = 0.001$, ob der Erwartungswert der Gewichte nach Weihnachten größer ist als vor Weihnachten:

$$H_0: \mu_d = \mu_{nach-vor} \leq 0$$
$$H_1: \mu_d = \mu_{nach-vor} > 0$$
$$t_{ber} = \frac{\bar{d}}{s_d} \cdot \sqrt{n}$$
$$= 10.0$$
$$t_{99;1-\alpha} = 3.175$$

H_0 kann zum Signifikanzniveau 0.001 abgelehnt werden, da $t_{ber} > t_{99;1-\alpha}$.

Lösung 3.12
Bei einer Stichprobe von 200 Fahrrädern war bei 80 Fahrrädern die Lichtanlage nicht in Ordnung.
(a) Zweiseitiges 0.98-Konfidenzintervall für die Wahrscheinlichkeit, dass bei einem Fahrrad die Lichtanlage nicht in Ordnung ist:

$$n = 200$$
$$r_n = 0.4$$
$$\alpha = 0.02$$
$$1 - \frac{\alpha}{2} = 0.99$$
$$\sqrt{\frac{r_n \cdot (1-r_n)}{n}} = 0.0346$$
$$z_{0.99} = 2.32635$$
$$r_n - z_{0.99} \cdot \sqrt{\frac{r_n \cdot (1-r_n)}{n}} = 0.3194$$
$$r_n + z_{0.99} \cdot \sqrt{\frac{r_n \cdot (1-r_n)}{n}} = 0.48059$$

Ein zweiseitiges Vertrauensintervall zum Konfidenzniveau 0.98 ist $[0.3194, 0.48059]$.

180 Einfache statistische Schätz- und Testverfahren

(b) Mindeststichprobenlänge, sodass bei ansonsten selben Parametern der Schätzfehler höchstens 0.1 beträgt:

$$r_n + z_{0.99} \cdot \sqrt{\frac{r_n \cdot (1-r_n)}{n}} \leq r_n + 0.1$$

$$\sqrt{\frac{0.4 \cdot 0.6}{n}} \leq \frac{0.1}{2.32635}$$

$$n \geq \left(\frac{2.32635}{0.1}\right)^2 \cdot 0.4 \cdot 0.6 = 129.89$$

(c) Mindeststichprobenlänge, sodass bei beliebigem Anteil an Fahrrädern mit defekter Lichtanlage der Schätzfehler höchstens 0.1 beträgt:
$r_n \cdot (1 - r_n)$ ist am Größten für $r_n = 0.5$ (Analysis).
Daher wird für eine Abschätzung bei beliebigem Anteil $r_n = 0.5$ verwendet:

$$r_n + z_{0.99} \cdot \sqrt{\frac{r_n \cdot (1-r_n)}{n}} \leq r_n + 0.1$$

$$\sqrt{\frac{0.5 \cdot 0.5}{n}} \leq \frac{0.1}{2.32635}$$

$$n \geq \left(\frac{2.32635}{0.1}\right)^2 \cdot 0.5 \cdot 0.5 = 135.30$$

(d) Größtes Konfidenzniveau, zu dem der Schätzfehler höchstens 0.1 beträgt:

$$r_n + z_{1-\frac{\alpha}{2}} \cdot \sqrt{\frac{r_n \cdot (1-r_n)}{n}} \leq r_n + 0.1$$

$$z_{1-\frac{\alpha}{2}} \leq 0.1 \cdot \sqrt{\frac{n}{r_n \cdot (1-r_n)}} = 2.8868$$

$$1 - \frac{\alpha}{2} = 0.9980 \quad \text{erfüllt:}$$

$$z_{0.9980} = 2.8782$$

$$\leq 2.8868$$

während

$$z_{0.9981} = 2.8943$$

$$> 2.8868 \text{ ist.}$$

$$1 - \alpha = 0.996$$

ist das größte mittels der Tabelle feststellbare Konfidenzniveau, zu dem der Schätzfehler höchstens 0.1 beträgt.

Lösung 3.13

Bei einer Stichprobe von 200 Fahrrädern war bei 80 Fahrrädern die Lichtanlage nicht in Ordnung.

(a) Entscheidung, ob die Behauptung, diese Wahrscheinlichkeit sei höchstens 0.35, zum Signifikanzniveau 0.02 abgelehnt werden:

$$H_0: \quad p \leq 0.35$$
$$H_1: \quad p > 0.35$$
$$n = 200$$
$$r_n = 0.4$$

$$p_0 = 0.35$$
$$\alpha = 0.02$$
$$1-\alpha = 0.98$$
$$z_{\text{ber}} = \sqrt{n} \cdot \frac{r_n - p_0}{\sqrt{p_0 \cdot (1-p_0)}}$$
$$= 1.4825$$
$$z_{0.98} = 2.05375$$

Da z_{ber} nicht $> z_{0.98}$, kann H_0 nicht zum Signifikanzniveau 0.02 abgelehnt werden.

(b) Notwendiger Abstand von p_0 zu $r_n = \frac{80}{200}$, sodass bei sonst selben Parametern die Nullhypothese abgelehnt werden kann:
Damit H_0 abgelehnt werden kann, muss gelten:

$$\sqrt{n} \cdot \frac{r_n - p_0}{\sqrt{p_0 \cdot (1-p_0)}} > 2.05375$$
$$r_n - p_0 > 2.05375 \cdot \sqrt{\frac{p_0 \cdot (1-p_0)}{n}}$$
$$= 2.05375 \cdot \sqrt{\frac{0.4 \cdot 0.6}{200}} = 0.0711$$

(c) Bestimmung einer Mindest-Stichprobenlänge n, sodass bei sonst selben Parametern die Nullhypothese abgelehnt werden kann:
Damit H_0 abgelehnt werden kann, muss gelten:

$$\sqrt{n} \cdot \frac{r_n - p_0}{\sqrt{p_0 \cdot (1-p_0)}} > 2.05375$$
$$n > 2.05375^2 \cdot \frac{p_0 \cdot (1-p_0)}{(r_n - p_0)^2}$$
$$= 2.05375^2 \cdot \frac{0.35 \cdot (1-0.35)}{(0.4 - 0.35)^2}$$
$$= 383.83$$

Es müsste $n \geq 384$ sein.

(d) Abschätzung, welches das kleinste Signifikanzniveau ist, zu dem bei diesen Parametern die Nullhypothese abgelehnt werden kann:
Damit H_0 abgelehnt werden kann, muss gelten:

$$\sqrt{n} \cdot \frac{r_n - p_0}{\sqrt{p_0 \cdot (1-p_0)}} > z_{1-\alpha}$$
$$1.4825 > z_{1-\alpha}$$
$$1-\alpha = 0.930$$

ist die kleinste Zahl in der Tabelle, die das erfüllt.
$$\alpha = 0.07$$

Lösung 3.14

Bei einer Stichprobe von 200 Fahrrädern vor der Uni Köln war bei 80 Fahrrädern die Lichtanlage nicht in Ordnung.
Bei einer Stichprobe von 250 Fahrrädern in der Innenstadt von Köln war bei 80 Fahrrädern die Lichtanlage nicht in Ordnung.

X zähle an der Uni Köln die Fahrräder mit defekter Lichtanlage, Y zähle in der Innenstadt die Fahrräder mit defekter Lichtanlage.
Test zum Signifikanzniveau von 1 %, ob die Wahrscheinlichkeit einer defekten Lichtanlage bei Fahrrädern von Studierenden höher ist als in der Gesamtbevölkerung:

$H_0: \quad p_X \leq p_Y$

$H_1: \quad p_X > p_Y$

$n_X = 200$

$r_X = 0.4$

$n_Y = 250$

$r_Y = 0.32$

$\frac{9}{r_X \cdot (1-r_X)} = 37.5 < n_X$

$\frac{9}{r_Y \cdot (1-r_Y)} = 41.36 < n_Y$

$r_{ges} = \frac{160}{450} = 0.3\bar{5}$

$z_{\text{ber}} = \frac{0.4-0.32}{\sqrt{0.3\bar{5} \cdot (1-0.3\bar{5}) \cdot \left(\frac{1}{200}+\frac{1}{250}\right)}}$

$\phantom{z_{\text{ber}}} = 1.76166$

$z_{0.99} = 2.32635$

Da z_{ber} nicht größer als $z_{0.99}$ ist, kann H_0 nicht zum Signifikanzniveau 0.01 abgelehnt werden.

Lösung 3.15
Bei einer Hunderasse seien die Wahrscheinlichkeiten für bestimmte Fellfarben wie folgt verteilt:

Farbe	Wahrscheinlichkeit
weiß	0.1
braun	0.3
schwarz	0.6

Bei einer Stichprobe von 500 Hunden dieser Rasse waren 100 Hunde weiß, 150 braun, 250 schwarz.
Test zum Signifikanzniveau 0.01, ob diese Stichprobe der theoretischen Verteilung entspricht:

$H_0: \quad$ Die Stichprobenverteilung entspricht der theoretischen

$H_1: \quad$ Sie tut es nicht

$\chi^2_{\text{ber}} = \frac{1}{n} \cdot \sum_{i=1}^{r} \frac{h_i^2}{p_i} - n = 58.\bar{3}$

$\chi^2_{2;0.99} = 9.210$

Da $\chi^2_{\text{ber}} > \chi^2_{2;0.99}$, kann H_0 zum Signifikanzniveau 0.01 abgelehnt werden:
Die Farbverteilung dieser Stichprobe ist (mit Irrtumswahrscheinlichkeit von 1%) untypisch für diese Hunderasse.

Lösung 3.16
300 Hausmäuse, davon 150 Labormäuse, wurden gewogen:

Labormaus \ Gewicht > 35 g	ja	nein	Summe
ja	105	45	150
nein	24	126	150
Summe	129	171	300

Test zum Signifikanzniveau 0.005, ob die Eigenschaften »Labormaus« und »Gewicht > 35 g« unabhängig voneinander sind:

H_0 : Die beiden Eigenschaften sind unabhängig.

H_1 : Die beiden Eigenschaften sind nicht unabhängig.

$\chi^2_{\text{ber}} = n \cdot \frac{(h_{11}h_{22} - h_{12}h_{21})^2}{h_{1.}h_{2.}h_{.1}h_{.2}} = 89.2289$

$\chi^2_{1;0.995} = 7.879$

Da $\chi^2_{\text{ber}} > \chi^2_{1;0.995}$, kann H_0 zum Signifikanzniveau 0.005 abgelehnt werden:
Mit Irrtumswahrscheinlichkeit von 0.5% sind die Eigenschaften »Labormaus« und »schwerer als 35 g« abhängig.

Lösung 3.17
Bei einem diagnostischen Test für eine Krankheit seien die Häufigkeiten für ein positives Testergebnis wie folgt verteilt:

Befund	Testergebnis	
	+	-
krank (+)	530	8
gesund (-)	15	447

Test zum Signifikanzniveau 0.001, ob die Eigenschaften »krank« und »Test positiv« unabhängig voneinander sind:

Befund	Testergebnis		Summe
	+	-	
krank (+)	530	8	538
gesund (-)	15	447	462
Summe	545	455	1000

H_0 : Die beiden Eigenschaften sind unabhängig.
H_1 : Die beiden Eigenschaften sind nicht unabhängig.

$\chi^2_{\text{ber}} = n \cdot \frac{(h_{11}h_{22}-h_{12}h_{21})^2}{h_{1\cdot}h_{2\cdot}h_{\cdot 1}h_{\cdot 2}} = 909.69$

$\chi^2_{1;0.999} = 10.828$

Da $\chi^2_{\text{ber}} > \chi^2_{1;0.999}$, kann H_0 zum Signifikanzniveau 0.001 abgelehnt werden:
Mit Irrtumswahrscheinlichkeit von 0.1 % sind die Eigenschaften »krank« und »Test positiv« abhängig.

Lösung 3.18
Gegeben ist die Kontingenztafel einer Stichprobe der Länge 101, in der die Zahl der Wochentage, an denen jemand ferngesehen hat, gegen das Alter des Befragten aufgetragen ist. Daraus ergab sich als Korrelationskoeffizient $r = 0.89$.
Test zum Signifikanzniveau von 2 %, ob der so gemessene Fernsehkonsum mit dem Alter eines Menschen korreliert ist:

$H_0 : \rho = 0$
$H_1 : \rho \neq 0$

$\alpha = 0.02$
$n = 101$
$t_{\text{ber}} = \sqrt{n-1} \cdot \frac{r}{\sqrt{1-r^2}}$
$\phantom{t_{\text{ber}}} = \sqrt{100} \cdot \frac{0.89}{\sqrt{1-0.89^2}}$
$\phantom{t_{\text{ber}}} = 19.5192$
$t_{99;0.99} = 2.3646$

Da t_{ber} nicht im Intervall $[-2.3646, 2.3646]$ liegt, kann die Nullhypothese zum Signifikanzniveau von 2 % abgelehnt werden:
Der Korrelationskoeffizient weicht (immerhin) signifikant zu diesem Signifikanzniveau von 0 ab, der so gemessene Fernsehkonsum ist signifikant zum Signifikanzniveau 0.02 mit dem Alter korreliert.

3.12 Bezug zu weiterführenden Anwendungen

Personalentwicklung:

Sie planen eine Weiterbildungsmaßnahme für die Außendienstmitarbeiter Ihres Unternehmens. Um Ihrem Vorgesetzten Auskunft darüber zu erteilen, ob die Mitarbeiter nach der Schulung erfolgreicher arbeiten, haben Sie als Indikator für den Erfolg die mittleren Umsatzzahlen miteinander verglichen. Sie konnten zeigen, dass die Umsatzsteigerung von 50.000 Euro pro Mitarbeiter im Schnitt überzufällig höher ist als die Gewinne, die vor der Maßnahme erzielt wurden.

4 Musterklausuren

Die folgenden Musterklausuren sind auf eine Bearbeitungszeit von 60 Minuten abgestimmt.

4.1 Klausuren

4.1.1 Klausur 1

Aufgabe 4.1 (10 Punkte)
Karin ist sehr eigen bei der Auswahl ihrer Blusen. 80 % ihrer Blusen sind langärmlig. Von diesen langärmligen Blusen sind 50 % weiß; von den kurzärmligen sind sogar 60 % weiß.

(a) Berechnen Sie die Wahrscheinlichkeit, dass Karin, wenn sie zufällig eine Bluse aus ihrem Schrank greift, eine weiße Bluse nimmt.
(b) Bestimmen Sie die Wahrscheinlichkeit, dass es sich um eine langärmlige Bluse handelt, wenn sie weiß ist.
(c) Ermitteln Sie die Wahrscheinlichkeit, dass sie durch Zufall zu einer weißen langärmligen Bluse greift.
(d) Berechnen Sie die Wahrscheinlichkeit, dass sie durch Zufall eine Bluse herausnimmt, die weiß oder langärmlig ist.
(e) Bestimmen und begründen Sie, ob die Ereignisse »weiß« und »langärmlig« unabhängig sind.

Aufgabe 4.2 (10 Punkte)
Folgende Wahrscheinlichkeitsverteilung der Zufallsvariablen X ist gegeben:

x_i	$P(X = x_i)$
2	0.1
4	0.3
6	0.4
8	0.2

(a) Bestimmen Sie die Verteilungsfunktion.
(b) Berechnen Sie Erwartungswert, Median und Standardabweichung.
(c) Errechnen Sie die Wahrscheinlichkeit $P(4 \leq X \leq 8)$, dass diese Zufallsvariable einen Wert annimmt, der größergleich 4 und kleinergleich 8 ist.

Aufgabe 4.3 (3 Punkte)

Kim kann sich nicht entscheiden, welches seiner 64 Bücher er lesen möchte. Er nummeriert seine Bücher und die 64 Felder eines Schachbretts durch und tippt mit geschlossenen Augen .

(a) Bestimmen Sie den Erwartungswert der Zufallsvariable, die die gewählte Nummer widergibt.
(b) Ermitteln Sie die Varianz dieser Zufallsvariable.
(c) Berechnen Sie die Wahrscheinlichkeit, dass Kim auf eine Nummer tippt, die kleinergleich 30 ist.

Aufgabe 4.4 (8 Punkte)

Von 20 Katzen sind 4 ganz schwarz. In einem Haushalt wohnen 2 dieser Katzen.

(a) Ermitteln Sie den Erwartungswert der Zahl der Katzen mit schwarzem Fell in diesem Haushalt.
(b) Berechnen Sie die Wahrscheinlichkeit, dass genau eine der Katzen dieses Haushalts schwarz ist.
(c) Bestimmen Sie die Wahrscheinlichkeit, dass mindestens eine der Katzen dieses Haushalts schwarz ist.

Aufgabe 4.5 (3 Punkte)

Kristian trinkt in der Regel innerhalb eines Tages 8 Tassen Kaffee.
Errechnen Sie die Wahrscheinlichkeit, dass Kristian an einem bestimmten Tag höchstens drei Tassen Kaffee trinkt.

Aufgabe 4.6 (10 Punkte)

In einem Land sei die Anzahl der Kinder in einer Familie näherungsweise normalverteilt mit Erwartungswert 3 und Standardabweichung 1.2.

(a) Berechnen Sie die Wahrscheinlichkeit, dass in einer speziellen Familie höchstens vier Kinder leben.
(b) Bestimmen Sie die Wahrscheinlichkeit, dass in einer speziellen Familie mindestens vier Kinder leben.
(c) Bestimmen Sie die Zahl der Kinder, die 98 % dieser Familien höchstens haben.
(d) Ermitteln Sie, wie klein die Standardabweichung dieser Zufallsvariable sein müsste, damit höchstens 1 % dieser Familien weniger als zwei Kinder hat.

Aufgabe 4.7 (8 Punkte)

Das Gewicht von Wellensittichen sei näherungsweise normalverteilt.
Eine Stichprobe der Länge 50 ergab ein mittleres Gewicht von 32 Gramm und eine Standardabweichung von 5 Gramm.

(a) Ermitteln Sie ein zweiseitiges Konfidenzintervall des Erwartungswerts zum Konfidenzniveau 0.98.
(b) Bestimmen Sie, wie klein die Stichproben-Standardabweichung sein müsste, damit ein solches Konfidenzintervall von 29 bis 30 reicht.

Aufgabe 4.8 (8 Punkte)

Bei einer Stichprobe unter 250 Jura-Studierenden hatten 110 keinen Gesetzestext in ihren Vorlesungen dabei.
Testen Sie auf Grundlage dieser Stichprobe zum Signifikanzniveau von 1 % die Behauptung, der Anteil an Jura-Studierenden, der keinen Gesetzestext mit zu Lehrveranstaltungen nimmt, liege bei unter 50 %.

4.1.2 Klausur 2

Aufgabe 4.9 (9 Punkte)

Tim liebt Jeans. Er besitzt wenige andere Hosen. Außerdem mag er gern blaue Hosen, was sich in folgender Wahrscheinlichkeitsverteilung widerspiegelt:

	Jeans	nicht Jeans
blau	0.8	0.05
nicht blau	0.08	

(a) Bestimmen Sie die Wahrscheinlichkeit, dass Tim durch Zufall eine Hose herausgreift, die keine Jeans und nicht blau ist.
(b) Berechnen Sie die Wahrscheinlichkeit, dass Tim durch Zufall zu einer Jeans greift.
(c) Ermitteln Sie die Wahrscheinlichkeit, dass Tim durch Zufall eine blaue Hose herausnimmt unter der Bedingung, dass es eine Jeans ist.
(d) Errechnen Sie die Wahrscheinlichkeit, dass er durch Zufall zu einer Jeans greift unter der Bedingung, dass es sich um eine blaue Hose handelt.
(e) Bestimmen Sie die Wahrscheinlichkeit, dass Tim zufällig eine Hose nimmt, die eine blaue Jeans oder eine nicht-blaue Nicht-Jeans ist.

Aufgabe 4.10 (8 Punkte)

Folgende Wahrscheinlichkeitsverteilung einer Zufallsvariablen X ist gegeben:

x_i	$P(X = x_i)$
2	a
4	$2a$
6	$3a$
8	$4a$

(a) Bestimmen und begründen Sie, ob diese Zufallsvariable diskret oder stetig ist.
(b) Bestimmen Sie den Parameter a so, dass dies tatsächlich eine Wahrscheinlichkeitsverteilung ist.
(c) Ermitteln Sie Verteilungsfunktion, Erwartungswert und Varianz.

Aufgabe 4.11 (7 Punkte)

Elena besitzt insgesamt 24 Blusen in vielen Farben, wählt diejenige, die sie an einem Tag trägt, aber zufällig aus. Drei ihrer Blusen sind grün.
Elena sortiert die 7 Blusen, die sie in der vergangenen Woche getragen hat.

(a) Berechnen Sie die Wahrscheinlichkeit, dass sich genau eine grüne darunter befindet.
(b) Ermitteln Sie die Wahrscheinlichkeit, dass sich höchstens eine grüne Bluse darunter befindet.
(c) Bestimmen Sie die Wahrscheinlichkeit, dass sich darunter mindestens eine grüne Bluse befindet.

Aufgabe 4.12 (4 Punkte)

Der Anteil rothaariger Menschen liegt bei etwa 1.5 %.

(a) Wenn Sie auf die Straße gehen und zufällig Menschen ansprechen:
Bestimmen Sie die Wahrscheinlichkeit, dass (erst) die zehnte Person, die Sie ansprechen, rothaarig ist.
(b) Ermitteln Sie Erwartungswert und Varianz.

Aufgabe 4.13 (4 Punkte)

Die Zeit, die Karla pro Tag mit ihrer kleinen Schwester spielt, ist gleichverteilt im Intervall von einer halben bis drei Stunden.

(a) Bestimmen Sie, mit welcher Spiel-Zeit mit Karla ihre kleine Schwester an einem speziellen Tag rechnen sollte.
(b) Errechnen Sie auch die Varianz der Zufallsvariable, die diese Spiel-Zeit misst.

Aufgabe 4.14 (10 Punkte)

Die Anzahl der Bücher, die eine Person in Deutschland besitzt, sei näherungsweise normalverteilt mit Erwartungswert 50 und Standardabweichung 15.

(a) Berechnen Sie die Wahrscheinlichkeit, dass eine spezielle Person höchstens 60 Bücher besitzt.
(b) Bestimmen Sie die Wahrscheinlichkeit, dass eine spezielle Person mindestens 40 Bücher besitzt.
(c) Bestimmen Sie die Zahl der Bücher, die 95 % der Personen höchstens besitzen.
(d) Ermitteln Sie, wie klein der Erwartungswert dieser Zufallsvariable sein müsste, damit nur 1 % der Personen mehr als 80 Bücher besitzt.

Aufgabe 4.15 (2 Punkte)
Bestimmen und begründen Sie, mit welcher Wahrscheinlichkeit eine normalverteilte Zufallsvariable Werte im Intervall ±3·Standardabweichung um den Erwartungswert (3σ-Intervall) annimmt.

Aufgabe 4.16 (8 Punkte)
Neun Studierende wurden bei einer Mathematikübung gefragt, wie viel Zeit sie zur Vorbereitung benötigt haben. Die Studierenden machten folgende Angaben:

Studierender	A	B	C	D	E	F	G	H	I
Vorbereitungszeit [min.]	10	30	20	40	0	40	50	60	50

(a) Berechnen Sie aus der Stichprobe geeignete Schätzwerte für den Erwartungswert und die Standardabweichung der Vorbereitungszeit auf solche Übungen.
(b) Testen Sie auf Grundlage dieser Stichprobe zum Signifikanzniveau 0.05, ob die Vorbereitungszeit auf solche Übungen unter 35 Minuten liegt.

Aufgabe 4.17 (8 Punkte)
Bei einer Katzenrasse geht man bisher von folgender Verteilung der Fellfarben aus:

Farbe	Wahrscheinlichkeit
schwarz	0.3
weiß	0.2
getigert	0.5

Bei einer Stichprobe von Katzen dieser Rasse der Länge 200 waren 70 Katzen schwarz, 20 waren weiß und 110 waren getigert.

Testen Sie auf Grundlage dieser Stichprobe zum Signifikanzniveau 0.01, ob diese Farbverteilung der theoretischen entspricht.

4.1.3 Klausur 3

Aufgabe 4.18 (10 Punkte)
Ein Bekleidungshersteller stellt unter anderem kurze Hosen her.
Die Verkaufszahlen im Sommer sind wetterabhängig:

	Regen kalt	Sonne kalt	Regen warm	Sonne warm
Wahrscheinlichkeit	10 %	20 %	30 %	40 %
Verkaufszahl [Tsd.]	20	30	40	50

(a) Ermitteln Sie, mit welcher Verkaufszahl an kurzen Hosen der Hersteller rechnen kann.
(b) Berechnen Sie die Standardabweichung dieser Verkaufszahl.
(c) Jede Hose kostet in der Herstellung 15 € und wird für das 2.5-fache der Herstellungskosten verkauft.
Bestimmen Sie den zu erwartenden Gewinn, wenn der Hersteller die zu erwartende Verkaufszahl herstellt.
(d) Ermitteln Sie, wie hoch die Verkaufszahl bei Sonne und Wärme sein müsste, damit der zu erwartende Gewinn bei 1000 € läge.

Aufgabe 4.19 (15 Punkte)

Folgende Kontingenztafel zweier Zufallsvariablen ist gegeben:

X/Y	2	4	8
1	0.1	0.2	0
2	0	0	?

(a) Bestimmen Sie die Wahrscheinlichkeit, dass bei einem Zufallsexperiment X den Wert 2 und Y den Wert 8 annehmen.
(b) Ermitteln Sie die Kovarianz.
(c) Berechnen Sie den Korrelationskoeffizienten.
(d) Bestimmen und begründen Sie, ob diese Zufallsvariablen unabhängig sind.

Aufgabe 4.20 (5 Punkte)

In einer Urne befinden sich 20 Kugeln, darunter 5 weiße.
Ein Zufallsexperiment mit Zurücklegen wird durchgeführt, 4 Kugeln werden gezogen.

(a) Ermitteln Sie, mit wie vielen weißen gezogenen Kugeln zu rechnen ist.
(b) Errechnen Sie die Wahrscheinlichkeit, dass sich unter diesen 4 Kugeln höchstens eine weiße befindet.

Aufgabe 4.21 (3 Punkte)

In einer Urne befinden sich 20 Kugeln, darunter 5 weiße.
Ein Zufallsexperiment ohne Zurücklegen wird durchgeführt, 4 Kugeln werden gezogen.
Bestimmen Sie die Wahrscheinlichkeit, dass sich unter diesen 4 Kugeln mindestens eine weiße befindet.

Aufgabe 4.22 (3 Punkte)

Die Lebensdauer von Monitoren eines bestimmten Herstellers liege im Mittel bei 16 Jahren.

Berechnen Sie die Wahrscheinlichkeit, dass ein solcher Monitor höchstens 10 Jahre hält.

Aufgabe 4.23 (10 Punkte)

Die Anzahl der Tage, die eine Familie im Jahr gemeinsam im Urlaub verbringt, sei näherungsweise normalverteilt mit Erwartungswert 20 und Standardabweichung 5.

(a) Berechnen Sie die Wahrscheinlichkeit, dass eine spezielle Familie in einem Jahr höchstens 25 Tage Urlaub miteinander verbringt.

(b) Bestimmen Sie die Wahrscheinlichkeit, dass eine spezielle Familie in einem Jahr mindestens 15 Tage Urlaub miteinander verbringt.

(c) Bestimmen Sie die Zahl der Urlaubstage, die 98 % der Familien höchstens miteinander verbringen.

(d) Ermitteln Sie, wie klein der Erwartungswert dieser Zufallsvariable sein müsste, damit nur 2 % der Familien mehr als 30 Tage Urlaub miteinander verbringen.

Aufgabe 4.24 (8 Punkte)

Bei einer Stichprobe der Länge 400 in Deutschland wurde ermittelt, dass ein Anteil von 8 % der Befragten kein Fahrrad besitzt.

Testen Sie auf Grundlage dieser Stichprobe zum Signifikanzniveau 0.01 die Behauptung, dass höchstens 5 % der Deutschen kein Fahrrad besitzen.

Aufgabe 4.25 (8 Punkte)

Um zu erfahren, ob bei Hunden die Eigenschaften »Fellfarbe« und »Charakter« unabhängig sind, wurden 250 Hunde beobachtet:

Charakter/Fellfarbe	schwarz	nicht schwarz
friedlich	65	50
nicht friedlich	60	75

Testen Sie auf Grundlage dieser Stichprobe zum Signifikanzniveau 0.05, ob diese beiden Eigenschaften unabhängig sind.

4.2 Lösungen

4.2.1 Klausur 1

Lösung 4.1

Karin ist sehr eigen bei der Auswahl ihrer Blusen. 80 % ihrer Blusen sind langärmlig, Von diesen langärmligen Blusen sind 50 % weiß; von den kurzärmligen sind sogar 60 % weiß.

$P(\text{langärmlig}) = 0.8$
$P(\text{weiß}|\text{langärmlig}) = 0.5$
$P(\text{weiß}|\text{kurzärmlig}) = 0.6$

(a) Wahrscheinlichkeit, dass Karin, wenn sie zufällig eine Bluse aus ihrem Schrank greift, eine weiße Bluse nimmt:

$$\begin{aligned} P(\text{weiß}) &= P(\text{weiß}|\text{langärmlig}) \cdot P(\text{langärmlig}) + \\ & \quad P(\text{weiß}|\text{kurzärmlig}) \cdot P(\text{kurzärmlig}) \\ &= 0.5 \cdot 0.8 + 0.6 \cdot 0.2 \\ &= 0.52 \end{aligned}$$

(b) Wahrscheinlichkeit, dass es sich um eine langärmlige Bluse handelt, wenn sie weiß ist:

$$\begin{aligned} P(\text{langärmlig}|\text{weiß}) &= \frac{P(\text{weiß}|\text{langärmlig}) \cdot P(\text{langärmlig})}{P(\text{weiß})} \\ &= \frac{0.5 \cdot 0.8}{0.52} \\ &= 0.769 \end{aligned}$$

(c) Wahrscheinlichkeit, dass sie durch Zufall zu einer weißen langärmligen Bluse greift:

$$\begin{aligned} P(\text{weiß und langärmlig}) &= P(\text{weiß}|\text{langärmlig}) \cdot P(\text{langärmlig}) \\ &= 0.5 \cdot 0.8 \\ &= 0.4 \end{aligned}$$

(d) Wahrscheinlichkeit, dass sie durch Zufall eine Bluse herausnimmt, die weiß oder langärmlig ist:

$$\begin{aligned} P(\text{weiß oder langärmlig}) &= P(\text{weiß}) + P(\text{langärmlig}) \\ & \quad - P(\text{weiß und langärmlig}) \\ &= 0.52 + 0.8 - 0.4 \\ &= 0.92 \end{aligned}$$

(e) Unabhängigkeit der Ereignisse »weiß« und »langärmlig«:
Für die Unabhängigkeit kann man etwa prüfen:

$P(\text{weiß}|\text{langärmlig}) = 0.5$
$P(\text{weiß}) = 0.52 \neq 0.5$

Da diese beiden Wahrscheinlichkeiten nicht dieselben sind, sind die Ereignisse »weiß« und »langärmlig«nicht unabhängig.

Lösung 4.2

(a) Gegebene Wahrscheinlichkeitsverteilung und ermittelte Verteilungsfunktion:

x_i	$P(X = x_i)$	$F(x_i)$
2	0.1	0.1
4	0.3	0.4
6	0.4	0.8
8	0.2	1.0

(b) Erwartungswert, Median und Standardabweichung:

$$\begin{aligned}
\mu &= 2 \cdot 0.1 + 4 \cdot 0.3 + 6 \cdot 0.4 + 8 \cdot 0.2 \\
&= 5.4 \\
\tilde{\mu} &= 6 \text{ da bei 6 die Verteilungsfunktion den Wert 0.5 überspringt.} \\
\sigma^2 &= (2 - 5.4)^2 \cdot 0.1 + (4 - 5.4)^2 \cdot 0.3 + (6 - 5.4)^2 \cdot 0.4 + \\
& \quad (8 - 5.4)^2 \cdot 0.2 \\
&= 3.24 \\
\sigma &= \sqrt{3.24} \\
&= 1.8
\end{aligned}$$

(c) Wahrscheinlichkeit, dass diese Zufallsvariable einen Wert annimmt, der größergleich 4 und kleinergleich 8 ist:

$$\begin{aligned}
P(4 \leq X \leq 8) &= F(8) - P(X < 4) \\
&= F(8) - P(X \leq 2) \\
&= 1 - 0.1 \\
&= 0.9
\end{aligned}$$

Lösung 4.3

Die Zufallsvariable X, die die gewählte Nummer eines Buchs beziehungsweise Schachfelds widergibt, ist diskret gleichverteilt mit $m = 64$.

(a) Erwartungswert:

$$m = 64$$
$$\mu = \frac{65}{2}$$
$$= 32.5$$

(b) Varianz:

$$\sigma^2 = \frac{64^2 - 1}{12}$$
$$= 341.25$$

(c) Wahrscheinlichkeit, dass Kim auf eine Nummer tippt, die kleinergleich 30 ist:

$$P(X \leq 30) = 30 \cdot \frac{1}{64}$$
$$= 0.46875$$

Lösung 4.4

Von 20 Katzen sind 4 ganz schwarz. In einem Haushalt wohnen 2 dieser Katzen. Die Zufallsvariable, die die Zahl schwarzer Katzen in diesem Haushalt zählt, ist hypergeometrisch verteilt mit Parametern $N = 20$, $M = 4$ und $n = 2$.

(a) Erwartungswert:

$$\mu = 2 \cdot \frac{4}{20}$$
$$= 0.4$$

(b) Wahrscheinlichkeit, dass genau eine der Katzen dieses Haushalts schwarz ist:

$$P(X = 1) = \frac{\binom{4}{1} \cdot \binom{16}{1}}{\binom{20}{2}}$$
$$= \frac{4 \cdot 16}{190}$$
$$= 0.3368$$

(c) Wahrscheinlichkeit, dass mindestens eine der Katzen dieses Haushalts schwarz ist:

$$P(X \geq 1) = P(X = 1) + P(X = 2)$$
$$= 0.3368 + \frac{\binom{4}{2} \cdot \binom{16}{0}}{\binom{20}{2}}$$
$$= 0.3368 + \frac{6 \cdot 1}{190}$$
$$= 0.3368 + 0.0316$$
$$= 0.3684$$

Lösung 4.5

Die Zufallsvariable X, die misst, wie viel Kaffee Kristian an einem Tag trinkt, ist Poisson-verteilt mit Parameter $\lambda = 8$.
Wahrscheinlichkeit, dass Kristian an einem bestimmten Tag höchstens drei Tassen Kaffee trinkt:

$$\begin{aligned}
P(X \leq 3) &= \left(\tfrac{\lambda^0}{0!} + \tfrac{\lambda^1}{1!} + \tfrac{\lambda^2}{2!} + \tfrac{\lambda^3}{3!}\right) \cdot e^{-\lambda} \\
&= \left(\tfrac{8^0}{0!} + \tfrac{8^1}{1!} + \tfrac{8^2}{2!} + \tfrac{8^3}{3!}\right) \cdot e^{-8} \\
&= 0.04238
\end{aligned}$$

Lösung 4.6

Die Anzahl der Kinder in einer Familie ist näherungsweise normalverteilt mit Erwartungswert 3 und Standardabweichung 1.2.

$\mu = 3$

$\sigma = 1.2$

(a) Wahrscheinlichkeit, dass in einer speziellen Familie höchstens vier Kinder leben:

$$\begin{aligned}
P(X \leq 4) &= \Phi\left(\tfrac{4-3}{1.2}\right) \\
&= \Phi(0.83) \\
&= 0.7967
\end{aligned}$$

(b) Wahrscheinlichkeit, dass in einer speziellen Familie mindestens drei Kinder leben:

$$\begin{aligned}
P(X \geq 4) &= 1 - P(X < 4) \\
&= 1 - 0.7967 \\
&= 0.2033
\end{aligned}$$

(c) Zahl der Kinder, die 98 % dieser Familien höchstens haben:

$$\begin{aligned}
\xi_{0.98} &= \mu + \sigma \cdot z_{0.98} \\
&= 3 + 1.2 \cdot 2.0538 \\
&= 5.46456
\end{aligned}$$

(d) Standardabweichung, damit höchstens 1 % dieser Familien weniger als zwei Kinder hat:

$$\begin{aligned}
P(X \leq 2) &= 0.01 \\
\Phi\left(\tfrac{2-3}{\sigma}\right) &= 0.01 \\
\Phi\left(\tfrac{3-2}{\sigma}\right) &= 0.99 \\
\tfrac{1}{\sigma} &= \xi_{0.99} \\
&= 2.32635 \\
\sigma &= \tfrac{1}{2.32635} \\
&= 0.42986
\end{aligned}$$

Lösung 4.7
Das Gewicht von Wellensittichen sei näherungsweise normalverteilt.
Eine Stichprobe der Länge 50 ergab ein mittleres Gewicht von 32 Gramm und eine Standardabweichung von 5 Gramm.

$n = 50$
$\bar{x} = 32$
$s = 5$

(a) Zweiseitiges 0.98-Konfidenzintervall:

$$\left.\begin{aligned}\bar{x} - t_{49;0.99} \cdot \tfrac{s}{\sqrt{n}} &= 32 - 2.405 \cdot \tfrac{5}{\sqrt{50}} \\ &= 30.299 \\ \bar{x} + t_{49;0.99} \cdot \tfrac{s}{\sqrt{n}} &= 32 + 2.405 \cdot \tfrac{5}{\sqrt{50}} \\ &= 33.701\end{aligned}\right\} \text{Intervallgrenzen}$$

Ein zweiseitiges 98 %-Konfidenzintervall ist das Intervall [30.299, 33.701].

(b) Größe von s, damit ein solches Intervall von 29 bis 30 reicht:

$$30 - 2.405 \cdot \tfrac{s}{\sqrt{50}} = 29$$
$$s = \tfrac{30-29}{2.405} \cdot \sqrt{50}$$
$$= 2.940$$

Lösung 4.8
Bei einer Stichprobe unter 250 Jura-Studierenden hatten 110 keinen Gesetzestext in ihren Vorlesungen dabei.
Test zum Signifikanzniveau von 1 % der Behauptung, der Anteil an Jura-Studierenden, der keinen Gesetzestext mit zu Lehrveranstaltungen nimmt, liege bei unter 50 %:

$n = 250$
$r_n = \tfrac{110}{250}$
$ = 0.44$

$H_0: p \geq 0.5$
$H_1: p < 0.5$

$\alpha = 0.01$

$z_{\text{ber}} = \tfrac{0.44 - 0.5}{\sqrt{0.5 \cdot (1-0.5)}} \cdot \sqrt{250}$
$\phantom{z_{\text{ber}}} = -1.89737$

$z_{0.99} = 2.32635$

Da z_{ber} nicht kleiner als $-z_{0.99}$ ist, kann die Nullhypothese nicht zum Signifikanzniveau 0.01 abgelehnt werden.

4.2.2 Klausur 2

Lösung 4.9

Tim liebt Jeans. Er besitzt wenige andere Hosen. Außerdem mag er gern blaue Hosen, was sich in folgender Wahrscheinlichkeitsverteilung widerspiegelt:

	Jeans	nicht Jeans	Summe
blau	0.8	0.05	0.85
nicht blau	0.08	0.07	0.15
Summe	0.88	0.12	1

(a) Wahrscheinlichkeit, dass Tim durch Zufall eine Hose herausgreift, die keine Jeans und nicht blau ist:

$$P(\text{keine Jeans und nicht blau}) = 1 - (0.8 + 0.05 + 0.08)$$
$$= 0.07$$

(b) Wahrscheinlichkeit, dass Tim durch Zufall zu einer Jeans greift:

$$P(\text{Jeans}) = 0.8 + 0.08$$
$$= 0.88$$

(c) Wahrscheinlichkeit, dass Tim durch Zufall eine blaue Hose herausnimmt unter der Bedingung, dass es eine Jeans ist:

$$P(\text{blaue Hose}|\text{Jeans}) = \frac{0.8}{0.88}$$
$$= 0.90$$

(d) Wahrscheinlichkeit, dass er durch Zufall zu einer Jeans greift unter der Bedingung, dass es sich um eine blaue Hose handelt:

$$P(\text{Jeans}|\text{blau}) = \frac{0.8}{0.85}$$
$$= 0.9412$$

(e) Wahrscheinlichkeit, dass Tim zufällig eine Hose nimmt, die eine blaue Jeans oder eine nicht-blaue Nicht-Jeans ist:

$$P(\text{blaue Jeans oder nicht-blaue Nicht-Jeans}) =$$
$$P(\text{blaue Jeans}) + P(\text{nicht-blaue Nicht-Jeans}) =$$
$$0.8 + 0.07 =$$
$$0.87$$

Denn die Ereignisse schließen einander aus.

Lösung 4.10

Folgende Wahrscheinlichkeitsverteilung einer Zufallsvariablen X ist gegeben:

x_i	$P(X = x_i)$
2	a
4	$2a$
6	$3a$
8	$4a$

(a) Diese Zufallsvariable ist diskret, denn der Wertebereich ist endlich: Er besteht nur aus 4 Werten.

(b) Bestimmung des Parameters a so, dass dies tatsächlich eine Wahrscheinlichkeitsverteilung ist:
Die Summe der Einzelwahrscheinlichkeiten muss 1 ergeben:

$$a + 2a + 3a + 4a = 1$$

Daher ist

$$a = \frac{1}{1+2+3+4} = \frac{1}{10}$$

(c) Verteilungsfunktion, Erwartungswert und Varianz:

x_i	$P(X = x_i)$	$F(x_i)$
2	0.1	0.1
4	0.2	0.3
6	0.3	0.6
8	0.4	1.0

$$\mu = 2 \cdot 0.1 + 4 \cdot 0.2 + 6 \cdot 0.3 + 8 \cdot 0.4$$
$$= 6$$
$$\sigma^2 = (2-6)^2 \cdot 0.1 + (4-6)^2 \cdot 0.2 + (8-6)^2 \cdot 0.4$$
$$= 4$$

Lösung 4.11

Die Zufallsvariable X, die die Anzahl der in dieser Woche getragenen grünen Blusen misst, ist binomial verteilt mit Parametern $n = 7$ und $p = \frac{3}{24} = \frac{1}{8}$.

(a) Wahrscheinlichkeit, dass sich genau eine grüne darunter befindet:

$$P(X = 1) = \binom{7}{1} \cdot \frac{1}{8} \cdot \left(\frac{7}{8}\right)^6$$
$$= 0.393$$

(b) Wahrscheinlichkeit, dass sich höchstens eine grüne Bluse darunter befindet:

$$\begin{aligned} P(X \leq 1) &= \binom{7}{0} \cdot \left(\tfrac{7}{8}\right)^7 + 0.393 \\ &= 0.393 + 0.393 \\ &= 0.785 \end{aligned}$$

(c) Wahrscheinlichkeit, dass sich darunter mindestens eine grüne Bluse befindet:

$$\begin{aligned} P(X \geq 1) &= 1 - P(X < 1) \\ &= 1 - 0.393 \\ &= 0.607 \end{aligned}$$

Lösung 4.12
Die Zufallsvariable X, die misst, die wievielte Person die erste mit roten Haaren ist, ist geometrisch verteilt mit Parameter $p = 0.015$.

(a) Wahrscheinlichkeit, dass (erst) die zehnte Person, die Sie ansprechen, rothaarig ist:

$$\begin{aligned} P(X = 10) &= 0.015 \cdot (1 - 0.015)^9 \\ &= 0.013 \end{aligned}$$

(b) Erwartungswert und Varianz:

$$\begin{aligned} \mu &= \tfrac{1}{0.015} \\ &= 66.\overline{6} \\ \sigma^2 &= \tfrac{1-0.015}{0.015^2} \\ &= 4377.\overline{7} \end{aligned}$$

Lösung 4.13
Die Zufallsvariable, die die Zeit misst, die Karla mit ihrer kleinen Schwester spielt, ist stetig gleichverteilt.

(a) Spiel-Zeit mit Karla, mit der ihre kleine Schwester an einem speziellen Tag rechnen sollte:

$$\begin{aligned} \mu &= \tfrac{0.5+3}{2} \\ &= 1.75 \end{aligned}$$

(b) Varianz der Zufallsvariable, die diese Spiel-Zeit misst:

$$\begin{aligned} \sigma^2 &= \tfrac{(3-0.5)^2}{12} \\ &= 0.521 \end{aligned}$$

Lösung 4.14
Die Anzahl der Bücher, die eine Person in Deutschland besitzt, sei näherungsweise normalverteilt mit Erwartungswert 50 und Standardabweichung 15.

$\mu = 50$
$\sigma = 15$

(a) Wahrscheinlichkeit, dass eine spezielle Person höchstens 60 Bücher besitzt:

$$\begin{aligned} P(X \leq 60) &= \Phi\left(\tfrac{60-50}{15}\right) \\ &= \Phi(0.67) \\ &= 0.7486 \end{aligned}$$

(b) Wahrscheinlichkeit, dass eine spezielle Person mindestens 40 Bücher besitzt:

$$\begin{aligned} P(X \geq 40) &= 1 - P(X < 40) \\ &= 1 - \Phi\left(\tfrac{40-50}{15}\right) \\ &= 1 - \Phi(-0.67) \\ &= \Phi(0.67) \\ &= 0.7486 \end{aligned}$$

(c) Zahl der Bücher, die 95 % der Personen höchstens besitzen:

$$\begin{aligned} \xi_{0.95} &= \mu + \sigma \cdot z_{0.95} \\ &= 50 + 15 \cdot 1.64485 \\ &= 74.67275 \end{aligned}$$

(d) Erwartungswert, damit nur 1 % der Personen mehr als 80 Bücher besitzt:

$$\begin{aligned} P(X > 80) &= 0.01 \\ P(X \leq 80) &= 0.99 \\ \Phi\left(\tfrac{80-\mu}{15}\right) &= 0.99 \\ 5.33 - \tfrac{\mu}{15} &= \xi_{0.99} \\ &= 2.32635 \\ \mu &= (5.\bar{3} - 2.32635) \cdot 15 \\ &= 45.10 \end{aligned}$$

Lösung 4.15
Wahrscheinlichkeit, mit der eine normalverteilte Zufallsvariable Werte im Intervall $\pm 3 \cdot$Standardabweichung um den Erwartungswert (3σ-Intervall) annimmt:

Für eine normalverteilte Zufallsvariable X gilt:
$$\begin{aligned}
P(\mu - 3\cdot\sigma \leq X \leq \mu + 3\cdot\sigma) &= \Phi(-3 \leq Z \leq 3) \\
&= \Phi(3) - (1 - \Phi(3)) \\
&= 2\cdot\Phi(3) - 1 \\
&= 2\cdot 0.9987 - 1 \\
&= 0.9974
\end{aligned}$$

Lösung 4.16

Neun Studierende wurden bei einer Mathematikübung gefragt, wie viel Zeit sie zur Vorbereitung benötigt haben:

Studierender	A	B	C	D	E	F	G	H	I
Vorbereitungszeit [min.]	10	30	20	40	0	40	50	60	50

(a) Geeignete Schätzer für Erwartungswert und Standardabweichung:

$$\begin{aligned}
\mu &\approx \bar{x} \\
&= \tfrac{1}{9}\cdot(10 + 30 + 20 + 40 + 0 + 40 + 50 + 60 + 50) \\
&= 33.\bar{3} \\
\sigma^2 &\approx s^2 \\
&= \tfrac{1}{8}\cdot\left((10 - 33.\bar{3})^2 + \cdots + (50 - 33.\bar{3})^2\right) \\
&= 400 \\
\sigma &\approx s \\
&= 20
\end{aligned}$$

(b) Test zum Signifikanzniveau 0.95, ob die Vorbereitungszeit auf solche Übungen unter 35 Minuten liegt:

$$\begin{aligned}
H_0 &: \mu \geq 35 \\
H_1 &: \mu < 35 \\
t_{\text{ber}} &= \tfrac{33.\bar{3} - 35}{20}\cdot\sqrt{9} \\
&= -0.25 \\
t_{8;0.95} &= 1.860
\end{aligned}$$

Da t_{ber} nicht $< -t_{8;0.95}$ ist, kann die Nullhypothese zum Signifikanzniveau 0.95 nicht abgelehnt werden.

Lösung 4.17
Bei einer Katzenrasse geht man bisher von folgender Verteilung der Fellfarben aus:

Farbe	Wahrscheinlichkeit
schwarz	0.3
weiß	0.2
getigert	0.5

Bei einer Stichprobe von Katzen dieser Rasse der Länge 200 waren 70 Katzen schwarz, 20 waren weiß und 110 waren getigert.

Test zum Signifikanzniveau 0.01, ob diese Farbverteilung der theoretischen entspricht:

$n = 200$
$h_1 = 70$
$h_2 = 20$
$h_3 = 110$

H_0 : Die Farbverteilung entspricht der theoretischen.
H_1 : Das ist nicht der Fall.

$$\alpha = 0.01$$
$$\chi^2_{\text{ber}} = \frac{1}{200} \cdot \left(\frac{70^2}{0.3} + \frac{20^2}{0.2} + \frac{110^2}{0.5}\right) - 200$$
$$= 12.\bar{6}$$
$$\chi^2_{2;0.99} = 9.210$$

Da $\chi^2_{\text{ber}} > \chi^2_{2;0.99}$ ist, kann die Nullhypothese zum Signifikanzniveau 0.01 abgelehnt werden:

Mit einer Restunsicherheit von 1 % kann man davon ausgehen, dass die Verteilung der Fellfarben der Stichprobe nicht der theoretischen entspricht.

4.2.3 Klausur 3

Lösung 4.18
Ein Bekleidungshersteller stellt unter anderem kurze Hosen her.
Die Verkaufszahlen im Sommer sind wetterabhängig:

	Regen kalt	Sonne kalt	Regen warm	Sonne warm
Wahrscheinlichkeit	10 %	20 %	30 %	40 %
Verkaufszahl [Tsd.]	20	30	40	50

(a) Erwartungswert der Verkaufszahl an kurzen Hosen:

$$\mu_{\text{Verkaufszahl}} = 0.1 \cdot 20 + 0.2 \cdot 30 + 0.3 \cdot 40 + 0.4 \cdot 50$$
$$= 40$$

(b) Standardabweichung dieser Verkaufszahl:

$$\sigma^2 = (20-40)^2 \cdot 0.1 + (30-40)^2 \cdot 0.2 + (50-40)^2 \cdot 0.4$$
$$= 100$$
$$\sigma = \sqrt{100}$$
$$= 10$$

(c) Zu erwartender Gewinn:

Herstellungskosten je Hose: 15 €
Verkaufspreis je Hose: $2.5 \cdot 15 = 37.50$ €
Zu erwartender Gewinn =
Zu erwartender Erlös − Erwartungswert der Kosten

$$\mu_{\text{Erlös}} = \mu_{\text{Verkaufszahl}} \cdot (\text{Verkaufspreis je Hose})$$
$$= 40 \cdot 37.50$$
$$= 1500$$

$$\mu_{\text{Kosten}} = \mu_{\text{Verkaufszahl}} \cdot (\text{Herstellungskosten je Hose})$$
$$= 40 \cdot 15$$
$$= 600$$

$$\mu_{\text{Gewinn}} = \mu_{\text{Erlös}} - \mu_{\text{Kosten}}$$
$$= 1500 - 600$$
$$= 900$$

(d) Verkaufszahl bei Sonne und Wärme, damit der zu erwartende Gewinn bei 1000 € läge:

$$1000 = (0.1 \cdot 20 + 0.2 \cdot 30 + 0.3 \cdot 40 + 0.4 \cdot x) \cdot (37.5 - 15)$$
$$= (0.1 \cdot 20 + 0.2 \cdot 30 + 0.3 \cdot 40 + 0.4 \cdot x) \cdot 22.5$$
$$0.4 \cdot 22.5 \cdot x = 1000 - (0.1 \cdot 20 + 0.2 \cdot 30 + 0.3 \cdot 40) \cdot 22.5$$
$$= 550$$
$$x = \frac{980}{0.4 \cdot 22.5}$$
$$= 61.\overline{1}$$

Lösung 4.19

Kontingenztafel zweier Zufallsvariablen:

X/Y	2	4	8	Summe
1	0.1	0.2	0	0.3
2	0	0	0.7	0.7
Summe	0.1	0.2	0.7	1.0

Denn die Wahrscheinlichkeit, dass X den Wert 2 und Y den Wert 8 annimmt, ist gleich $1 - (0.1 + 0.2) = 0.7$.

(a) Wahrscheinlichkeit, dass bei einem Zufallsexperiment X den Wert 2 und Y den Wert 8 annehmen:

$$P(X = 2 \text{ und } Y = 8) = 0.7$$

(b) Kovarianz:

$$\begin{aligned}\mu_X &= 1 \cdot 0.3 + 2 \cdot 0.7 \\ &= 1.7 \\ \mu_Y &= 2 \cdot 0.1 + 4 \cdot 0.3 + 8 \cdot 0.7 \\ &= 6.6 \\ \sigma_{XY} &= (1 - 1.7) \cdot (2 - 6.6) \cdot 0.1 + (1 - 1.7) \cdot (4 - 6.6) \cdot 0.2 + \\ &\quad (2 - 1.7) \cdot (8 - 6.6) \cdot 0.7 \\ &= 0.98\end{aligned}$$

(c) Korrelationskoeffizient:

$$\begin{aligned}\sigma_X^2 &= (1 - 1.7)^2 \cdot 0.3 + (2 - 1.7)^2 \cdot 0.7 \\ &= 0.21 \\ \sigma_Y^2 &= (2 - 6.6)^2 \cdot 0.1 + (4 - 6.6)^2 \cdot 0.2 + (8 - 6.6)^2 \cdot 0.7 \\ &= 4.84 \\ \rho &= \frac{0.98}{\sqrt{0.21 \cdot 4.84}} \\ &= 0.97\end{aligned}$$

(d) Unabhängigkeit:
Die beiden Zufallsvariablen sind nicht unabhängig, da zum Beispiel

$$p_{11} = 0.1 \neq 0.3 \cdot 0.1 = p_{1\bullet} \cdot p_{\bullet 1}$$

Lösung 4.20
Die Zufallsvariable X, die zählt, wie viele weiße Kugeln gezogen wurden, ist binomial verteilt mit Parametern $n = 4$ und $p = \frac{5}{20} = 0.25$.

(a) Erwartungswert:
$$\begin{aligned} \mu &= 4 \cdot 0.25 \\ &= 1 \end{aligned}$$

(b) Wahrscheinlichkeit, dass sich unter diesen 4 Kugeln höchstens eine weiße befindet:
$$\begin{aligned} P(X \leq 1) &= P(X = 0) + P(X = 1) \\ &= \binom{4}{0} \cdot 0.25^0 \cdot 0.75^4 + \binom{4}{1} \cdot 0.25^1 \cdot 0.75^3 \\ &= 0.3164 + 0.42188 \\ &= 0.7383 \end{aligned}$$

Lösung 4.21
Die Zufallsvariable X, die zählt, wie viele weiße Kugeln gezogen wurden, ist hypergeometrisch verteilt mit Parametern $N = 20$, $M = 5$ und $n = 4$.
Wahrscheinlichkeit, dass sich unter diesen 4 Kugeln mindestens eine weiße befindet:

$$\begin{aligned} P(X \geq 1) &= 1 - P(X < 1) \\ &= 1 - P(X = 0) \\ &= 1 - \frac{\binom{5}{0} \cdot \binom{15}{4}}{\binom{20}{4}} \\ &= 1 - \frac{1 \cdot 1365}{4845} \\ &= 1 - 0.28173374613 \\ &= 0.71826625387 \end{aligned}$$

Lösung 4.22
Die Zufallsvariable der Lebensdauer von Monitoren dieses Herstellers ist exponential verteilt mit Parameter $\lambda = \frac{1}{16} = 0.0625$.
Wahrscheinlichkeit, dass ein solcher Monitor höchstens 10 Jahre hält:
$$\begin{aligned} P(X \leq 10) &= 1 - e^{-0.0625 \cdot 10} \\ &= 0.4647 \end{aligned}$$

Lösung 4.23
Die Anzahl der Tage, die eine Familie im Jahr gemeinsam im Urlaub verbringt, sei näherungsweise normalverteilt mit Erwartungswert 20 und Standardabweichung 5.
$\mu = 20$
$\sigma = 5$

(a) Wahrscheinlichkeit, dass eine spezielle Familie in einem Jahr höchstens 25 Tage Urlaub miteinander verbringt:

$$\begin{aligned}P(X \leq 25) &= \Phi\left(\tfrac{25-20}{5}\right) \\ &= \Phi(1) \\ &= 0.8413\end{aligned}$$

(b) Wahrscheinlichkeit, dass eine spezielle Familie in einem Jahr mindestens 15 Tage Urlaub miteinander verbringt:

$$\begin{aligned}P(X \geq 15) &= 1 - P(X < 15) \\ &= 1 - \Phi\left(\tfrac{15-20}{5}\right) \\ &= 1 - \Phi(-1) \\ &= \Phi(1) \\ &= 0.8413\end{aligned}$$

(c) Zahl der Urlaubstage, die 98 % der Familien höchstens miteinander verbringen:

$$\begin{aligned}\xi_{0.98} &= \mu + \sigma \cdot z_{0.98} \\ &= 20 + 5 \cdot 2.0538 \\ &= 30.269\end{aligned}$$

(d) Erwartungswert, damit nur 2 % der Familien mehr als 30 Tage Urlaub miteinander verbringen:

$$\begin{aligned}P(X > 30) &= 0.02 \\ P(X \leq 30) &= 0.98 \\ \Phi\left(\tfrac{30-\mu}{5}\right) &= 0.98 \\ 6 - \tfrac{\mu}{5} &= \xi_{0.98} \\ &= 2.0538 \\ \mu &= (6 - 2.0538) \cdot 5 \\ &= 19.731\end{aligned}$$

Lösung 4.24

Bei einer Stichprobe der Länge 400 in Deutschland wurde ermittelt, dass ein Anteil von 8 % der Befragten kein Fahrrad besitzt.

Test der Behauptung, dass höchstens 5 % der Deutschen kein Fahrrad besitzen, zum Signifikanzniveau 0.01:

$$\begin{aligned}n &= 400 \\ r_n &= 0.08\end{aligned}$$

$$\begin{aligned}H_0 : p &\leq 0.05 \\ H_1 : p &> 0.05\end{aligned}$$

$$\alpha = 0.01$$
$$z_{\text{ber}} = \frac{0.08 - 0.05}{\sqrt{0.05 \cdot 0.95}} \cdot \sqrt{400}$$
$$= 2.7530$$
$$z_{0.99} = 2.32635$$

Da z_{ber} größer als $z_{0.99}$ ist, kann die Nullhypothese zum Signifikanzniveau 0.01 abgelehnt werden.

Aufgrund der Stichprobe kann man mit einer Restunsicherheit von 0.01 davon ausgehen, dass mehr als 5 % der Deutschen kein Fahrrad besitzen.

Lösung 4.25

Charakter/Fellfarbe	schwarz	nicht schwarz	Summe
friedlich	65	50	115
nicht friedlich	60	75	135
Summe	125	125	250

H_0 : Die beiden Eigenschaften sind unabhängig.
H_1 : Sie sind es nicht.

$$\alpha = 0.05$$
$$\chi^2_{\text{ber}} = \frac{250 \cdot (65 \cdot 75 - 50 \cdot 60)^2}{115 \cdot 135 \cdot 125 \cdot 125}$$
$$= 3.623$$
$$\chi^2_{1;0.95} = 3.841$$

Da χ^2_{ber} nicht größer als $\chi^2_{1;0.95}$ ist, kann die Nullhypothese nicht zum Signifikanzniveau 0.05 abgelehnt werden.

5 Anhang: Sammmlung wichtiger Formeln

1 Grundlagen der Wahrscheinlichkeitsrechnung

1.1 Notation

Ω sei die Ergebnismenge eines Zufallsexperiments.
$A, B \subset \Omega$ seien Zufallsereignisse.

1.2 Wahrscheinlichkeitsbegriff nach Laplace

$\Omega = \{\omega_1, \ldots, \omega_m\}$ sei eine endliche Ergebnismenge.
$P(\omega_i) = \frac{i}{m}$ für $i = 1, \ldots, m$
$P(A) = \frac{|A|}{|\Omega|}$ für $A \subset \Omega$

1.3 Kombinatorik

1.3.1 $n!$
Anzahl der Möglichkeiten, n verschiedene Dinge anzuordnen

1.3.2 $\binom{n}{k} = \frac{n!}{k! \cdot (n-k)!}$
Anzahl der Möglichkeiten, aus einer n-zahligen Menge eine k-zahlige Teilmenge auszuwählen
(Ziehen ohne Zurücklegen ohne Berücksichtigung der Reihenfolge)

1.3.3 $\frac{n!}{n_1! \cdot \ldots \cdot n_r!}$
Von n Dingen seien jeweilse $n_1, \ldots, n_r$ gleich.
Anzahl der Möglichkeiten, diese n Dinge ohne Unterscheidung der Gleichen anzuordnen

1.3.4 $\frac{n!}{(n-k)!}$
Anzahl der Möglichkeiten, aus einer n-zahligen Menge eine k-zahlige auszuwählen und dann anzuordnen
(Ziehen ohne Zurücklegen unter Berücksichtigung der Reihenfolge)

1.3.5 $\binom{n+k-1}{k} = \frac{(n+k-1)!}{k! \cdot (n-1)!}$
Anzahl der Möglichkeiten, aus einer n-zahligen Menge k-mal auszuwählen und zurückzulegen, ohne Notation der Reihenfolge
(Ziehen mit Zurücklegen ohne Berücksichtigung der Reihenfolge)

1.3.6 n^k

Anzahl der Möglichkeiten, aus einer n-zahligen Menge k-mal auszuwählen, zu notieren und jeweils wieder zurückzulegen
(Ziehen mit Zurücklegen unter Berücksichtigung der Reihenfolge)

1.4 Additionsgesetze der Wahrscheinlichkeitsrechnung

1.4.1 $P(A \cup B) = P(A) + P(B) - P(A \cap B)$
für beliebige Ereignisse

1.4.2 $P(A - B) = P(A) - P(B)$
wenn $A \subset B$

1.4.3 $P(A - B) = P(A) - P(A \cap B)$
allgemein

1.5 Bedingte Wahrscheinlichkeit

1.5.1 $P(A|B) = \frac{P(A \cap B)}{P(B)}$
Bedingte Wahrscheinlichkeit des Ereignisses A unter Bedingung B, wenn $P(B) > 0$ ist

1.5.2 $P(A \cap B) = P(A|B) \cdot P(B) = P(B|A) \cdot P(A)$
Multiplikationssatz

1.5.3 $P(B) = \sum_{i=1}^{n} P(B|A_i) \cdot P(A_i)$
Satz von der totalen Wahrscheinlichkeit für eine vollständige Ereignisdisjunktion $A_1, \ldots, A_n$

1.5.4 $P(A|B) = \frac{P(B|A) \cdot P(A)}{P(B)}$
Formel von Bayes

$P(A_k|B) = \frac{P(B|A_k) \cdot P(A_k)}{P(B)}$
für eine vollständige Ereignisdisjunktion $A_1, \ldots, A_n$

1.6 Unabhängige Ereignisse

Für das Ereignis B gelte $P(B) > 0$. A und B sind unabhängig genau, wenn gilt

1.6.1 $P(A|B) = P(A)$ beziehungsweise
1.6.2 $P(A \cap B) = P(A) \cdot P(B)$

2 Eindimensionale Zufallsvariablen

2.1 Notation

Ω bezeichne die Ergebnismenge eines Zufallsexperiments.

X bezeichne eine Zufallsvariable, die jedem Versuchsergebnis $\omega \in \Omega$ eine reelle Zahl $X(\omega) \in \mathbb{R}$ zuordnet

W_X bezeichne den Wertebereich von X

2.1.1 $P(X = x) = P(\{\omega \in \Omega | X(\omega) = x\}) = P(A_x)$

Wahrscheinlichkeit, mit der die Realisierung x der Zufallsvariable X eintritt

$f(x)$

Wahrscheinlichkeit einer stetigen Zufallsvariablen

2.1.2 $F(x) = P(X \leq x) = P(\{\omega \in \Omega | X(\omega) \leq x\})$

Verteilungsfunktion von X

2.2 Lageparameter diskreter Zufallsvariablen

2.2.1 x_M Modalwert

Wert mit maximaler Wahrscheinlichkeit

$P(X = x_M) = \max_{x_i \in W_X} P(X = x_i)$

2.2.2 $E(X) = \mu = \sum_i x_i \cdot P(X = x_i)$ Erwartungswert

falls gilt $\sum_i |x_i| \cdot P(X = x_i) < \infty$

Lineare Transformation vgl. 2.6

2.2.3 ξ_q q – Quantil

Wert des Wertebereichs, sodass
$P(X \leq \xi_q) \geq q$ und $P(X \geq \xi_q) \geq 1 - q$

Das heißt:

ξ_q ist minimal mit $F(\xi_q) > q$ falls F die Zahl q nicht als Wert annimmt

$\xi_q = \{x_i, x_{i+1}\}$ falls $F(x_i) = q$

2.2.4 $\tilde{\mu} = \xi_{0.5}$ Median

2.3 Lageparameter stetiger Zufallsvariablen

2.3.1 x_M Modalwert

Wert mit maximaler Wahrscheinlichkeitsdichte

$f(x_M) = \max_{x \in \mathbb{R}} f(x)$

2.3.2 $E(X) = \mu = \int_{-\infty}^{+\infty} x \cdot f(x)\, dx$ Erwartungswert

falls gilt $\int_{-\infty}^{+\infty} |x| \cdot f(x)\, dx < \infty$

Lineare Transformation vgl. 2.6

2.3.3 ξ_q q – Quantil

Zahl mit $F(\xi_q) = P(X \leq \xi_q) = q$

2.3.4 $\tilde{\mu} = \xi_{0.5}$ Median

2.4 Streuungsparameter diskreter Zufallsvariablen

2.4.1 $\mathrm{Var}(X) = \sigma^2 = \sum_i (x_i - \mu)^2 \cdot P(X = x_i)$ Varianz

im Falle der Existenz

$= \sum_i x_i^2 \cdot P(X = x_i) - \mu^2$

Lineare Transformation vgl. 2.6

2.4.2 $\sigma = +\sqrt{\sigma^2}$ Standardabweichung

2.5 Streuungsparameter stetiger Zufallsvariablen

2.5.1 $\text{Var}(X) = \sigma^2 = \int_{-\infty}^{+\infty}(x-\mu)^2 \cdot f(x)dx$ Varianz

im Falle der Existenz
$$= \int_{-\infty}^{\infty} x^2 \cdot f(x)\, dx - \mu^2$$

Lineare Transformation vgl. 2.6

2.5.2 $\sigma = +\sqrt{\sigma^2}$

Standardabweichung

2.6 Lineare Transformation

$E(X+Y) = E(X) + E(Y)$
  Erwartungswert der Summe zweier Zufallsvariablen

$E(a + b \cdot X) = a + b \cdot E(X)$

$\text{Var}(X+Y) = \text{Var}(X) + \text{Var}(Y) + 2 \cdot \text{Cov}(X,Y)$
  Varianz der Summe zweier Zufallsvariablen

$\text{Var}(a + b \cdot X) = b^2 \cdot \text{Var}(X)$

Insbesondere: Standardisierung einer Zufallsvariablen:
$X^* = \frac{X-\mu}{\sigma}$
$E(X^*) = 0$
$\text{Var}(X^*) = 1$

2.7 Tschebyschew-Ungleichung:

2.7.1 $P(\mu - c < X < \mu + c) \geq 1 - \frac{\text{Var}(X)}{c^2}$ für jede Zahl $c > 0$

2.7.2 $P(\mu - k\cdot\sigma < X < \mu + k\cdot\sigma) \geq 1 - \frac{1}{k^2}$ für jede Zahl $k > 0$
  k-Sigma-Regel

2.7.3 $P(\mu - 2\sigma < X < \mu + 2\sigma) \geq \frac{3}{4}$ Zwei-Sigma-Regel

$P(\mu - 3\sigma < X < \mu + 3\sigma) \geq \frac{8}{9}$ Drei-Sigma-Regel

3 Zweidimensionale Zufallsvariablen

3.1 Notation

Ω sei die Ergebnismenge eines Zufallsexperiments.

(X, Y) sei eine zweidimensionale Zufallsvariable, sodass jedem Versuchsergebnis $\omega \in \Omega$ ein Paar reeller Zahlen $(X(\omega), Y(\omega)) \in \mathbb{R}^2$ zugeordnet wird.

W_X, W_Y seien die Wertebereiche von X und Y.

$P(X = x, Y = y)$ ist die Wahrscheinlichkeit, mit der gleichzeitig die Realisierungen x von X und y von Y eintreten.

3.1.1 $F(x, y) = P(X \leq x, Y \leq y)$

Gemeinsame Verteilungsfunktion von X und Y

3.2 Zweidimensionale diskrete Zufallsvariablen

3.2.1 $p_{ij} = P(X = x_i, Y = y_j)$ für $x_i \in W_X$, $y_j \in W_Y$

3.2.2 X und Y sind unabhängig, wenn für alle Wertepaare (x_i, y_j) mit $x_i \in W_X, y_j \in W_Y$ gilt:
$P(X = x_i, Y = y_j) = P(X = x_i) \cdot P(Y = y_j)$

3.3 Kovarianz und Korrelationskoeffizient

3.3.1 $\mathrm{Cov}(X, Y) = \sigma_{XY}$ Kovarianz

im Falle der Existenz

$$\mathrm{Cov}(X, Y) = E([X - E(X)] \cdot [Y - E(Y)])$$
$$= E(X \cdot Y) - E(X) \cdot E(Y)$$

Für diskrete Zufallsvariablen:

$$\mathrm{Cov}(X, Y) = \sum_i \sum_j (x_i - \mu_X) \cdot (y_j - \mu_Y) \cdot P(X = x_i, Y = y_j)$$

3.3.2 $\rho(X, Y) = \dfrac{\sigma_{XY}}{\sigma_X \cdot \sigma_Y}$ Korrelationskoeffizient

$ = \dfrac{\mathrm{Cov}(X,Y)}{\sqrt{\mathrm{Var}(X) \cdot \mathrm{Var}(Y)}}$ für $\sigma_X, \sigma_Y > 0$

3.4 Erwartungswert und Varianz der Summe zweier Zufallsvariablen

3.4.1 $E(X + Y) = E(X) + E(Y)$
Erwartungswert der Summe

3.4.2 $\text{Var}(X + Y) = \text{Var}(X) + \text{Var}(Y) + 2 \cdot \text{Cov}(X, Y)$
Varianz der Summe

4 Spezielle Verteilungen

4.1 Die gleichmäßige diskrete Verteilung

Alle Werte des endlichen Wertebereichs von X haben dieselbe Wahrscheinlichkeit.

	W_X	$= \{1, \ldots, m\}$	Wertebereich
4.1.1	$P(X = k)$	$= \frac{1}{m}$ für $k = 1, \ldots, m$	Wahrscheinlichkeitsverteilung
4.1.2	$E(X)$	$= \frac{m+1}{2}$	Erwartungswert
4.1.3	$\text{Var}(X)$	$= \frac{m^2-1}{12}$	Varianz

4.2 Die Binomialverteilung

(Verteilung absoluter Häufigkeiten)

X sei die absolute Häufigkeit eines Ereignisses A in der unabhängigen Stichprobe der Länge n.
p sei die Wahrscheinlichkeit des Ereignisses A in einem Einzelexperiment.

$X \sim \mathcal{B}(n, p)$

4.2.1	$P(X = k)$	$= \binom{n}{k} \cdot p^k \cdot (1-p)^{n-k}$	Wahrscheinlichkeitsverteilung für $k = 0, \ldots, n$
4.2.2	$E(X)$	$= n \cdot p$	Erwartungswert
4.2.3	$\text{Var}(X)$	$= n \cdot p \cdot (1-p)$	Varianz

Näherungen vgl. 4.11

4.3 Die geometrische Verteilung

X sei die absolute Anzahl der Versuche, bis das Ereignis A erstmals eintritt.
p sei die Wahrscheinlichkeit des Ereignisses A in einem Einzelexperiment.

4.3.1 $P(X = k) = p \cdot (1-p)^{k-1}$ Wahrscheinlichkeitsverteilung für $k = 1, 2, 3, \ldots$

4.3.2 Verteilungsfunktion:
$$F(k) = 0 \quad \text{für } k < 1$$
$$F(k) = 1 - (1-p)^k \quad \text{für } k = 1, 2, 3, \ldots$$

4.3.3 $E(X) = \frac{1}{p}$ Erwartungswert

4.3.4 $\text{Var}(X) = \frac{1-p}{p^2}$ Varianz

4.4 Die hypergeometrische Verteilung

X sei die absolute Häufigkeit des Auftretens einer Eigenschaft E in einer Teilmenge der Grundgesamtheit:
Aus einer Grundgesamtheit von N Elementen, von denen M Eigenschaft E haben, werden (ohne Zurücklegen) nacheinander n Elemente gezogen.
X zähle die Elemente mit Eigenschaft E in der gezogenen Menge.

4.4.1 $P(X = k) = \dfrac{\binom{M}{k} \cdot \binom{N-M}{n-k}}{\binom{N}{n}}$ Wahrscheinlichkeitsverteilung für $\left\{ \begin{array}{l} k = 0, \ldots, \min(n, M) \\ 0 \leq n - k \leq N - M \\ n \leq N \end{array} \right\}$

Mit $p = \frac{M}{N}$ = Wahrscheinlichkeit von Eigenschaft E bei einmaligem Ziehen

4.4.2 $E(X) = n \cdot p$ Erwartungswert

4.4.3 $\text{Var}(X) = \frac{N-n}{N-1} \cdot n \cdot p \cdot (1-p)$ Varianz

Näherungen vgl. 4.11

4.5 Die Poisson-Verteilung

(Verteilung seltener Ereignisse)

Die absolute Häufigkeit X des Ereignisses A sei Poisson-verteilt.
$e = 2.7182818284590451$

4.4.1 $P(X = k) = \frac{\lambda^k}{k!} \cdot e^{-\lambda}$ Wahrscheinlichkeitsverteilung
für $k = 0, 1, 2 \ldots$

4.5.2 $E(X) = \lambda$ Erwartungswert

4.5.3 $\text{Var}(X) = \lambda$ Varianz

Näherungen vgl. 4.11

4.6 Die gleichmäßige stetige Verteilung

X sei stetig gleichverteilt auf dem Intervall $[a, b]$.

4.6.1 $F(x) = 0$ für $x < a$ Verteilungsfunktion
$F(x) = \frac{x-a}{b-a}$ für $a \leq x \leq b$
$F(x) = 1$ für $x > b$

4.6.2 $E(X) = \frac{a+b}{2}$ Erwartungswert

4.6.3 $\tilde{\mu} = \frac{a+b}{2}$ Median

4.6.4 $\text{Var}(X) = \frac{(b-a)^2}{12}$ Varianz

4.7 Die Exponentialverteilung

X messe die Zeit, bis das Ereignis A erstmals eintritt.
Es sei $\lambda > 0$.

4.7.1 $F(x) = 0$ für $x < 0$ Verteilungsfunktion
$F(x) = 1 - e^{-\lambda \cdot x}$ für $x \geq 0$

4.7.2 $E(X) = \frac{1}{\lambda}$ Erwartungswert

4.7.3 $\tilde{\mu} = \frac{\ln 2}{\lambda}$ Median

4.7.4 $\text{Var}(X) = \frac{1}{\lambda^2}$ Varianz

4.8 Die Normalverteilung

(I) Die Standardnormalverteilung $Z \sim \mathcal{N}(0;1)$

4.8.1	$\Phi(z)$	$= P(Z \leq z)$	Verteilungsfunktion
4.8.2	$E(Z)$	$= 0$	Erwartungswert
4.8.3	$\text{Var}(Z)$	$= 1$	Varianz
4.8.4	$\Phi(-z)$	$= 1 - \Phi(z)$	für jedes $z \in \mathbb{R}$
4.8.5	z_{1-q}	$= -z_q \quad$ für $0 < q < 1$	Quantile
4.8.6	$P(-z \leq Z \leq z)$	$= 2 \cdot \Phi(z) - 1$	für jedes $z > 0$

(II) Die Allgemeine Normalverteilung $Z \sim \mathcal{N}(\mu;\sigma^2))$

4.8.7	$F(x)$	$= P(X \leq x)$	
		$= \Phi\left(\frac{x-\mu}{\sigma}\right)$	Verteilungsfunktion
4.8.8	X	$= \mu + \sigma \cdot Z$	Zusammenhang zu einer standardnormalverteilten Zufallsvariable Z
4.8.9	$P(|X - \mu| \leq k \cdot \sigma)$	$= 2 \cdot \Phi(k) - 1$	

Näherungen vgl. 4.11

4.9 Die t-Verteilung

$t_{n;q} = -t_{n;1-q} \quad$ für $0 < q < 1 \quad$ Quantile der t-Verteilung mit n Freiheitsgraden

4.10 Die χ^2-Verteilung

$\chi^2_{n;q}, \chi^2_{n;1-q} \quad$ für $0 < q < 1 \quad$ Quantile der χ^2-Verteilung mit n Freiheitsgraden

4.11 Näherungen

4.11.1 Für $n \geq 50$, $p \leq 0.1$ kann die Binomialverteilung durch die Poissonverteilung mit $\lambda = n \cdot p$ angenähert werden.

Für $n \cdot p \cdot (1 - p) > 9$ kann die Binomialverteilung durch die Normalverteilung mit $\mu = n \cdot p$, $\sigma^2 = n \cdot p \cdot (1 - p)$ angenähert werden.

4.11.2 Für $\frac{n}{N} \leq 0.05$ kann die hypergeometrische Verteilung durch die Binomialverteilung mit $p = \frac{M}{N}$ angenähert werden.

4.11.3 Für $\lambda > 9$ kann die Poissonverteilung durch die Normalverteilung mit $\mu = \sigma^2 = \lambda$ angenähert werden.

5 Schätzverfahren, Konfidenzintervalle, Tests

5.1 Notation

x_i, y_i für $i = 1, \ldots, n$ seien die Werte einer Stichprobe.

s^2 sei die Varianz einer Stichprobe.

$r_n = r_n(A)$ sei die relative Häufigkeit eines Ereignisses A bei n Versuchen.

A, A_i seien Ereignisse.

p, p_i seien Vermutete Wahrscheinlichkeiten von Ereignissen.

h_{jk} seien Absolute Häufigkeiten des gemeinsamen Auftretens zweier Ereignisse.

r_{xy} bezeichne den Korrelationskoeffizienten einer zweidimensionalen Stichprobe.

5.2 Punktschätzungen

$\mu \approx \bar{x}$ Der unbekannte Erwartungswert μ einer Zufallsvariablen wird durch das Stichprobenmittel $\bar{x}$ geschätzt.

mit

$\bar{x} = \frac{1}{n} \cdot \sum_{i=1}^{n} x_i$ für eine Stichprobe $x_1, \ldots, x_n$

$\sigma^2 \approx s^2$ Die unbekannte Varianz σ^2 einer Zufallsvariablen wird durch die Stichprobenvarianz s^2 geschätzt, falls der Erwartungswert μ unbekannt ist.

mit

$s^2 = \frac{1}{n-1} \cdot \sum_{i=1}^{n}(x_i - \bar{x})^2$ für eine Stichprobe $x_1, \ldots, x_n$

$p \approx r_n(A)$ Die unbekannte Wahrscheinlichkeit p eines Ereignisses A wird durch die relative Häufigkeit $r_n(A)$ des Auftretens von A in einer Stichprobe geschätzt.

mit

$r_n(A) = \frac{\text{Häufigkeit von } A}{\text{Stichprobenlänge}}$ für Ereignis A

$\lambda \approx \bar{x}$ Der unbekannte Parameter λ einer Poissonverteilung wird durch das Stichprobenmittel $\bar{x}$ geschätzt.

$\lambda \approx \frac{1}{\bar{x}}$ Der unbekannte Parameter λ einer Exponentialverteilung wird durch den Kehrwert des Stichprobenmittels $\bar{x}$ geschätzt.

5.3 Erwartungswert

5.3.1 Konfidenzintervalle des Erwartungswerts bei bekannter Varianz σ_0^2

Voraussetzung: X ist normalverteilt oder $n > 30$
Konfidenzintervalle des Erwartungswerts μ zum Konfidenzniveau $1 - \alpha$:

5.3.1.1 $[\bar{x} - z_{1-\frac{\alpha}{2}} \cdot \frac{\sigma_0}{\sqrt{n}}, \bar{x} + z_{1-\frac{\alpha}{2}} \cdot \frac{\sigma_0}{\sqrt{n}}]$ zweiseitig

5.3.1.2 $[\bar{x} - z_{1-\alpha} \cdot \frac{\sigma_0}{\sqrt{n}}, +\infty[$ einseitig

$]-\infty, \bar{x} + z_{1-\alpha} \cdot \frac{\sigma_0}{\sqrt{n}}]$ einseitig

5.3.2 Konfidenzintervalle des Erwartungswerts bei unbekannter Varianz

Voraussetzung: X ist normalverteilt oder $n > 30$
Konfidenzintervalle des Erwartungswerts μ zum Konfidenzniveau $1 - \alpha$:

5.3.2.1 $[\bar{x} - t_{n-1;1-\frac{\alpha}{2}} \cdot \frac{s}{\sqrt{n}}, \bar{x} + t_{n-1;1-\frac{\alpha}{2}} \cdot \frac{s}{\sqrt{n}}]$ zweiseitig

5.3.2.2 $[\bar{x} - t_{n-1;1-\alpha} \cdot \frac{s}{\sqrt{n}}, +\infty[$ einseitig

$]-\infty, \bar{x} + t_{n-1;1-\alpha} \cdot \frac{s}{\sqrt{n}}]$ einseitig

Im Fall $n > 30$ kann die t-Verteilung durch die Normalverteilung angenähert werden.

5.3.3 Test zur Lage eines Erwartungswerts bei bekannter Varianz σ_0^2

Voraussetzung: X ist normalverteilt oder $n > 30$
Testgröße: $z_{\text{ber}} = \frac{\bar{x} - \mu_0}{\sigma_0} \cdot \sqrt{n}$

Nullhypothese H_0	Alternative H_1	Ablehnungsbereich von H_0
a) $\mu = \mu_0$	$\mu \neq \mu_0$	$|z_{\text{ber}}| > z_{1-\frac{\alpha}{2}}$
b) $\mu \leq \mu_0$	$\mu > \mu_0$	$z_{\text{ber}} > z_{1-\alpha}$
c) $\mu \geq \mu_0$	$\mu < \mu_0$	$z_{\text{ber}} < -z_{1-\alpha}$

5.3.4 Test zur Lage eines Erwartungswerts bei unbekannter Varianz

Voraussetzung: X ist normalverteilt oder $n > 30$
Testgröße: $t_{\text{ber}} = \frac{\bar{x} - \mu_0}{s} \cdot \sqrt{n}$

Nullhypothese H_0	Alternative H_1	Ablehnungsbereich von H_0
a) $\mu = \mu_0$	$\mu \neq \mu_0$	$|t_{\text{ber}}| > t_{n-1;1-\frac{\alpha}{2}}$
b) $\mu \leq \mu_0$	$\mu > \mu_0$	$t_{\text{ber}} > t_{n-1;1-\alpha}$
c) $\mu \geq \mu_0$	$\mu < \mu_0$	$t_{\text{ber}} < -t_{n-1;1-\alpha}$

Im Fall $n > 30$ kann die t-Verteilung durch die Normalverteilung angenähert werden.

5.4 Wahrscheinlichkeit einer binomial verteilten Zufallsvariable (Anteil)

5.4.1 Konfidenzintervalle

Voraussetzung: $n \geq 30$
Konfidenzintervalle von p zum Konfidenzniveau $1 - \alpha$:

5.4.1.1 $\left[r_n - z_{1-\frac{\alpha}{2}} \cdot \sqrt{\frac{r_n(1-r_n)}{n}}, r_n + z_{1-\frac{\alpha}{2}} \cdot \sqrt{\frac{r_n(1-r_n)}{n}}\right]$ zweiseitig

5.4.1.2 $\left[r_n - z_{1-\alpha} \cdot \sqrt{\frac{r_n(1-r_n)}{n}}, +\infty\right[$ einseitig

$\left]-\infty, r_n + z_{1-\alpha} \cdot \sqrt{\frac{r_n(1-r_n)}{n}}\right]$ einseitig

5.4.2 Test zur Lage der Wahrscheinlichkeit einer binomial verteilten Zufallsvariable

Voraussetzung: $n \cdot p_0 \cdot (1 - p_0) > 9$
Testgröße: $z_{\text{ber}} = \frac{r_n - p_0}{\sqrt{p_0 \cdot (1-p_0)}} \cdot \sqrt{n}$

Nullhypothese H_0	Alternative H_1	Ablehnungsbereich von H_0
a) $p = p_0$	$p \neq p_0$	$|z_{\text{ber}}| > z_{1-\frac{\alpha}{2}}$
b) $p \leq p_0$	$p > p_0$	$z_{\text{ber}} > z_{1-\alpha}$
c) $p \geq p_0$	$p < p_0$	$z_{\text{ber}} < -z_{1-\alpha}$

5.5 Test von mehreren Wahrscheinlichkeiten: χ^2-Anpassungstest

Test, ob mehrere Wahrscheinlichkeiten vorgegebenen Werten entsprechen

Voraussetzungen: $A_1, \ldots, A_r$ sei eine vollständige Ereignisdisjunktion.
$h_1, \ldots, h_r$ seien die absoluten Häufigkeiten dieser Ereignisse in einer Stichprobe der Länge n.
$p_1, \ldots, p_r$ seien vorgegebene Wahrscheinlichkeiten mit $p_i > 0$ für alle i und $\sum_{i=1}^{r} p_i = 1$.
$n \cdot p_i \geq 1$ für alle $i = 1, \ldots, n$
$n \cdot p_i \geq 5$ für mindestens 80 % der p_i

Testgröße: $\chi^2_{\text{ber}} = \sum_{i=1}^{r} \frac{(h_i - n \cdot p_i)^2}{n \cdot p_i} = \left(\frac{1}{n} \cdot \sum_{i=1}^{r} \frac{h_i^2}{p_i}\right) - n$

Für den Test, ob alle Wahrscheinlichkeiten $p_1, \ldots, p_r$ gleich sind, vereinfacht sich die Testgröße zu $\chi^2_{\text{ber}} = \left(\frac{r}{n} \cdot \sum_{i=1}^{r} h_i^2\right) - n$

Nullhypothese H_0	Alternative H_1	Ablehnungsbereich von H_0
$\left\{\begin{array}{l} p(A_1) = p_1 \\ \vdots \\ p(A_r) = p_r \end{array}\right\}$	Das gilt nicht.	$\chi^2_{\text{ber}} > \chi^2_{r-1;1-\alpha}$

5.6 Unabhängigkeitstest, Fall Vierfeldertafel

Test, ob zwei Zufallsvariablen unabhängig sind

Seien X und Y Zufallsvariablen mit je zwei möglichen Ausgängen A und $\overline{A}$ für X, B und $\overline{B}$ für Y.
Bei einem Zufallsexperiment ergab sich folgende Kontingenztafel:

	A	$\overline{A}$	Zeilensummen
B	h_{11}	h_{12}	$h_{1\bullet}$
$\overline{B}$	h_{21}	h_{22}	$h_{2\bullet}$
Spaltensummen	$h_{\bullet 1}$	$h_{\bullet 2}$	$h_{\bullet\bullet} = n$

Voraussetzungen: $n > 200$
$$h_{jk} \geq 5 \quad \text{für alle} \quad j,k$$

Testgröße: $\chi^2_{\text{ber}} = \frac{n \cdot (h_{11}h_{22} - h_{12}h_{21})^2}{h_{1\bullet}h_{2\bullet}h_{\bullet 1}h_{\bullet 2}}$

Nullhypothese H_0	Alternative H_1	Ablehnungsbereich von H_0
X und Y sind unabhängig.	X und Y sind nicht unabhängig.	$\chi^2_{\text{ber}} > \chi^2_{1;1-\alpha}$

6 Anhang: Tabellen

6.1 Tabelle ausgewählter Binomialkoeffizienten

Ausgewählte Binomialkoeffizienten $\binom{n}{k}$:

n \ k	0	1	2	3	4	5	6	7	8
1	1								
2	1	2							
3	1	3							
4	1	4	6						
5	1	5	10						
6	1	6	15	20					
7	1	7	21	35					
8	1	8	28	56	70				
9	1	9	36	84	126				
10	1	10	45	120	210	252			
11	1	11	55	165	330	462			
12	1	12	66	220	495	792	924		
13	1	13	78	286	715	1287	1716		
14	1	14	91	364	1001	2002	3003	3432	
15	1	15	105	455	1365	3003	5005	6435	
16	1	16	120	560	1820	4368	8008	11440	12870
17	1	17	136	680	2380	6188	12376	19448	24310
18	1	18	153	816	3060	8568	18564	31824	43758
19	1	19	171	969	3876	11628	27132	50388	75582
20	1	20	190	1140	4845	15504	38760	77520	125970
21	1	21	210	1330	5985	20349	54264	116280	203490
22	1	22	231	1540	7315	26334	74613	170544	319770
23	1	23	253	1771	8855	33649	100947	245157	490314
24	1	24	276	2024	10626	42504	134596	346104	735471
25	1	25	300	2300	12650	53130	177100	480700	1081575

n \ k	9	10	11	12
1				
2				
3				
4				
5				
6				
7				
8				
9				
10				
11				
12				
13				
14				
15				
16				
17				
18	48620			
19	92378			
20	167960	184756		
21	293930	352716		
22	497420	646646	705432	
23	817190	1144066	1352078	
24	1307504	1961256	2496144	2704156
25	2042975	3268760	4457400	5200300

Tabelliert sind Binomialkoeffizienten $\binom{n}{k}$ zu $n \leq 25$ und $k \leq$ größte ganze Zahl kleinergleich $\frac{n}{2}$.

Die Binomialkoeffizienten zu größeren Zahlen k kleinergleich n ergeben sich aus der Symmetrie der Binomialkoeffizienten: $\binom{n}{n-k} = \binom{n}{k}$.

6.2 Tabelle der Verteilungsfunktion der Standardnormalverteilung

Verteilungsfunktion Φ der Standardnormalverteilung $\mathcal{N}(0,1)$:

z	0.00	0.01	0.02	0.03	0.04	0.05	0.06
0.0	0.5000	0.5040	0.5080	0.5120	0.5160	0.5199	0.5239
0.1	0.5398	0.5438	0.5478	0.5517	0.5557	0.5596	0.5636
0.2	0.5793	0.5832	0.5871	0.5910	0.5948	0.5987	0.6026
0.3	0.6179	0.6217	0.6255	0.6293	0.6331	0.6268	0.6406
0.4	0.6554	0.6591	0.6628	0.6664	0.6700	0.6736	0.6772
0.5	0.6915	0.6950	0.6985	0.7019	0.7054	0.7088	0.7123
0.6	0.7257	0.7291	0.7324	0.7357	0.7389	0.7422	0.7454
0.7	0.7580	0.7611	0.7642	0.7673	0.7704	0.7734	0.7764
0.8	0.7881	0.7910	0.7939	0.7967	0.7995	0.8023	0.8051
0.9	0.8159	0.8186	0.8212	0.8238	0.8264	0.8289	0.8315
1.0	0.8413	0.8438	0.8461	0.8485	0.8508	0.8531	0.8554
1.1	0.8643	0.8665	0.8686	0.8708	0.8729	0.8749	0.8770
1.2	0.8849	0.8869	0.8888	0.8907	0.8925	0.8944	0.8962
1.3	0.9032	0.9049	0.9066	0.9082	0.9099	0.9115	0.9131
1.4	0.9192	0.9207	0.9222	0.9236	0.9251	0.9265	0.9279
1.5	0.9332	0.9345	0.9357	0.9370	0.9382	0.9394	0.9406
1.6	0.9452	0.9463	0.9474	0.9484	0.9495	0.9505	0.9515
1.7	0.9554	0.9564	0.9573	0.9582	0.9591	0.9599	0.9608
1.8	0.9641	0.9649	0.9656	0.9664	0.9671	0.9678	0.9686
1.9	0.9713	0.9719	0.9726	0.9732	0.9738	0.9744	0.9750
2.0	0.9772	0.9778	0.9783	0.9788	0.9793	0.9798	0.9803
2.1	0.9821	0.9826	0.9830	0.9834	0.9838	0.9842	0.9846
2.2	0.9861	0.9864	0.9868	0.9871	0.9875	0.9878	0.9881
2.3	0.9893	0.9896	0.9898	0.9901	0.9904	0.9906	0.9909
2.4	0.9918	0.9920	0.9922	0.9925	0.9927	0.9929	0.9931
2.5	0.9938	0.9940	0.9941	0.9943	0.9945	0.9946	0.9948
2.6	0.9953	0.9955	0.9956	0.9957	0.9959	0.9960	0.9961
2.7	0.9965	0.9966	0.9967	0.9968	0.9969	0.9970	0.9971
2.8	0.9974	0.9975	0.9976	0.9977	0.9977	0.9978	0.9979
2.9	0.9981	0.9982	0.9982	0.9983	0.9984	0.9984	0.9985
3.0	0.9987	0.9987	0.9987	0.9988	0.9988	0.9989	0.9989
3.1	0.9990	0.9991	0.9991	0.9991	0.9992	0.9992	0.9992
3.2	0.9993	0.9993	0.9994	0.9994	0.9994	0.9994	0.9994
3.3	0.9995	0.9995	0.9995	0.9996	0.9996	0.9996	0.9996
3.4	0.9997	0.9997	0.9997	0.9997	0.9997	0.9997	0.9997
3.5	0.9998	0.9998	0.9998	0.9998	0.9998	0.9998	0.9998
3.6	0.9998	0.9998	0.9999	0.9999	0.9999	0.9999	0.9999
3.7	0.9999	0.9999	0.9999	0.9999	0.9999	0.9999	0.9999
3.8	0.9999	0.9999	0.9999	0.9999	0.9999	0.9999	0.9999
3.9	1.0000	1.0000	1.0000	1.0000	1.0000	1.0000	1.0000

z	0.07	0.08	0.09
0.0	0.5279	0.5319	0.5359
0.1	0.5675	0.5714	0.5753
0.2	0.6064	0.6103	0.6141
0.3	0.6443	0.7480	0.6517
0.4	0.6808	0.6844	0.6879
0.5	0.7157	0.7190	0.7224
0.6	0.7486	0.7517	0.7549
0.7	0.7794	0.7823	0.7852
0.8	0.8078	0.8106	0.8133
0.9	0.8340	0.8365	0.8389
1.0	0.8577	0.8599	0.8621
1.1	0.8790	0.8810	0.8830
1.2	0.8980	0.8997	0.9015
1.3	0.9147	0.9162	0.9177
1.4	0.9292	0.9306	0.9319
1.5	0.9418	0.9429	0.9441
1.6	0.9525	0.9535	0.9545
1.7	0.9616	0.9625	0.9633
1.8	0.9693	0.9699	0.9706
1.9	0.9756	0.9761	0.9767
2.0	0.9808	0.9812	0.9817
2.1	0.9850	0.9854	0.9857
2.2	0.9884	0.9887	0.9890
2.3	0.9911	0.9913	0.9916
2.4	0.9932	0.9934	0.9936
2.5	0.9949	0.9951	0.9952
2.6	0.9962	0.9963	0.9964
2.7	0.9972	0.9973	0.9974
2.8	0.9979	0.9980	0.9981
2.9	0.9985	0.9986	0.9986
3.0	0.9989	0.9990	0.9990
3.1	0.9992	0.9993	0.9993
3.2	0.9995	0.9995	0.9995
3.3	0.9996	0.9996	0.9997
3.4	0.9997	0.9997	0.9998
3.5	0.9998	0.9998	0.9998
3.6	0.9999	0.9999	0.9999
3.7	0.9999	0.9999	0.9999
3.8	0.9999	0.9999	0.9999
3.9	1.0000	1.0000	1.0000

Tabelliert sind Werte der Verteilungsfunktion $\Phi(z) = P(Z \leq z)$ der Standardnormalverteilung für $z > 0$.

Die Ziffer von z vor dem Komma und die erste Nachkommastelle sind in der ersten Spalte angegeben; die zweite Nachkommastelle entspricht jeweils der Spaltenüberschrift in einer der nachfolgenden Spalten.

Für negative Argumente z ergibt sich der Wert der Verteilungsfunktion aus der Beziehung $\Phi(-z) = 1 - \Phi(z)$.

6.3 Tabelle der Quantile der Standardnormalverteilung

Quantile $z_{1-\alpha}$ der Standardnormalverteilung:

$1-\alpha$	$z_{1-\alpha}$	$1-\alpha$	$z_{1-\alpha}$	$1-\alpha$	$z_{1-\alpha}$	$1-\alpha$	$z_{1-\alpha}$
0.50	0.0000	0.75	0.6745	0.950	1.64485	0.9975	2.8070
0.51	0.0251	0.76	0.7063	0.955	1.6954	0.9976	2.8202
0.52	0.0502	0.77	0.7389	0.960	1.7507	0.9977	2.8338
0.53	0.0753	0.78	0.7722	0.965	1.8119	0.9978	2.8480
0.54	0.1004	0.79	0.8064	0.970	1.8878	0.9979	2.8627
0.55	0.1257	0.80	0.8416	0.975	1.95996	0.9980	2.8782
0.56	0.1510	0.81	0.8779	0.980	2.0538	0.9981	2.8943
0.57	0.1734	0.82	0.9154	0.985	2.1701	0.9982	2.9112
0.58	0.2019	0.83	0.9542	0.987	2.2262	0.9983	2.9291
0.59	0.2275	0.84	0.9945	0.989	2.2904	0.9984	2.9478
0.60	0.25335	0.85	1.03643	0.9900	2.32635	0.9985	2.96774
0.61	0.27932	0.86	1.08032	0.9905	2.34553	0.9986	2.98888
0.62	0.30548	0.87	1.12639	0.9910	2.36562	0.9987	3.01145
0.63	0.33185	0.88	1.17499	0.9915	2.38671	0.9988	3.03567
0.64	0.35846	0.89	1.22653	0.9920	2.40892	0.9989	3.06181
0.65	0.38532	0.900	1.28155	0.9925	2.43238	0.9990	3.09023
0.66	0.41246	0.905	1.31058	0.9930	2.45726	0.9991	3.12139
0.67	0.43991	0.910	1.34076	0.9935	2.48377	0.9992	3.15591
0.68	0.46770	0.915	1.37220	0.9940	2.51214	0.9993	3.19465
0.69	0.49585	0.920	1.40507	0.9945	2.54270	0.9994	3.23888
0.70	0.52440	0.925	1.43953	0.9950	2.57583	0.9995	3.29053
0.71	0.55338	0.930	1.47579	0.9955	2.61205	0.9996	3.35279
0.72	0.58284	0.935	1.51410	0.9960	2.65207	0.9997	3.43161
0.73	0.61281	0.940	1.55477	0.9965	2.69684	0.9998	3.54008
0.74	0.64335	0.945	1.59819	0.9970	2.74778	0.9999	3.71902

$z_\alpha = -z_{1-\alpha}$

Tabelliert sind Quantile $z_{1-\alpha}$ der Standardnormalverteilung zu Wahrscheinlichkeitsniveaus $1-\alpha \geq 0.5$ der Verteilungsfunktion.

Es gilt jeweils $\Phi(z_{1-\alpha}) = 1-\alpha$.

Je zwei Spalten sind miteinander verbunden: Jeweils in einer ersten Spalte ist das Wahrscheinlichkeitsniveau $1-\alpha$ angegeben, in der darauffolgenden Spalte das Quantil $z_{1-\alpha}$.

Dabei hat sich eingebürgert, Wahrscheinlichkeitsniveaus, die größergleich 0.5 sind, mit $1-\alpha$ zu bezeichnen, da im Kontext von Konfidenzintervallen und statistischen Tests α eine kleine Restunsicherheit und $1-\alpha$ ein Vertrauensniveau ist.

Quantile zu Wahrscheinlichkeitsniveaus kleiner als 0.5 ergeben sich aus der Beziehung $z_\alpha = -z_{1-\alpha}$.

6.4 Tabelle von Quantilen der t-Verteilung

Quantile $t_{n;1-\alpha}$ der t-Verteilung mit n Freiheitsgraden:

$1-\alpha$	0.900	0.950	0.975	0.990	0.995	0.999	
n							n
1	3.078	6.341	12.706	31.821	63.657	318.309	1
2	1.886	2.920	4.303	6.965	9.925	22.327	2
3	1.638	2.353	3.182	4.541	5.841	10.215	3
4	1.533	2.132	2.776	3.747	4.604	7.137	4
5	1.476	2.015	2.571	3.365	4.023	5.893	5
6	1.440	1.943	2.447	3.143	3.707	5.208	6
7	1.415	1.895	2.365	2.998	3.499	4.785	7
8	1.397	1.860	2.306	2,896	3.355	4.501	8
9	1.382	1.833	2.261	2.821	3.250	4.297	9
10	1.372	1.812	2.228	2.764	3.169	4.144	10
11	1.363	1.796	2.201	2.718	3.106	4.025	11
12	1.356	1.782	2.179	2.681	3.055	3.930	12
13	1.350	1.771	2.160	2.650	3.012	3.852	13
14	1.345	1.761	2.145	2.624	2.977	3.787	14
15	1.341	1.753	2.131	2.602	2.947	3.733	15
16	1.337	1.746	2.120	2.583	2.921	3.686	16
17	1.333	1.740	2.110	2.567	2.898	3.646	17
18	1.330	1.734	2.101	2.552	2.878	3.610	18
19	1.328	1.729	2.093	2.539	2.861	3.579	19
20	1.325	1.725	2.086	2.528	2.845	3.552	20
21	1.323	1.721	2.080	2.518	2.831	3.527	21
22	1.321	1.717	2.074	2.508	2.819	3.505	22
23	1.319	1.714	2.069	2.500	2.807	3.485	23
24	1.318	1.711	2.064	2.492	2.797	3.467	24
25	1.316	1.708	2.069	2.485	2.787	3.450	25
26	1.215	1.706	2.056	2.479	2.779	3.435	26
27	1.314	1.703	2.052	2.473	2.771	3.421	27
28	1.313	1.701	2.048	2.467	2.763	3.408	28
29	1.311	1.699	2.045	2.462	2.756	3.396	29
30	1.310	1.697	2.042	2.457	2,750	3.385	30
40	1.303	1.684	2.021	2,433	2.704	3.307	40
45	1.301	1.679	2.014	2.412	2.690	3.281	45
49	1.299	1.677	2.010	2.405	2.680	3.265	49
50	1.299	1.676	2.009	2.403	2.678	3.261	50
60	1.296	1.671	2.000	2.390	2.660	3.232	60
70	1.294	1.667	1.994	2.381	2.648	3.211	70
80	1.292	1.664	1.990	2.374	2.639	3.195	80

90	1.291	1.662	1.987	2.369	2.632	3.182	90
99	1.290	1.660	1.984	2.365	2.626	3.175	99
100	1.290	1.660	1.984	2.364	2.626	3.174	100
150	1.287	1.655	1.976	2.352	2.609	3.146	150
200	1.286	1.653	1.972	2.345	2.601	3.131	200
300	1.284	1.650	1.968	2.339	2.593	3.118	300
400	1.284	1.649	1.966	2.336	2.589	3.111	400
500	1.283	1.648	1.965	2.334	2.586	3.107	500
600	1.283	1.647	1.964	2.333	2.584	3.104	600
800	1.283	1.647	1.963	2.331	2.582	3.101	800
1000	1.282	1.646	1.962	2.330	2.581	3.098	1000
∞	1.282	1.646	1.960	2.326	2.576	3.090	∞

Tabelliert sind Quantile $t_{n;1-\alpha}$ der t-Verteilung mit n Freiheitsgraden zu Werten $1 - \alpha \geq 0.5$ der Verteilungsfunktion.

Es gilt jeweils $F(t_{n;1-\alpha}) = 1 - \alpha$.

In der ersten und letzten Spalte ist die Zahl n der Freiheitsgrade angegeben.

Die weiteren Spaltenüberschriften bezeichnen die Wahrscheinlichkeitsniveaus $1 - \alpha$.

Auch hier werden Wahrscheinlichkeiten mit $1 - \alpha$ bezeichnet.

Quantile zu Wahrscheinlichkeitsniveaus kleinergleich 0.1 ergeben sich aus der Beziehung $t_{n;\alpha} = -t_{n;1-\alpha}$.

Quantile zu Wahrscheinlichkeiten zwischen 0.1 und 0.9 werden selten benötigt.

Für Anzahlen von Freiheitsgraden, die in der Tabelle nicht erfasst sind, können meist näherungsweise Quantile zu etwas weniger Freiheitsgraden gewählt werden, denn im Fall von n Freiheitsgraden liegt für $m < n$ die Wahrscheinlichkeit für Werte kleinergleich $t_{m;1-\alpha}$ bei mindestens $1 - \alpha$.

6.5 Tabelle ausgewählter Quantile der χ^2-Verteilung

Quantile $\chi^2_{n;\alpha}$ der χ^2-Verteilung mit n Freiheitsgraden:

α \ n	0.005	0.010	0.025	0.050	0.100	0.250	0.500
1	0.000004	0.00002	0.0010	0.0039	0.01579	0.1015	0.4549
2	0.0100	0.0201	0.0506	0.1026	0.2107	0.5754	1.3863
3	0.0717	0.1148	0.2158	0.3518	0.5844	1.2125	2.3660
4	0.2070	0.2971	0.4844	0.7107	1.064	1.9226	3.3567
5	0.4117	0.8721	1.237	1.635	2.204	3.455	4.351
6	0.6757	0.8721	1.237	1.635	2.204	3.455	5.348
7	0.9893	1.239	1.690	2.167	2.833	4.255	6.346
8	1.344	1.646	2.180	2.733	3.490	5.071	7.344
9	1.735	2.088	2.700	3.325	4.168	5.899	8.343
⋮							
30	13.787	14.953	16.791	18.493	20.599	24.478	29.336

$1-\alpha$ \ n	0.750	0.900	0.950	0.975	0.990	0.995	0.999
1	1.323	2.706	3.841	5.024	6.635	7.879	10.828
2	2.773	4.605	5.991	7.378	9.210	10.597	13.816
3	4.108	6.251	7.815	9.348	11.345	12.838	16.266
4	5.385	7.779	9.488	11.134	13.277	14.860	18.467
5	6.626	9.236	11.070	12.833	15.086	16.750	20.515
6	7.841	10.645	12.592	14.449	16.812	18.548	22.458
7	9.037	12.017	14.067	16.013	18.475	20.278	24.322
8	10.219	13.362	15.507	17.535	20.090	21.955	26.124
9	11.389	14.684	16.919	19.023	21.666	23.589	27.877
⋮							
30	34.800	40.256	42.773	46.979	50.892	53.672	59.703

Tabelliert sind Quantile $\chi^2_{n;1-\alpha}$ der Chi-Quadrat-Verteilung mit n Freiheitsgraden zu Werten $1 - \alpha$ der Verteilungsfunktion.

Es gilt jeweils $F(\chi^2_{n;1-\alpha}) = 1 - \alpha$.

In der ersten Spalte ist die Zahl n der Freiheitsgrade angegeben.

Die weiteren Spaltenüberschriften bezeichnen die Wahrscheinlichkeitsniveaus $1 - \alpha$.

Die Chi-Quadrat-Verteilung ist nicht symmetrisch bezüglich α; daher sind sowohl Quantile für Wahrscheinlichkeitsniveaus kleinergleich 0.5 wie auch für Wahrscheinlichkeitsniveaus größer 0.5 angegeben.

Auch hier werden Wahrscheinlichkeiten mit $1 - \alpha$ bezeichnet.